KB253278

냉혹한 주인과 살인자 중에서

"육신이라는 노예를 잘 부려야 하고, 자신을 날마다 죽이는 살인자가 되라!" 는 이 경고를 문설주에 붙이고 손목에 매며 미간에 붙여 두라. 예수 믿고 구원받기는 쉽지만 진정한 그리스도인이 되기는 결코 쉬운 일이 아니다.

아픔이 주는 행복 중에서

진정한 사랑은 아픔과 기쁨이 교차한다. 무관심한 대상에는 아픔도 기쁨도 없는 것이다. 하나님은 우리를 사랑하시기에 아파하시는 것이며, 사랑의 대상이기에 기뻐하시는 것이다. 사랑함으로 아파하는 것은 기쁨이며 행복이다.

수어드의 얼음박스, 알라스카 중에서

지금 당장은 바보처럼 어리석어 보이지만 큰 안목으로 볼 때 돈으로 따질 수 없는 소중한 가치를 지닌 것들이 있다. 가치 경영의 성과는 금방 나타나지 않을 수도 있으나 장기적 안목에서 평가하고 접근해야 하는 것들이 있다는 말을 하고 싶다.

그리스도인이 주목해야 할 사실 중에서

육체를 벗은 다음엔 두 번 다시 기회가 주어지지 않는다는 사실을 『왜 몰랐을까』 『왜 그때 말해주지 않았나!』 할 것이다. 우리는 누구든지 자신의 선택이 자기를 꽁꽁 묶는다는 것을 명심해야 한다. 우리는 아직 기회 있을 때에 후회가 없는 최선의 선택을 해야 한다.

여호사밧의 치명적 실수, 적과의 동침 중에서

청국장은 그 냄새가 상쾌하지도 색깔 역시 산뜻하지도 못하다. 그러나 김치와 함께 세계적으로 인정받는 발효식품으로 항암효과, 면역력증강, 당뇨예방, 등 탁월한 건강식품이다. 그런데 누군가가 이 청국장이 담긴 항아리에 색깔이나 모양이 비슷하다고 사람들의 대변(똥)을 섞어 놓는다면 미친 놈(사람) 취급을 받게 될 게 뻔하다.

행복의 마중물, 미소 중에서

아무리 부자라도 미소가 필요 없는 사람은 없고 아무리 가난해도 미소 짓지 못할 만큼 가난한 사람도 없다. 맑고 시원한 행복의 생수를 길어 올리려면 먼저 미소의 마중물을 부어넣어야 한다. 미소 지으라! 웃음을 멈추지 말자!
미소는 스스로를 명품으로 만들고 세상을 행복하게 하는 신비의 묘약이다

한국 발전에 끼친 기독교 복음의 영향력 중에서

영국 역사상 가장 빛나는 번영기가 빅토리아 64년 통치시대였고 그 영광의 중심에는 키 155센티의 빅토리아 여왕이 있었다. 빅토리아여왕과 같은 시대의 철종 임금의 차이점은 성경을 읽고 예수그리스도의 복음을 믿고 하나님께 지혜를 구하고 성령의 감동과 인도하심을 받은 차이임을 부인하면 안된다.

칼럼집 1호

영(靈)과 혼(魂)의 갈림길

박승학 지음

세화출판사

추천의 글

 박승학 목사님은 기독교 대한 하나님의 성회 교단의 양심이요 파수꾼 같은 동역자입니다. 거룩한 성직자인 척 가면으로 얼굴을 가리고 맘몬이즘의 탐욕과 불법이 난무하는 기독교단과 이 시대에 하나님의 공의와 양심의 등대가 되어 동역자들을 깨우고 교단의 나아갈 방향과 지표를 제시하는 메시지를 주시는 분입니다. 박 목사님이 동역자들과 이 시대에 외치는 메시지는 신선한 충격입니다.

특히 전문변호사 로펌에 의뢰하여 세상 법정에 서기를 우려하는 성직자들에게 수많은 소송으로 전횡을 일삼던 재단에서 담임목사 직무정지 가처분 소송과 예배당 출입금지 가처분 소송을 당하였음에도 굴복하거나 타협하지 않고 흔들림 없는 의지로 변호사의 도움도 없이 홀로 기도와 믿음으로 당당히 싸워 승소판결을 받은 것은 박 목사님의 소신과 의지의 결과이며 교단의 동역자들에게 큰 충격이었습니다. 이 사실은 어린 소년 다윗이 물매 돌 하나로 거대한 골리앗을 쓰러트린 사건과 같은 놀라운 사건입니다.

기독교 대한 하나님의 성회 교단 60년 역사에 박승학 목사님 같은 보석 같은 동역자가 계시다는 것은 참으로 우리 교단의 행운입니다. 교단이 불법과 횡포에 의하여 요동 할 때마다 5,000여 동역자들은 박 목사님이 어떻게 반응하는가를 주목하고 나아갈 바 방향과 지혜를 얻고 있습니다.

이번에 박 목사님의 주옥같은 글들을 책으로 출간한다니 반갑고 기쁘기도 합니다. 진심으로 출간을 축하하며 이 책을 통하여 본 기하성 교단뿐만 아니라 한국교회 전체가 한층 성숙하게 변화하는 기폭제가 되었으면 좋겠습니다.

인천 순복음교회 담임목사

한국 효 운동단체 총연합회 이사장

성산 효 대학원 대학교 총장

최 성 규 목사

추천의 글

우리나라의 현대사는 한국 교회와 떼어놓고 생각할 수가 없습니다. 구한말 전해진 예수 그리스도의 복음은 절망에 처한 우리민족이 의지할 수 있는 유일한 빛이요 희망이었습니다. 그리하여 암울했던 일제 강점기와 6.25 전쟁, 그리고 1960년대 이후의 급격한 산업화와 민주화의 격변기를 거치면서 모진 고난과 박해, 시련과 고통을 겪는 가운데 언제나 한국 교회는 한국 사회와 민족과 함께 하였습니다. 한국 교회가 깨어 기도하고 전심으로 하나님의 뜻을 구할 때 역사를 주관하시는 하나님께서 이 민족에게 새 시대가 요구하는 사명을 감당할 수 있는 능력을 주실 것입니다.

이번에 박승학 목사님이 출간하신 칼럼집 1편 「영과 혼의 갈림길」은 바로 이 점을 강조하고 있습니다. 다시 말해서 우리 사회를 보다 살기 좋은 사회를 만들어 가는데 있어서 한국 교회의 역할이 매우 중요하다는 것입니다. 목회 현장에서 성실하게 목회활동에 힘쓰시면서 틈틈이 성경과 한국 교회, 한국 사회, 나아가 전 세계 구석구석에서 일어난 일에 대한 단상을 성경과 기독교적 관점에 입각해서 글로 정리해 오신 박 목사님이 그 간의 글들을 한 권의 책으로 묶어서 보다 많은 독자들과 대화할 수 있는 장을 마련하셨다는 점에서 이 책의 출간을 진심으로 축하하며, 이 책이 많은 열매를 맺어 우리 한국 교회와 한국 사회에 선한 영향력을 행사하기를 기원합니다. 박 목사님의 노고가 이렇게 아름답게 결실을 맺게 된 것을 거듭 축하드리며 그와 동시에 깊은 감사의 마음을 표합니다.

이영훈 목사

기독교대한하나님의 성회 총회장

여의도순복음교회 담임목사

목 차

제 1 편

1. 성화와 타락의 예민한 경계선 …… 9

2. 다윗 왕이 잃어버린 복음의 본질 …… 13

3. 언론의 일그러진 자화상 …… 16

4. 한국교회의 위기와 그 대책 …… 20

5. 건강한 나라 만들기 [1] 패륜(悖倫)방지법의 필요성 …… 25

6. 건강한 나라 만들기 [2] 언론이 공정한 나라 …… 30

7. 건강한 나라 만들기 [3] 한국의 포퓰리즘과 그 대안 ·· 34

8. 예배당 매매, 담임목사직 매매의 실상 [1] …… 39

9. 예배당 매매, 담임목사직 매매의 실상 [2] …… 44

10. 예배당 매매, 담임목사직 매매의 실상 [3] …… 49

11. 성화의 단계와 두 가지 법칙 …… 54

12. 인간의 영, 혼, 육을 분석하여 본 성화와 타락 …… 58

13. 하용조 목사님의 귀천(歸天)을 보며 …… 63

14. 신앙 인격의 숙성 과정 …… 67

15. 인격의 이중성과 십자가 …… 70

제 2 편

16. 우리를 돋보이게 하는 것들 …… 74

17. 알버트로스와 인간의 가능성 …… 81

18. 꽃피는 봄날의 자아성찰 …… 86

19. 행복한 세상을 만드는 원리 ················ 91

20. 그리스도인의 월권행위(越權行爲) ················ 94

21. 산울림의 법칙 ················ 100

22. 누구나 천사가 될 수 있다. ················ 103

23. 인류가 선택해야 할 최상의 삶의 방법 ················ 110

24. 오를 때보다 내려 올 때가 더 어렵다 ················ 114

25. 여호사밧의 치명적 실수, 적과의 동침 ················ 118

26. 하늘에 두어야 할 우리의 소망 ················ 121

27. 행복의 마중물, 미소 ················ 126

28. 오묘하고 신비한 지혜와 지식의 영역 ················ 130

29. 높은 곳에서 바라보라 ················ 139

30. 비판하고 정죄하지 맙시다. ················ 144

제 3 편

31. 포도원을 허는 작은 여우를 잡아라. ················ 150

32. 한국 발전에 끼친 기독교 복음의 영향력 ················ 155

33. 한국교회 위기의 해법 ················ 163

34. 황장엽 전 노동당 비서의 하관식을 다녀와서 ················ 166

35. 목에 걸린 슬픔과 아쉬움 ················ 170

36. 어린아이의 일을 벗어 버리라 ················ 175

37. 체력관리, 그 거룩한 사역 ················ 181

38. 후반전에 승리하라 ················ 186

39. 십자가를 거부하는 한국교회 ················ 192

40. 카다피의 죽음과 웰 다잉(well-dying) ·················· 199

41. 최근 잇따른 교계 내 교단의 소송을 보면서 ············· 202

42. 재림을 도둑맞아 버린 한국교회 ·················· 207

43. 스티브 호킹 박사가 간과한 영역 ·················· 211

44. 큰 느티나무 같은 그리스도인이 그립다 ············· 217

45. 월드컵 열기, 큐빅 그리고 진품 다이아몬드 ············· 221

제 4 편

46. 사랑·행복 나눔은 허비가 아닌 거룩한 사역 ··········· 224

47. 총과 펜, 교황은 몇 개의 사단을 갖고 있지? ············ 229

48. 샛강이 마르면 큰 강도 마른다. ·················· 233

49. 법정으로 간 한기총의 수치 ·················· 241

50. 문정렬 목사님의 소천이 주는 교훈 ·················· 246

51. 무릎 꿇는 대통령 ·················· 251

52. 큰 바위얼굴을 기대하며 ·················· 255

53. 진실, 오해, 거짓의 삼각관계 ·················· 258

54. 그리스도의 마음을 품은 지도자 ·················· 263

55. 우리가 닮아야 할 弘益 한국인 상 ·················· 267

56. 한국교회의 참담한 현실, 중앙일보 사설을 읽고 ······ 274

57. 냉혹한 주인과 살인자 ·················· 279

58. 고통의 양극화, 아픔이 주는 행복 ·················· 283

59. 행복의 양극화 ·················· 287

60. 건강한 교회 만들기, 당회와 담임목사 ·················· 292

제 1 편

1. 성화와 타락의 예민한 경계선

움직이면 움직일수록 더욱 깊이 빠져드는 늪이 있다. 이와 같은 실패와 절망의 늪에서 오히려 죽는 것이 최선이라 여겨지는 사람들에게 세상은 밝고 찬란하며 사는 것이 은총이며 축복이라고 설득하려 한다면 두 눈을 부릅뜨고 달려들지도 모른다.

그러나 저분들도 이 신묘막측하고 찬란한 세상을 똑바로 볼 안목과 여유를 가질 수만 있다면 얼마나 좋겠는가하는 아쉬움을 가진다.

1. 경이로운 세상

매일 아침이면 찬란한 햇빛을 온 세상에 쏟아 부으며 떠오르는 밝은 태양, 그 하늘 아래 공간에 가득 채워져 있는 맑은 공기, 기류를 따라 이동하는 그 공기가 시원한 바람이 되어 상쾌함을 더하고 있음이 또한 놀랍고, 시시때때로 장맛비나 폭우가 쏟아져 산골짝마다 시냇물이 되어 맑은 물이 철철 넘쳐흐르며 강을 이루고 바다가 되는 것도 역시 놀라운 일이 아닐 수 없다. 필자는 햇빛과 공기와 물이 이렇게 풍부하게 가까이 있는 이 놀라운 은총을 경험하고 있다.

가을로 접어드는 이 계절에 수통골 입구 잣나무 숲속 매미들이 서로 시샘하듯 목청을 돋우며 노래하는 것도 역시 경이로 우니 온 세상이 어찌 이리 기이한 일로 가득 차 있는지 이 놀라운 세상에 살아가고 있다는 것도 역시 행운이다.

매미소리를 들을 때마다 생각나는 것은 모든 매미들은 유충으로 6-17년간(매미의 유충이 17년까지 간다고 조회된다.) 땅속에 응축된 생명으로 머물다가 지상으로 올라와 탈피과정을 지나 비로소 성충매미가 되어 길어야 한 달 동안 목청껏 노래하다가 그 오랜 심연의 일생을 마감한다는 것이 어쩌면 인간의 생존과 비견하여 엄숙함을 자아내기도 한다.

장마가 끝난 후 쪽빛 파란하늘에 한 폭의 그림 같은 뭉게구름들을 보면서 어느 화가가 어떤 물감으로 이처럼 아름다운 풍경화를 그려낼 수 있을까. 봄날의 벚꽃축제, 가을의 단풍구경도 좋지만 저토록 파란하늘과 뭉게구름의 아름답고 신비로움에 매료되지 않는지, 어찌 이 아름다운 세상을 보면서 행복해지고 즐거워하지 않는지 창조주께서는 이처럼 신비하고 오묘한 세상을 지으시고 인생들에게 배려하신 것이다.

파란색은 인간이 바라볼 때 가장 편안하고 안정을 느끼는 색깔이다. 하나님은 하늘을 파랗게, 바다를 파랗게 지으셨다. 그리고 거기에 희고 뽀얀 구름들을 깔아 놓으시고 우리가 바라보며 즐거움을 누리도록 배려 하셨다. 숲속의 우거진 신록과 녹음, 지저귀는 새소리, 길가의 야생화, 맑게 흐르는 시냇물, 출렁이는 바다와 파도, 밤하늘에 반짝이는 별들, 어린 아기의 천사의 미소, 어느 것 하나도 신비롭고 아름답지 않은 것이 있는지 탄복하게 된다.

2. 주어진 인생과 심판

낙심하고 절망하는 사람들이 있다면 천년이 지나간 어제 같고 밤의 한 경점 같이 순식간에 지나가는 세월 속에 한숨 쉬고 낙심하고 슬퍼하지 말고 눈을 들고 하늘을 보고 그분의 음성을 듣고 삶의 희망을 가져야 한다. 이와 같은 세상에 살아있다는 것이 누구를 막론하고 기회이며 행운이며 은총이고 축복임을 인지해야 한다. 그러나 이 기회와 행운을 제대로 알지 못하고 낭비하거나 포기하는 사람이 있다면 그는 자신에 대하여 그리고 삶을 허락하신 하나님에 대하여 큰 죄를 짓는 것이다.

언젠가 그분 앞에 서는 날, 그 배려와 기대에 부응하지 못한 아쉬움과 회한에 그 참담함을 어찌 피하겠는가. 이에 "산과 바위에게 이르되 우리 위에 떨어져 보좌에 앉으신 이의 낯에서와 어린양의 진노에서 우리를 가리우라." (요한계시록 6장 16절) 하게 될 것이라 했다.
우리는 어떻게 살아야 할까 주어진 자신의 삶을 어떤 내용으로 채워 나갈까를 고민하고 성실하게 최선을 다해야 한다.

3. 영(靈)과 혼(魂)의 예민한 분기점

인간은 그리스도 안에서 성령으로 변화하고 성장하면 그리스도의 분량만큼 거룩해 진다. 천사를 존귀하다 여길는지 모르지만 천사는 구원 받은 우리를 도우라고 보내신 후사인 반면 우리는 하나님께서 독생자까지 대신 죽게 하기까지 소중하게 여기시는 아버지의 분신과 같은 아들과 딸이다.

그러나 하나님을 만휼히 여기고 거역하고 타락하면 짐승의 단계를 지나 악마처럼 사악한 존재로 추락하고 말 것이다. 지금 우리가 살아있다는 것은 이 예민한 기로에 서 있는 것이며 어느 쪽으로 기우느냐에 따라 그 결과는 극명하게 달라지게 될 것이다.

육신의 기능이 다하는 날, 죽음의 문턱을 넘어설 때 그리스도를 영접하지 못한 영혼들과 하나님의 뜻을 거역한 자들은 극한 공포와 두려움에 몸서리 칠 것이며 단 한번만이라도 회개의 기회를 허락하시기를 비명을 지르며 기도해도 소용이 없게 될 것이다. 왜냐하면 구원의 때와 회개의 기한이 다하였기 때문이다.

지금 우리는 생과 사, 선과 악의 기로에 서 있다, 성화와 타락, 영과 혼의 예민한 분기점에서 우리의 삶과 영성을 점검하고 새로워져야 할 것이다.

2011. 9. 13일

2. 다윗 왕이 잃어버린 복음의 본질

 지금 한국기독교는 복음의 본질을 회복해야하고 업그레이드 되어야 한다. 이를 다윗왕의 일생 중 두 가지 큰 실수를 생각하면서 오늘의 영적 교훈을 찾아보기로 하겠다.

첫째. 다윗은 어린 시절 하나님의 기름부음을 받고 오직 하나님만을 사랑하고 하나님과 동행하며 그 은총을 힘입어 살아왔다. 그러나 사울 왕에게 쫓기며 고난이 극심해 질 때 국경을 넘어가서 블레셋 가드왕 아기스에게 가서 무릎을 꿇고 배고픔과 위험을 호소하며 도와 줄 것을 구한 적이 있었다.
 천하의 다윗이 불신앙의 상징인 블레셋 왕에게 도망가서 생명을 구걸했다는 것은 심각한 타락이다. 그 결과 블레셋왕은 다윗을 선봉에 세우고 조국 유대를 공격하게 하는 절박한 위기에 처하게 되고 그 위기를 겨우 벗어나 처소로 돌아오니 처자식들은 아말렉 족에게 포로로 끌려갔고 집과 가산은 불을 질러 잿더미가 되어 버렸고 생사를 함께하던 부하들은 다윗을 돌로 치려하는 절박한 곤경에 처한다.(사무엘 상 27장)
 이는 고난이 없고 풍족하고 안락한 생활을 누리는 것보다 하나님의 섬세한 손길이 함께하시는 임마누엘이 더 큰 은총임을 알지 못하고 믿음의 본질을 잃어버리면 오히려 더 어려운 곤경에 처하게 된다는 것을 교훈하는 것이다.

둘째. 왕이 되고 난 후 가는 곳마다 전쟁에서 이기게 하시고 권력과 부귀와 풍요를 누리게 될 때, 충신 우리아의 아내 밧세바와 통간하여 임신케 하는 죄를 범한다. 그리고 그 죄를 숨기려고 수단방법을 다 하다가 마침내 우리아를 죽이는 비열한 죄를 더한다. 이때부터 그의 가문에 비극이 시작되었다. 그 결과 자녀들의 근친상간과 살인극이 일어나고 아들 압살롬은 반란을 일으켜 아비를 죽이려하니 그의 노년이 얼마나 초라하고 망신스러운 꼴이 되었는지 모른다.

이는 왕이 되고 난 후 성공하고 잘 나갈 때 신앙의 본질을 놓쳐버린 까닭이다. 성숙한 신앙은 성공과 풍요에 안주하지 않고 자기 십자가를 지고 자기 자신을 다스리는 영성으로 성화되어가는 것이다. "자기를 다스리는 자는 성을 빼앗는 자보다 나은 것."이다.

예수께서 "무릇 내게 오는 자가 자기 부모와 처자와 형제와 자매와 및 자기 목숨까지 미워하지 아니하면 능히 나의 제자가 되지 못하고 자기 십자가를 지고 나를 좇지 않는 자도 나의 제자가 되지 못하리라."하셨다.

다윗은 압살롬이 장남 암논을 죽였을 때 인정에 치우치지 않고 이를 경계하고 단호하게 죄를 단절하는 아픔을 감수했더라면 비극은 없었을 것이다. 간음한 죄도 크지만 사사로운 인정을 극복하지 못한 우유부단함이 일생일대의 비극을 초래한 것이다.

하나님께서 주신 부와 귀와 권력도 소중하고, 그리고 부모와 형제자매와 자녀와 부부관계도 소중하지만 그보다 신앙의 본질을 더 존중히 여기고 잃어버리지 않아야 한다.

다윗이 당한 재앙과 비극은 왕이 되고 난 후 영성이 흐려지고 하나님의 뜻을 거역하고 신앙의 본질을 잃어버렸기 때문이다.

지금 한국교회는 신앙의 본질을 회복해야 한다. 세상의 성공과 축복만 추구하지 말고 그리스도처럼 이웃과 공동체를 위하여 자기를 부인하고 십자가를 져야 한다.

사도 바울은 "내가 예수 죽인 것을 몸에 짊어짐은 예수의 생명이 우리 몸에 나타나게 하려 함이라" (고린도 후서 4장 10절)했고, " 나는 날마다 죽노라"(고린도전서 15장 31절) 했다.

"나를 존중히 여기는 자를 내가 존중히 여기고 나를 멸시하는 자를 내가 경멸하리라"(사무엘상2장 35절)

2011년 8월 18일

3. 언론의 일그러진 자화상

 1923년 9월 1일 낮 12시경 일본 도교와 요코하마 간토(관동 關東) 지방에서 대 지진이 일어났다. 사가미 만을 진앙지로 5분 간격의 3차례 7.3의 지진으로 화재와 해일 토네이도까지 발생하여 무려 14만여 명이 사망하는 대 참사였다.
이 지진으로 사회 불안이 만연해지고 민심이 악화되자 9월 10일자 매일신보(每日新報)에『지진 지역에서 조선인들이 폭동을 조장하고 있다.』란 전면기사가 실렸다.

이는 궤멸적 피해를 입은 민심을 엉뚱한 곳으로 돌리려 조선인을 희생양 삼아 질서를 유지할 목적으로 날조된 일본정부의 거짓말이었다.
내무성에서는 각 경찰서에『재난을 틈타 약탈행위를 하는 무리들이 있다. 조선인들의 방화, 테러, 강도 행위를 조심하라』란 공문이 하달되었고 이 소식이 더 확대되어『조선인들이 우물에 독을 풀고 일본인들을 습격한다.』란 헛소문이 급속히 퍼지면서 있지도 않은 이런 유언비어들이 기정사실처럼 여기게 된다.
피해를 입은 일본인들의 보복심리가 엉뚱한 조선인에게 증폭되어 자경단을 조직하고 진위 여부를 가려 보지도 않고 죽창, 몽둥이, 일본도, 등으로 조선인이 확인되기만 하면 즉시 학살하는 행위가 시작된다. 조선인 복장은 발견 즉시 참살했고 신분을 숨기기 위해 일본 옷을 입은 조선인을 가려내려고 어려운 일본 발음을 시켜보고 발음이 이상하기만 하면 일본인이라도 즉시 살해했다. 이때 학살한 숫자가 일본정부 발표 6,000여명, 역사학자의 의하면 약 6만 명이 될 것 이라는 통계이다. 이를 지칭하여 역사는 '관동 대 학살' 이라 부른다.

이 잔흑한 관동 대 학살사건은 일본정부에 의하여 조작된 거짓말을 사실처럼 확대보도한 매일신문(每日新報)사가 그 중심에 있었고 이와 같은 거짓 유언비어가 군중들의 사고와 판단력을 흐려놓게 되었다. 그리고 그 거짓말을 사실이라 여기는 군중들의 분노와 증오심이 무서운 범죄를 저지르게 된 것이다. 이와 같은 비극이 우리 시대에는 일어나지 않는다고 보장할 수 있을까.

2008년 1월 25일 11시, 홍은동 그랜드힐튼호텔에서 인기가수 나훈아씨의 기자회견이 있었다. 자기 자신이 중병에 결려 사경을 헤맨다는 소문과, 일본 야쿠자에게 끌려가서 신체 일부를 훼손당했다는 것과, 국내 글래머 여배우 김00씨와 김00씨와 염문설도 사실이 아니라는 회견이었다.

『이와 같은 헛소문을 통하여 받았던 심리적인 고통은 이루 말 할 수 없습니다. 저를 난도질하고 만신창이로 만들었다.』하면서 탁자 위에 올라서서 혁대를 풀고 바지 지퍼를 내리면서『여러분 중에 대표로 확인해야 믿으시겠습니까?』하는 충격적인 일이 일어났었다. 그리고『결혼도 안한 두 젊은 여배우들이 이와 같은 거짓말과 왜곡보도로 인하여 얼마나 고통을 당하고 괴롭겠습니까. 이 여배우들에 대하여 꼭! 바로잡아달라』고 강조했다.

 나훈아씨는 그동안 방송, 신문, 인터넷 등 언론매체에 허무맹랑한 괴 소문들이 퍼지면서 점점 더 확산되어 사실처럼 여겨지고 비판과 여론으로 시달림을 당해 왔다는 것이다.

어디서 흘러 나온지도 모르는 근거도 없는 유언비어를 사실인 것처럼 인터넷을 통하여『인신공격하는 네티즌들도 나쁘지만 그걸 부추기는 게 바로 신문이나 방송, 언론이라며 '아니면 말고, 맞으면 한탕' 식으로 펜으로 사람을 죽이고 있다』고 주장했다.

그러면 법적 대응을 하면 되지 않느냐 할지 모르겠으나 명예훼손이나 허위사실 유포 협의로 법원에 고소를 해도 변호사를 사야하고 그 판결기간이 몇 개월 몇 년씩 지속되어 그동안 시달리는 여론재판과 정신적, 경제적 피해는 감당키 어려워지게 되는 것이다.

'장군의 아들' 김두한씨의 외손자인 송일국씨는 어느 프리랜서 여기자가 폭행으로 이빨이 부러졌다고 엄살을 하며 돈을 뜯어내려는 의도로 협박을 당하다가 재판으로 결국 진실이 밝혀지기까지 오랫동안 시달렸다.

그밖에 미국 스텐포드대학을 나온 가수 타블로(본명 ; 이선웅)의 안티 카페 '타진요'(타블로에게 진실을 요구합니다.)의 학력이 위조 논란역시『인터넷 마녀사냥』과 같은 사건으로 살인적인 횡포이다. 2008년 미국산 쇠고기 광우병 촛불집회가 1년 가까이 지속된 사건을 기억하고 있다. 과연 방송특집으로 보도했던 광우병 취재보도가 사실이 아닌 허위였다는 것이 밝혀졌으나 그러나 그동안 얼마나 이 조작된 거짓말횡포로 국민들이 고통스러워했는가 생각해 봐야 한다.

칼로 준 상처보다 한마디 말로 더 큰 상처를 줄 수도 있고 더 오래갈 수도 있다. 그리고 방송 인터넷 등으로 인격을 매도하고 폄하하여 끼친 피해는 그 당사자에게는 상상을 초월하는 심각한 일이다. 이러한 일들은 중세시대의 '마녀사냥'같은 범죄행위다.
최근은 더욱 신문 방송 등 언론과 특히 인터넷 네티즌들이 무서워지는 시대가 되었다. 법정에서 사실여부가 가려지기도 전에 여론으로 사람을 괴롭히고 있기 때문이다. 이것은 폭력을 넘어서는 살인적 행위나 마찬가지라 생각된다.

84년 전 관동 대 지진 때 날조된 거짓말을 근거로 조선인들을 난도질하여 죽인 범죄는 일본인들에게 영원히 씻을 수 없는 부끄러운 과거로 남아 있다.
행여나 우리시대에도 방송과 신문, 인터넷 등으로 이와 같은 범죄를 저질러서는 안 될 것이라 생각하며 이 글을 마친다.

2011. 7. 19

4. 한국교회의 위기와 그 대책

　지금 농어촌 교회와 도시 개척교회들은 존립의 위기를 겪고 있으며 매년 500개의 기존교회들이 문을 닫고 신도의 숫자가 지속적으로 감소하고 있다는 통계이다. 뿐만 아니라 안티들의 기독교 폄하와 악성 비판에 대응할 방법이 없고 그들의 주장에 많은 사람들이 공감하고 있다. 이와 같은 현상은 개신교의 심각한 위기이며, 이를 극복하지 못한다면 '샛강이 마르면 큰 강도 마른다'는 말처럼 결국 유럽 교회들처럼 되지 않는다고 누가 장담할 수 있겠는가.

1. 한국 기독교의 위기 진단

첫째, 성직자들이 돈과 재물에 대한 분쟁들이 교회법을 떠나 세상 법정으로 가는 사례가 비일비재하다. 성직자인 목사나 장로들이 불신자 혹은 타종교인 판·검사들에게 "기도도 해보지 않았느냐" 또는 "서로 화해하라"는 등 질책과 망신을 당하고 있다. 그럼에도 양보나 화해가 없고 소송이 끝까지 가고 있다.

둘째, 자신이 개척하여 성장시킨 교회의 성직자들 중에 정년이 되었음에도 담임목사 자리에 집착하고 퇴직금을 지나치게 요구하는 등 부끄러운 갈등을 일으키기도 한다.

셋째, 교회 담임목사 자리나 교단장 자리를 차지하려 신도들과 용역원들을 동원하고 폭력을 행사하는 등의 모습들이 방송·인터넷 등에 보도되면서 망신을 당하고 있다.

최근 여론조사에서 교회를 우리 사회에 존재해선 안 되는 유해한 집단이라 매도하는 일들이 이와 같은 사건으로 인해 더욱 증폭되고 있다. 최근 유럽 기독교가 몰락하고 있는 현상이 우리나라에도 오지 않는다고 누가 장담할 수 있겠는가. 한국교회가 50년 후, 아니 20년 후를 바라보며 본질을 회복하고 업그레이드돼야 한다.

2. 한국교회의 놀라운 성장 배경과 원인

첫째, 일제 압제를 당하는 시기 기독교로 인해 민족의 자주권과 독립·교육·의료 등 큰 영향을 끼쳐 기독교가 급속히 성장하는 긍정적 토양을 제공했다.

둘째, 영화와 문화에 의한 영향이 크다. 영화 벤허(1959)는 남북전쟁의 영웅이며 터키 대사를 지낸 루 월레스(Lew Wallace)의 작품으로 제목이 '그리스도의 이야기(A tale of the Christ)'다. 성경의 네 가지 사랑이 깔린 예수 중심의 내용이다.

미국과 전 세계를 열광케 했던 그 내용들을 국민들이 여러 차례 관람하면서 창조주 하나님과 역사의 주인이신 그리스도에 대한 이해가 온 국민들 이성과 감성의 문을 열게 했고, 기독교에 대한 거부감 없이 쉽게 복음을 수용해 교회는 일취월장 성장했다. 이밖에 <십계>, <왕중 왕>, <쿠오바디스> 등 하나님과 성경과 그리스도에 대한 영화들이 국민들의 마음을 열게 하는 영향을 주었다고 필자는 판단하고 있다.

셋째, 산업화 시대 농·어민의 도시교회 집중현상이다. 1960년대 이후 산업화가 시작되면서 이농현상이 급속히 진행됐다. 농어촌 교회에서 못자리처럼 길러낸 성도들은 도시 교회로 이동했고, 도시 목회자들은 힘들이지 않고 많은 성도들이 모여드는 대형교회로 성장하게 됐다.

넷째, 물 붓듯이 부어주시는 성령님의 은총이 있었다. 그 때는 도시마다 천막을 치고 십자가를 세우기만 해도 사람들이 교회로 몰려오는 놀라운 현상이 일어났다.

그러나 최근 통계청에 의하면 개신교인 숫자는 800만 명 이하로 점차 감소하는 반면, 천주교는 700만 명으로 급속히 증가하고 있다. 우리는 왜 그러한지를 진단해야 한다.

3. 한국교회 지도자들의 책임

위와 같은 배경에 의하여 성장한 교회의 목회자들 중 세상의 빛과 소금이 되지 못하고, 돈과 지위 명예에 심취해 죽어서 천국 가는 것보다 이 세상이 너무 좋아 죽는 것이 아쉬울 지경이 되지 않았는지 모르겠다. 저들은 지위와 교권을 위해 선거비용에 수억, 수십억을 사용하고 권력싸움 소송 등 추악한 치부를 드러내 멸시와 비판의 대상이 되고 있다.

십자가는 수직적·수평적 관계인데 수직적인 복을 받았으면 받은 복을 수평적으로 나누어야 할 텐데, 빛과 소금의 역할은 간데없고 추악한 모습이 되어버린 것이다.

4. 이 위기를 극복하기 위해 다음 네 가지 운동을 제안 한다

첫째, 초심(初心)으로 돌아가는 운동
다윗은 비록 통일왕국의 왕이 됐지만 "나는 본래 베들레헴 시골뜨기 양치기 목동이며, 나의 나 된 것은 오로지 하나님 은혜"라고 했듯 초심으로 돌아가는 운동을 전개해야 한다.
둘째, 미스바 회개운동(삼상 7:3-7)
매년 날을 정하여(가능하면 정월 1일부터) 3-7일간 전국 모든 목회자들이 초교파적으로 금식하며 기도하는 회복 운동을 제안한다. 지금은 "너는 밤낮으로 눈물을 강처럼 흘릴지어다. 스스로 쉬지 말고 네 눈동자로 쉬게 하지 말지어다. 밤 초경에 일어나 부르짖고 네 마음을 주의 얼굴 앞에 물 쏟듯 할지어다 각 길머리에서 주려 혼미한 네 어린 자녀의 생명을 위하여 주를 향하여 손을 들지어다(애 2:18-19)"는 기도가 있어야 한다.
셋째, 청빈과 검소한 목회자 발굴·칭찬하고 상 주는 운동
故 한경직 목사님이나 옥한흠 목사님 같이 청빈과 검소함을 발굴하여 상 주는 운동을 전개해야 한다. 최근 천주교가 급속히 성장하는 데는 김수환 추기경의 이미지 효과가 크게 작용했다. 우리도 이처럼 존경받는 지도자가 많이 나와야 한다.
넷째, 선한 청지기 운동.
그리스도인은 "머리 되고 꼬리 되지 않고, 꾸어주고 꾸지 않

고, 위에 있고 아래 있지 않아야 한다." "더 건강해야 하고, 더 부자 돼야 하고, 모든 면에서 더 멋있어야 한다." 그러나 본래 청지기임을 잊지 말고 받은 은총과 복을 아낌없이 이웃과 복음을 위하여 기부하고 나누는 운동을 전개해야 한다.

그리스도 이후 가장 놀라운 복을 받은 한국교회는 여기서 성장을 중단하거나 몰락해서는 안 된다. 반드시 이 위기를 극복하고 재도약의 기회로 삼아야 할 것이다.

2009년 12월 3일

5. 건강한 나라만들기 [1] 패륜(悖倫)방지법의 필요성

 지난 2011년 6월 22일 인터넷 유튜브에 공개된 동영상에 보면 수원행 1호선 전철에서 20대로 보이는 건장한 청년이 옆자리에 앉은 80대 노인에게 폭언과 욕설을 하는 장면이『지하철 막말 남』이란 키워드로 인터넷을 통해 급속도로 퍼져 나가고 있다.

80대로 보이는 백발의 노인이『다리를 꼬고 앉으니 불편하니 바로 하라.』고 청년에게 나무라자 청년은 기분이 상했는지 할아버지에게 폭언을 쏟아내는 장면이다.

『내가 뭐 잘못했어? 왜 시비를 걸어 xxxx야! 근대 왜 쳐? xxxx야, 쳤잖아? 안쳤어? 웃긴 xx네. 경찰서 가? 서울역에서 안 내리면 죽여 버린다. xxxx야! 끌고 간다. 알았냐? 사람 잘못 건드렸어 xxxx야.』하며 노인에게 손을 들고 칠 듯 위협하며 'xx'이란 말을 다섯 번, 'xxxx야' 란 말이 네 번이나 하는 폭언을 계속했다.

누군가가 몰래 찍어 올린이 동영상을 보면 수많은 승객들이 주위에 있었으나 청년이 막무가내로 고함을 치며 폭언을 퍼붓는 것을 보고도 자리를 피하거나 모른 체 하고 있었다.

6월 24일에는 지하철 4호선에서 유모차에 태운 아이를 '아기가 귀엽다' 며 만지는 할머니를 젊은 아이 엄마가 페트병으로 얼굴을 가격하면서『입 다물라고. 경찰 불러. 남의 새끼한

테 손대지 말라고 얘기 했으면 알았다고 입 다물면 돼』라고 할머니를 폭행하는 동영상이 인터넷에 올라왔다.

이와 같은 패륜행위가 최근 아주 흔한 일이 되어버렸다. 자식이 부모를, 학생이 교사를, 젊은이가 노인을 모욕하고 폭언하고 심지어 폭행을 하기까지 하는 망령된 일들이 동방예의지국이라는 대한민국에서 지금 일어나고 있다.

물론 패륜을 행하는 당사자들도 그럴만한 타당성 있는 나름의 이유가 있었을 것이다. 조부모로 부터 학대를 받은 과거가 있었다든지 그날 어떤 일로 스트레스를 받아 예민해 있었는지도 모른다. 그러나 어떤 이유가 있더라도 공경의 대상인 어른들(부모, 스승, 노인 등)에게 패륜을 저지르는 것은 용서받을 수 없는 범죄행위가 틀림없다. 돈이 없기 때문에 도둑질을 하거나 배가 고파서 먹을 것을 훔쳤다고 합리화 될 수 없는 것이나 마찬가지이기 때문이다.

1.『패륜행위 방지와 처벌법』입법의 필요성

이와 같이 젊은이들이 부모와 스승, 또는 노인들에게 막말을 하거나 욕설, 그리고 폭력을 저지르는 사건들을 목격하고도 어떻게 제재하거나 대처할 마땅한 방법이 없다는 것이 심각한 문제이다.

필자는 여기서 이와 같은 부도덕하고 비윤리적인 패륜적 악행들에 대하여는 강력하게 단속하고 처벌하는 법을 국회에서 입법해야 한다고 제안한다.

자동차 탑승 시 안전띠를 매지 아니하면 벌금형으로 처벌하고, 도박이나, 마약이나 음주운전을 하면 처벌을 받는다. 자기의 행위로 자신을 해롭게 하는 불행을 예방하고자 국가가 법으로 규제하고 처벌하고 있는 것이다. 미국에서는 자녀를 학대하면 친권을 박탈하는 법이 있고, 부부사이에도 접근금지법이 있는 것처럼 부모나 스승, 그리고 노인을 모욕하든지 폭언, 폭력을 하는 젊은이에게는 벌금이나 징역형을 줄 수 있는 법을 입법화해야 한다는 제안이다.

신호위반, 과속, 음주운전 등 교통법규 위반은 발견즉시 과태료 딱지를 떼고 처벌 하는 것처럼 패륜행위도 발견즉시, 신고즉시 처벌해야 한다는 것이다. 현행법에는 존속 모욕이나 존속폭행 등의 행위는 친고죄로 피해자가 처벌을 원해야 입건, 처벌 할 수 있다. 그러나 이 법은 패륜행위에 대하여 친고죄가 아닌 범죄가 입증되기만 하면 처벌을 받도록 입법 제도화하자는 것이다.

2. 현행 『효행장려법』과 같은 것이다.

한국효운동단체총연합회를 설립한 최성규 목사님은 『인간을 인간답게 지켜내고 종교적, 이념적 위화감을 화해와 평화로 용해해 낼 수 있는 힘은 오직 효 정신 밖에 없다. 이에 우리는 민족통일과 인류 평화의 밑거름이 될 효 정신을 실천할 것임을 대내외에 천명한다.」는 취지로 추진한『효행장려 및 지원에 관한 법률안(의안번호 6946호)』이 2007년 7월 2일 국회 본회의를 통과되어 국가법으로 제도화 되었다.

최성규 목사님은『효행장려법은 한국의 정신문화유산인 효를 확산, 장려하고 부모부양을 제도적으로 지원하는 부모에 대한 자녀의 감사와 보답의 정신을 담고 있는 세계 유일의 법이며 내 부모를 공경하는 마음으로 남의 부모도 공경하고 모든 어른을 공경한다면 화목한 가정, 즐거운 사회, 기쁨 넘치는 교육현장이 될 것이며 효 운동을 통하여 세계평화에 앞장설 것』이며,『이 법을 통하여 자녀와 부모의 삶의 질이 향상되고 국가사회 전반에 질서와 행복한 삶이 실현될 것이며 우리민족의 정신유산인 효 문화를 세계에 널리 전파하여 한국의 효가 인류의 미래에 정신적 기초와 소망이 될 것』이라는 취지로 이 법을 제정했다고 했다.

효행장려법은 효행을 장려하고 지원하는 긍정적 법인 반면 『패륜행위에 대한 예방과 처벌법』은 패륜행위를 방지하고 엄벌하므로 질서를 회복하고자 하는 취지의 상대적 법으로 우리민족의 전통인 효 문화 실현에 기여하게 될 것이 분명하다고 생각한다.

3. 패륜신고 포상제도에 대하여

자식이 부모에게, 제자가 스승에게, 젊은이가 노인에게 패륜을 행할 때 즉시 입건하여 처벌하는 법을 만들 뿐만 아니라, 둘째, 이와 같은 패륜행위를 방지하기 위하여 교통법규위반 신고와 포상제도인『차파라치』나 불법 사교육 신고센터와 신고포상금제도인『학파라치』가 있는 것처럼 패륜행위에 대하여 동영상이나 사진 등 증거자료를 신고하면 보상금을 주는『효파라치』제도를 만들어야 한다고 제안한다.

우리민족의 전통인 부모공경, 스승과 노인공경의 경노사상은 자기를 복되게 하고 세상을 아름답게 하는 방법이다. 우리는 이웃을 사랑하고 어린이를 사랑하고 자연을 사랑하고 어른과 하나님을 잘 공경할 때 세상을 따듯하게 하고 하나님 나라가 성취 될 것이다.
한국사회의 전통인 어른공경과 효도의 미풍양식이 살아나는 아름다운 세상이 될 것을 소망하면서 첫 번째 글을 마친다.

2011. 7.

6. 건강한 나라 만들기. [2] 언론이 공정한 나라

 2011년 7월 22일 노르웨이에서 엄청난 테러가 발생했다. 15시 22분에 노르웨이 오슬로의 총리 집무실 건물에 폭탄 테러가 일어나 7명이 사망했고, 2시간 뒤 오슬로 근교 우퇴위아 섬에서 노동당 청소년 700명이 참가하는 캠프 행사장에 중세 십자군 템플기사단 십자가문장과 해골문양 등 가짜 훈장들이 달려있는 복장을 입은 32세의 테러범 '안데르스 베링 브레이빅'이 섬에 상륙하여 청소년들을 집합, 정렬시켜 놓고 준비한 총으로 무차별 난사하여 76명이 사망하는 대 참극이 발생했다.

사건 발생 직후 노르웨이 경찰 대변인은 범인이 인터넷에 올린 글을 근거로 『이슬람 이민 정책에 불만을 품은 극우 민족주의자이며 기독교 원리주의자의 소행』이라고 발표했다. 이에 세계 수많은 언론들이 이번 테러를 기독교 근본주의자의 테러로 보도되면서 기독교가 이슬람과 동등한 테러집단이라는 비판을 피할 수 없게 되었다.

우리나라 중앙일보에서는 신문 1면에 『테러범이 테러 수 시간 전 인터넷(www.freak.no)에 올린 1500쪽에 이르는 '2083, 유럽 독립선언문 - 십자군 전쟁을 시작하기 전에 유럽 기독교문명을 파괴하는 문화적 마르크스주의 없애야... 2083은 이슬람 몰아내는 해가 된다. 대화는 끝났다. 무장 항쟁이다.' 라는 글을 인용하여 '21세기 광기의 십자군 전쟁' 이란 제목으

로 범인은 극우기독교원리주의자(fundamentalist)의 소행』이
라고 기사화했다.

『그의 선언문은 이민자에 대한 증오심과 광적인 종교관으로
뒤덮여 있었다. 다문화사회를 거부하는 광기 어린 한 기독교
원리주의자의 대 학살극은 노르웨이뿐 아니라 유럽 전역에서
확산하고 있는 극우주의 물결에 대한 경각심을 불러일으키고
있다.』라고 기사화 했다.

사실이 왜곡된 이와 같은 보도가 우리나라 기독교 안티들에
게 보수정통 기독교를 이번 테러를 자행한 테러범과 동등한
'개독' 이라는 비판이 더욱 증폭될 수가 있다.

그는 범행 전 인터넷 글에서 자신의 기독교적 정체성에 대해
"예수 그리스도나 하나님과 개인적인 관계를 갖고 있지는 않
고, 다만 기독교를 문화적, 사회적 정체성이자 도덕적 기반으
로만 믿고 있다."고 했다. 이는 그가 정상적 기독교인이 아니
라는 결론이다.

'기독교 근본주의'라는 것은 1) 예수 그리스도의 십자가 피
흘리신 인류 속죄와, 2) 예수의 동정녀 탄생, 3) 육체적 부활
과 재림 등 성경대로 믿는 것이며 기독교의 근본정신은 남을
해치는 종교가 아니라 오히려 이웃을 사랑하고 희생하고 봉
사하는 종교이며 이번 테러와 같은 살인행위는 기독교 정신
과 전혀 상반되는 나치와 같은 극우 민족주의적 신념에 따른
행위로 보아야 한다.

그러나 범인이 인터넷에 올린 십자군 전쟁이라는 표현과, 중세 십자군 복장 등만 보고 기독교 근본주의자라고 단정하여 "그의 선언문이 광적인 종교관으로 뒤덮여 있다." 라고 기독교와 연계하여 비난하는 것은 어불성설이 아닐 수 없다. 중앙일보는 이와 같이 보도한 내용에 대하여 분명히 시정하고 사과해야 한다.

브레이빅은 스스로를 기독교인이라고 착각하고 있을지는 몰라도 기독교와 관계가 없는 자로 구분해야 한다. 그의 범행 동기를 기독교 근본주의에 의한 것으로 기독교 전체와 연계하려는 것은 반 기독교정서를 유도하는 결과가 된다고 보아야 한다.

이와 같이 진실과 상반된 왜곡된 언론 보도를 시정하지 않는다면 그로 인하여 빚어지는 그 폐해가 건강한 나라, 건강한 사회에 얼마나 엄청난 갈등을 가져오게 될지 기억해야 한다.

진정 건강한 나라가 되려면 신문이나 방송, 등 언론사가 공정한 보도를 해야 한다. 최근 우리나라에 기독교인들의 실수나 상처 등을 침소봉대하여 폄하하려는 안티 여론 조성을 시도하는 언론사들이 있다면, 그리고 이슬람의 실체를 미화하는 호의적인 신문사 등은 건강한 나라를 위하여 결코 도움이 되지 않는 것이다.

테러 살인자 브레이빅이 범행 직전 인터넷에 올린 '2083 유럽독립선언'에서 만나고 싶은 인물을 '교황과 푸틴 러시아 총리, 그리고 한국의 이명박 대통령' 등을 거론했다고 한다.

테러범이 이명박 대통령을 만나고 싶어 하는 인물이라는 기사에 대한 인터넷 댓글들을 검색해 보니 이명박 대통령을 '테러 범죄자와 동등한 개독' 이라고 욕설을 퍼 붇는 안티들이 많았다.
어떻게 테러범이 선호하고 만나고 싶어 하는 인물이라고 거론했다고 테러범과 동등한 부류라고 매도 할 수 있겠는가.
이와 같이 말도 안 되는 독설이 국민들의 갈등과 반목을 자아내고 오염시키고 있는 것이다.

이를 보면서 이명박 대통령을 테러범과 동등하다고 매도하는 것이나 테러범이 기독교를 언급했다고 기독교를 테러종교라고 비난하는 것 같은 말도 안 되는 주장이 있을 수 있는지 도대체 이해 할 수가 없다. 이와 같은 막무가내식 폭력적인 행위는 없어져야 한다.
언론의 무분별하고 무책임한 어떤 의도를 숨겨진 기사내용으로 개인이나 국가공동체가 갈등이 증폭되고 상처를 입고 피해를 입는 일이 없어져야 한다.

건강한 나라 건강한 사회가 되려면 사실과 진실을 정확하고 신속하게 그리고 공정하게 보도하는 건강한 신문과 언론이 되어야 한다.

2011. 8. 1일

7. 건강한 나라 만들기 [3] 한국의 포퓰리즘과 대안

 2011. 8, 12일 기획재정부에서 IMF와 EU의 구제 금융을 받은 그리스, 포르투갈, 아일랜드 세 나라의 재정위기에 대하여 1. 포퓰리즘 정책에 따른 정부재정 지출 확대, 2. 잠재성장률 하락, 3. 재정건전성 악화 등이 주요원인이었다고 분석하여 발표했다.

 미국은 지난 8월 5일 세계적 신용 평가사 스탠더드앤드푸어스(S&P)사가 국가신용등급을 AAA에서 AA+로 한 단계 하향하면서 그 여파로 세계경제가 요동치고 있다. 프랑스 역시 스페인에 차입해준 돈이 너무 많아 국가신용등급이 하향될 수 있다는 우려가 팽배해 지고 있다. 아일랜드는 80년대부터 년 10%의 경제 성장으로 2003년에는 국민소득 3만 불시대로 성장했으나 부동산 거품이 빠지면서 2008년부터 국가경제가 부도가 나 버렸다. 수도 더불린의 어느 아파트는 입주민 전체가 모두 집을 비우고 호주 등지로 돈벌이 가서 유령처럼 남아있는 경우도 있다.

이와 같은 세계경제의 위기의 원인을 조사 분석하여 우리의 미래를 대비해야 한다.

주부가 살림을 할 때 수입에 맞게 규모 있게 살림해야 한다. 수입보다 지출이 많고 모자랄 때마다 계속 빚을 내어 씀씀이가 헤프다보면 결국 한계가 올 것이고 살고 있는 집과 가재도구들도 차압당하거나 파산할 것은 시간문제이다. 지혜롭고 현명한 주부라면 남편의 수입에 맞게 절약해야 하며 아르바이트라도 해서 살림에 보탬이 되어야 할 것이다. 국가 경제도 마찬가지이다. 정치인(주부)들이 포퓰리즘에 의하여 자신의 임기 다음을 생각하지 않고 국가 재정을 자기 돈이 아니라고 헤프게 쓰다보면 그렇게 될 것이 틀림없다. 대통령이나 국회의원, 그리고 지방자치단체장들이 자기 임기동안에 포퓰리즘에 의하여 먼 훗날을 생각하지 않고 정치를 하면 아일랜드나 그리스처럼 될 것이 뻔 한 일이다.

아르헨티나는 국토가 우리나라의 12배이며 국토의 60%가 비옥한 평원으로 년 9,000만 톤의 곡물생산의 축복받은 나라로 2차 대전 직후 세계 제 4위 경제부국이었다. 이와 같은 아르헨티나가 지금 세계 최빈국으로 몰락한 이유는 페론이즘 때문이다. 페론대통령과 부인 에바 두아르테의 과도한 복지정책 때문이 그것이다.

최저임금제를 도입하여 임금을 올려주고 주 5일 근무와 과도한 복지정책 등 인기영합적인 포퓰리즘으로 국가재정이 악화되어 갔다. 그러나 대다수의 국민들(노동자, 농민)은 당장 눈앞의 고임금과 복지정책에 열광했고 페론대통령과 영부인 에바는 재정위기에 대비를 하지 않다가 마침내 한계에 부딪쳐 디폴트선언을 하게 되고 물가는 천정부지로 오르고 국민들은 지금까지 고통을 당하고 있는 것이다.

2002년 한일 월드컵 당시 아르헨티나 축구대표팀에 국가가 지원할 비행기 값이 없어서 선수들이 자비로 부담하여 왔던 것을 보면 그 상황을 알 수 있다.

우리나라의 부산저축은행의 경우도 사주와 대주주의 방만한 경영과 불법대출과 부정인출 등으로 재정이 악화 되었으나 PF대출의 고리의 이자수입으로 견뎌 왔지만 아파트 미분양과 계속 오를 것만 같았던 아파트값이 내리기 시작하고 건설회사의 부도로 자금회수가 어려워지니 그 전모가 드러나게 된 것이다.

지금 초중고교의 무상급식에 대한 주민투표를 앞두고 여야가 격론을 벌이고 있다. 오세훈 서울시장은 선별적 급식을 해야 한다고 하고 민주당과 민노당 등 야당은 차등 급식을 하면 가난한 아이들이 열등감을 느껴 차별을 당하게 되므로 그 피해가 클 것이라고 주장하지만 이것은 현실을 외면한 포퓰리즘 현상이며 정치적 의도가 숨겨져 있다고 보아야 한다. 대학 등록금 반값인하를 위하여 국가 재정으로 부담한다는 것도 그렇다.

재해를 당하여 문제가 발생하는 곳마다 또는 목소리 큰 곳마다 국가가 모두 책임지고 보상해 준다면 유럽 국가들과 같은 위기가 오지 않는다고 누가 장담할 수 있겠는가.

이와 같은 포퓰리즘 정책은 미래의 어린 청소년들의 돈을 미리 앞당겨다 자신들의 정치적 유익을 위하여 선심을 쓰는 행위로 결국 청소년들과 어린세대들에게 무거운 빚을 짊어지우는 것이라 보아야 한다. 그러므로 건강한 나라를 만들기 위하여 그 대안을 찾아야 한다.

첫째. 대통령, 국회의원, 각 지방자치 단체 도지사, 시장이나 군수 등은 포퓰리즘 사고와 정책을 지양해야 한다. 자기 임기동안 선심을 쓰고 자신의 지지도를 높이고 표를 의식하여 살림을 한다면 장차 그 부담은 누가 짊어지게 될 것인가를 생각해 보아야 한다.

둘째. 국민들에 의한 감시기구를 만들어야 한다. 그동안 수많은 시민단체들이 활동한 것같이 어떤 정치적 외압에도 요동하지 않는 기구를 만들어야 한다. 조선시대에 왕조실록을 기록하는 사관은 왕이라도 함부로 간섭하지 못하고 존중해 준 것 같은 정치인들의 국가 경영을 감시하는 기구를 만들고 사관과 같은 사명과 소신의 책임자를 두어야 한다.

셋째. 국민들이 선거 때 표로 심판해야 한다. 이번 무상급식 정책과 같은 국가 미래가 걸린 정책은 국민들이 표로 심판해야 한다. 특히 젊은이들은 자신들이 부담해야 할 미래정책에 대하여는 두 눈을 부릅뜨고 감시하고 심판해야 한다.

노무현 대통령시절 복지 예산이 현재 부도난 유럽의 선진국과 비교하여 적다는 이유로 과도하게 책정한 것은 그 나라들

의 오늘의 재앙을 예측 못했기 때문일 것이다. 재정경제부에
서 조사 발표한 '포퓰리즘 정책에 따른 정부재정의 과다지출'
을 추구하다가 지금 유럽의 국가들이 국가 부도 사태까지 오
게 되었다는 것을 분별한다면 정신을 차리고 미래를 준비해
야 한다.

과거 대우그룹이나 삼성자동차 같은 부실기업의 적자와 손실
을 국가가 떠안고 정부예산으로 처리했던 일들이 지금 시대
에는 없는지 조사해 보아야 한다.
그리고 대북지원예산으로 인한 재정 적자의 득실도 조사해
보아야 한다.

경제 강대국 미국조차도 위기를 겪고 있는 이 시기에 정신을
차리고 인기영합적인 포퓰리즘을 경계하고 바로잡지 못한다
면 아일랜드나 아르헨티나와 같이 될 수도 있을 것이며 후손
들에게 큰 죄를 짓는 결과가 될 것이다.

2011. 8, 15일

8. 예배당 매매, 담임목사직 매매의 실상 [1]

지난 2011년 6월 20일 성결교단 총회본부 앞에서 김 모 목사란 분이 교회개혁실천연대란 시민단체와 함께 목사직 반납 피켓을 들고 1시간 동안 일인 시위를 한 후『담임목사직 매매 실태 개탄 기자회견』을 했다.

『기독교인들은 성직매매를 가장 심각한 이단으로 간주하여 배척해야 합니다. 또한 충고를 받고도 거절하면 세속권력이 나서서 그들을 척결해야 합니다. 왜냐하면 성직매매에 비하면 여타의 모든 죄들은 아무 것도 아니기 때문입니다.』하고 담임목사직 매매가 한국교회에 만연한 악행이라고 비난했다. 이 행위로 인하여 지금 한국교회를 향한 비난이 봇물처럼 쏟아지고 있다. 한겨레신문, 경향신문, 서울신문 일간지 사설로 기사화되고 인터넷사이트와 방송에 보도 되면서 그 기자회견 내용이 한국 기독교 전체의 모습처럼 비판의 목소리가 커져가고 있다. 이 문제가 일반 국민들에게 뿐만 아니라 기존 성도들에게까지 미치는 영향이 얼마나 큰지 이 문제에 대하여 구체적으로 분석하여 대처하지 않으면 한국교회의 이미지 실추와 그에 따른 피해가 얼마나 클 것인가 하는 우려 까닭에 이 글을 쓴다. 그 주제는 1. 교회당 매매. 2. 담임목사직 매매로 분류하여 다뤄보려고 한다.

교회당 매매의 실상과 문제점.

교회개척실천연대 기자회견 내용 중에『1. 은퇴하는 목사는 재물에 대한 탐욕을 버리고, 공중의 새와 들의 백합화도 먹이고 입히시는 하나님의 은혜를 기대하며 청렴의 본을 보이라.』『4. 교계 신문 및 기독교 포털 사이트들은 결국 성직매매로 귀결될 혐의가 농후한 교회매매 광고를 게재하지 말라.』고 했다. 저들이 과연 교회를 개혁하고 한국교회 발전을 원한다면 교회당매매의 실상에 어떠한지 제대로 파악한 후 기자회견을 했어야 했다. 그 실상을 소개 하겠다.

1. 대부분 신학교를 나온 목사들 80% 이상이 교회를 개척하여 사역을 시작한다. 상가 2층이나 지하실을 임대하여 교회 간판을 걸고 십자가를 세운다. 그리고 강대상 장의자 등 성물을 들여놓고 예배처소로 인테리어를 한다.
이때 교회를 개척하는 목사들은 대부분 전 재산을 동원하여 시작한다. 그리고 설립예배를 드리고 교회 문을 열지만 현재 기독교 이미지 실추와 악성 여론 까닭에 전도의 문턱이 너무 높은 것을 느끼게 될 것이다. 특히 교회개혁실천연대나 반기독교 시민단체 등 인터넷사이트의 폄하 비난보도와 악성 댓글 등 여론으로 그 문턱은 날로 높아지고 불신자들의 마음은 닫혀가고 있다.
그런 까닭에 임대기간이 되기도 전에 공황상태가 되고 생활비와 전기세 등 교회유지비가 어려운 경우가 허다하다. 이와 같이 희망도 대안도 없고 손실은 누적되고 방법이 없을 때 누군가에게 그 자리를 양도하고 빠져나가려 한다. 만일 누군가 다시 교회로 인수하지 아니하면 모든 시설을 철거하든지 손해는 더 많아진다. 이때 인수자를 찾고 광고를 내는 것을 교회당 매매행위로 보이는 것이다. 그렇게 빠져 나와도 대부분 그 목사는 그 돈으로 타 지역을 물색하여 다시 교회를 시작한다. 이와 같은 내용도 제대로 알아보지 않고 목사들이 교회를 돈을 받고 팔아먹는 돈만 아는 탐심이니 기독교 목사들이 부패했다는 둥 비판하고 여론몰이를 해야 하겠는가. 일반 대중들은 그 구체적인 내용도 잘 모르고 목사와 교회에 대한 선입관과 이미지만 추락하고 전도의 문턱을 높여 교회를 더욱 어렵게 하고 있는 것이다.

일반 기업이나 공무원 등 퇴직을 한 분들 중 통계에 의하면 식당이나 자영업을 시작하다가 90% 이상이 임대 기간을 못 버티고 문을 닫거나 자리를 양도하는 경우가 같은 것이다. 이분들도 실패하면 퇴직금이나 가진 재산을 날리게 된다. 물론 목회자나 교회는 거룩해야 하고 세상과 차별이 있어야 한다. 그러나 목사도 세상 사람들과 똑 같이 자녀교육을 해야 하고 병원에 가야하고 먹고 살아야 한다.

임대 교회당을 시작했다가 인수자가 없으면 시설비 성물비 등 고스란히 손해를 보고 그나마 얼마 있던 재산도 다 날리는 경우가 흔히 있다. 서울 시내에 건설 노동을 하거나 택시 운전을 하는 목사가 2,000명이 넘는다고 하며 사모 중에는 식당 보조원이 되기도 하는 경우가 있다고 조사되고 있다. 그래도 사명이 있고 한번 목사가 되었기에 목회의 꿈을 포기할 수 없는 것이다.

2. 임대 교회당을 극복하고 어렵게 예배당을 마련한 경우도 그렇다. 성도들의 헌금과 목사의 전 재산을 드리고 그리고 융자를 받아 어렵게 교회당을 건축하면 이자 부담하면서 교회를 부흥시키기 위하여 혼신을 다해야 한다. 이때 이자를 감당 못하고 연체가 누적되면 결국 법원 경매되는 경우도 많이 보았다. 이 지경이 되면 목사는 빈털터리 맨몸으로 나오게 된다. 이와 같이 위기에 몰릴 때 손해를 최소화 하려고 교회매매 광고를 내고 인수자를 물색하는 것이다. 이를 범죄행위처럼 부패하고 타락했다고 비방 한다면 그게 정상인가.

아주 극소수의 대형 교회 중에나 사명을 망각한 정신없는 목사들 중에 과도한 돈 욕심으로 장사꾼처럼 흥정을 하고 비리를 저지르고 문제를 발생시키는 경우도 있지만 그것을 한국교회 전체의 실상인양 기독교 안티들처럼 세상에 나가서 폭로를 하고 들춰내어 험담해야 하는가. 이런 행위는 교회에 대한 이미지를 실추시키고 비난과 욕설과 불신만 초래하게 될 것이다. 그 의도가 과연 교회를 건강하게 하려는 것인지 허물려는 것인지 알 수가 없다.

최근 성결교단 어느 사이트에서『앞으로 한국교회가 몰락한다면 부패해서가 아니라 이와 같은 네가티브 식 시민단체나 개혁꾼들 때문에 망할 것이다.』『질 좋은 개는 자기 주인을 물지 않는다. 아무리 개혁이란 명분을 내세워도 자신이 섬기던 교회와 목사를 물고 늘어지는 말종형 개혁은 동조 받지 못한다. 자기 애비의 흉을 잡고 나팔 부는 자식을 보고 어느 누가 잘 한다고 하겠는가.』라고 올린 글을 보았다.

이와 같은 행위는 일종의 영웅 심리인 것처럼 보이기도 한다. 기독교 시민단체들과 이런 돌출 행위자들의 이런 행위가 지속된다면 저들은 교회를 개혁한다는 허울 좋은 구실을 내세울지 모르겠지만 결국 교회 몰락의 주범이 될 것이라는 생각을 떨쳐버릴 수가 없다.

2011년 7월 2일

9. 담임목사직 매매의 실상[2]

『한국교회에 들풀처럼 번지고 있는 담임목사직 매매 행위에 책임을 통감하며 목사직을 반납합니다. 그러나 정체성은 목사이므로 여전히 목사로서 살아가겠다.』고 기자회견을 한 성결교단의 김 모목사, 그는 인천 M교회 정 모 목사(58세)에 대하여 자신이 부교역자로 사역하였기에 모든 것을 잘 알고 있었을 것이다.

이번 사건은 M교회가 이웃 S교회와 통합하면서 정 목사가 S교회로부터 4억 원을 퇴직금으로 받으므로 결국 교회와 담임목사직을 돈을 받고 매매한 결과라는 비난이다.

비난의 대상이 된 M교회 담임 정 목사는 선친께서 "목사도 돈이 있어야 고생하지 않는다."고 상당한 유산을 물려주었다고 한다. 그 돈은 24년 동안 교회개척을 하면서 예배당 대지 구입비로 전액 사용했고 최근까지 예배당 건축 융자금과 이자를 상환해 왔다고 한다. 이와 같이 사역을 하면서 6년 전 중풍으로 쓰러져 수술을 받아야 했고 지금은 지팡이 없이 걸을 수 있는 정도로 회복되었다고 한다. 그러나 이와 같은 건강으로 더 이상 사역이 무리라 판단하여 은퇴를 결심했으나 막상 모아 둔 돈도 집도 갈 곳도 없는 형편이라는 것이다.

58세까지 오로지 목양 일념으로 재산과 젊음을 다 바치고 건강까지 악화된 지금『은퇴하는 목사는 재물에 대한 탐욕을 버리고 공중의 새와 들의 백합화도 먹이고 입히시는 하나님의 은혜를 기대하며 청렴의 본을 보이라.』는 교회개혁연대 성명서처럼 빈손으로 나온다면 당장 어디로 가야 하나. 월세방을 전전하며 빈곤층 영세민으로 또는 노숙자 신세를 면키 어려울 것이다. 과연 평생을 목양 사역을 하다가 병든 몸으로 은퇴하며 그렇게 되는 것이 청렴의 본을 보이는 것일까. 이는 병든 목사를 병으로 빨리 죽으라는 것과 무엇이 다른가.

은퇴목사라는 주목을 받으며 75세까지 산다면 남은 17년 동안 주택과 질병치료비 생활비 등 생존을 위한 최소한의 비용은 있어야 한다. 그리고 정 목사는 불편한 몸이지만 그 돈은 남은여생 노인 복지를 계획하고 있었다고 한다.
이와 같은 구체적 전후 사정이나 이해도 없는 일반 국민들에게는 오로지 4억이란 돈(지금 인천지역 31평 아파트 값이 3억이라 조회된다.)을 욕심내어 착복한 듯 부패 했다느니 목사직을 팔아먹는 추악한 성직매매라느니 중세 가톨릭보다 더 부패한 기독교라느니 폭로하고 망신을 주고 교회를 욕 먹여야 하는가.

2007년 은퇴하신 모 교단 Y목사님은 1960년 4,19 당시 K대 법대를 재학한 K대학 총학생회장 출신으로『4,19 의거 국가포상』까지 받은 분이다. 어느 기회에 사도바울처럼 회심한 후 법관과 미국 초청유학과 모든 것을 다 버리고 여전도사와 결혼하여 농촌에서 교회를 개척하여 목회자의 길로 들어섰다. 7년 사역하면서 성전건축을 하고 1971년 서울로 상경하여 40일 금식기도를 하며 방 한 칸을 얻어 날마다 전도지를 들고 축호 전도하던 것을 목격한 적이 있었다. 그리고 은퇴할 때까지 개척한 교회에서 37년간 청춘을 다 바쳐 사역하였다.

2007년 만70세가 되어 은퇴 할 때 평생 생명을 바쳐 사역 했기에 특히 사모님이 쉽게 모든 것을 놓아버리고 포기하지 못하고 넉넉지 않은 교회에 퇴직금을 요구하고 후임 목사와 갈등을 겪고 피차 대면하기 거북한 지경까지 이르렀었다. 이때 후임목사가 상당한 퇴직금을 부담했고 이를 장로님, 집사님, 성도들이 모두 이해하고 수용했었다. 이 경우도 위와 같은 시각으로 평가한다면 파렴치한 담임목사직 매매행위라 비난 받아야 할 것이다.

그러면 그 퇴임목사나 후임목사, 그리고 교회 장로, 집사, 성도들 모두 추악한 성직매매의 당사자나 공범으로 비난해도 할 말이 없을 것이다. 과연 그분들이 모두 타락하고 부패한 죄를 저지른 사람들일까.

70평생 헌신하며 사역한 것들은 간과하고 불완전한 인간이기에 발생한 아픔을 비난하고 들춰내어 방송 신문 인터넷 등으로 세상 사람들에게 공개 망신을 준다면 과연 그 의도가 어디에 있는 것일까. 이와 같은 일탈행위는 교회를 개혁한다는 그럴듯한 구실로 미화될지 모르지만 결국 기독교에 대한 협오감과 비난을 증폭시켜 전도의 문을 닫는 결과가 될 것이 자명하다. 이는 교회개혁이 아닌 교회몰락을 부채질하는 부정적 결과가 될 것이다.

둘째로 김 모목사는 소속교단에 목사직을 반납하면서 "담임목사직 매매 행위가 근절되게 하기 위함입니다. 목사직은 싸구려이거나 구차하고 의미 없어서가 아닌 저에게는 가장 귀중한 것입니다. 버려도 괜찮은 쓰레기가 아닌 나에게는 너무나 소중한 것을 바쳐서라도 담임목사직이 돈에 의해 결정되는 일련의 한국교회 부패상에 경종을 울리기 위함입니다. 담임 목사직 승계 시 돈을 주고받는 것이 부끄러운 일이거나 창피한 줄도 모르고 일반화 되고 있는 현실이 개탄스럽습니다. 목사직을 반납하여 목사직이 없어진다 할지라도 저의 정체성은 여전히 목사입니다. 목사같이, 목사로서 살아가겠습니다." 라고 했다.

여기서 이 주장에 대하여 생각해 보기로 하자. 그가 목사직을 반납했다면 그때부터 그는 스스로 목사로 행세하거나 목사로 불려져서도 안 된다. 국가로 부터 검사로 임직된 자가 검사직을 반납했다면 이미 검사행세를 해서는 안 되는 것과 같고, 미국 시민권을 포기한 사람은 미국인의 자격이나 특권이 없어진 것과 같은 것이기 때문이다.

이런 행위는 한국교회는 부패했고 타락한 목사들 중에 깨끗하고 용기 있는 목사로 인정받고 싶은 듯한 속셈을 포장한 객기나 오만에 지나지 않게 보일 수도 있다. 만일 스스로 반납한 목사직에 대한 이 약속을 지키지 않는다면 그는 '개혁이란 미명으로 하나님과 국민과 자기 자신을 기만한 파렴치 범' 이라고 여겨져도 할 말이 없을 것이다.

이와 같은 시민단체나 돌출행위는 중세 종교개혁을 외쳤던 신선한 개혁자들을 상상할지 모르겠지만 오히려 저들이 개혁의 대상이 아닌가 하는 생각이 들기도 한다.

2011년 7월 10일

10. 담임목사직 매매의 실상 [3]

 필자의 선배 K목사님은 신학교를 나온 후 모 지역에서 교회를 개척했다. 워낙 열정적이신 목사님이신지라 혼신을 다하여 교회와 성도들을 위하여 헌신했다. 자신의 전 재산은 다 드려졌고 어려울 때마다 처갓집, 친인척 등 동원할 수 있는 모든 돈을 다 빌려다 사용했다. 결혼 패물 아이들 돌 반지 등도 남아 있을 리 없었다. 처갓집 친지 등에서 빌려온 돈 등은 담임목사 이외에 아무도 모르는 부채였다. 신앙을 가진 분들은 오로지 하나님만 아신다는 믿음으로 구체적인 기록이나 영수증 등이 구비되지 않는 경우가 허다하다.

특히 자신의 생명을 바쳐 교회를 개척하는 목회자에게 더욱 그럴 것이다. 사역 6년차 500명 교회로 성장했고 그러던 어느 날 병원에서 간암 말기라는 판정을 받고 불과 1년 만에 세상을 떠나 버렸다. 남은 사모와 자녀들에 대하여 성도들이 안타까워했지만 그러나 후임 목사를 초빙해야 했고 시간이 지날수록 교회사택에 사모와 자녀들이 거추장스러워 지기 시작했고 결국 변변한 퇴직금이나 보상도 없이 눈물을 흘리며 사택을 비워주고 떠나야 했다. 살길이 막막한 사모는 그 지역을 떠나 타 지역으로 이사하여 포장마차를 하게 된다. 그 유족의 현실은 우리가 어떻게 이해해야 하나.

또 있다. 신학교 동기 H목사님, 연세대를 나와 공무원 생활을 하다가 목사가 되었다. 그리고 첫 목회지가 부산의 개척 교회였다. 사모와 함께 두 눈이라도 빼어 교회를 위하여 사용할 정도로 생명을 다해 헌신하다가 결국 과로와 스트레스에 견디지 못하여 암으로 세상을 떠났다. 목사님이 생존 할 때는 모든 성도들이 극진했으나 사정이 달라졌다. 후임목사가 올 때 결국 월세로 살고 있는 사택(교회 이름으로 있던 것)만 명의 이전받고 아무런 보장도 없었다. 누가 이 기막힌 사실을 바로 이해하고 보상해 줄 수 있겠는가.

어느 목사님 장남이 아버지에게 그동안 맺힌 말을 했다.『고3 때, 다른 친구들은 모두 부모가 함께 고3 이었지만 지신을 홀로 고3의 모든 고통을 겪었다』고, 대부분 고3 자녀를 둔 부모들은 자녀와 함께 '고3 병'이라는 그 고통을 함께 겪는데 교회를 개척하여 건축하던 그 목사님은 고3 아들을 돌 볼 정신적 금전적 시간적 여유가 없었던 것이다.

2010년 9월 소천하신 고 옥한흠 목사님 아들 옥정호 집사는 『모든 것이 너무도 늦어버렸습니다.』『자라면서 아버지와 대화다운 대화를 나눈 기억이 없을 정도로 아버지는 바쁘고 엄한 분이었습니다. 사랑의 교회 담임목사의 아들이라는 부담을 안고 지독한 사춘기를 보냈고, 20대 후반에는 기독교에 회의를 느껴 종교에 대한 관심 자체를 끊기까지 했습니다.』했다. 이 대목에서 그의 상처가 얼마나 아팠을까 상상 할 수 있겠는가.『평생 본 적이 없는 아버지의 눈물을 아버지가 떠나시던 그해 세 번씩이나 보아야 했습니다. 그 눈물은 아버지가 살았던 삶에 대한 솔직한 생각들이 담겨 있었습니다. 지금껏 남들 앞에서 지도자로 살았기에 어쩌면 당신 자신에게 조차도 솔직할 수 없었던 스스로의 모습을 비로소 똑바로 보았기에 흘린 눈물인지도 모르겠습니다. 그 눈물들은 홀로 하나님 앞에서 기도하며 숱하게 쏟던 눈물과는 전혀 다른 눈물이었습니다. 가장 가까이 있던 가족들에게 조차도 생소한 눈물, 목사 옥한흠이 아닌 인간 옥한흠의 눈물이었습니다. 그 눈물은 나로 하여금 아버지 옥한흠에게 한 걸음 더 가까이 다가갈 수 있도록 해 준 그런 눈물이기도 했습니다.』라고 『아버지 옥한흠』이란 책에 썼다.

사랑의 교회의 담임목사로 교회에 최선을 다하며 다른 그 무엇에도 마음이 나뉘지 않았던 그런 목사의 장남이라는 부담감과 상처가 어떠했는지 누가 짐작 할 수 있겠는가.
많은 개척교회 목사의 가족이 이와 같은 아픔을 간직한 채 살아가고 있다. 특히 열정적인 목사님 일수록 더욱 그렇다.

최근 목사들의 퇴직금 문제가 드러나면서『담임목사직 매매』라는 제목으로 기자회견을 하고 여론화되는 것을 보면 마치 목회자들이 돈에 대한 욕심으로 온 기독교회가 부패한 것처럼 매도되고 폄하될 수 있다. 그 시각과 비판적 태도는 위와 같은 아픈 상처를 간과한 것이다. 세상 사람들 특히 불신자들에게 이와 같은 보도가 어떻게 여겨질 것인가.『교회의 목사들이 성직을 돈으로 사고파는 말세』라고 일방적으로 매도 할 수 있다는 것을 기억해야 한다.

교회와 교단이 체제를 갖추어 퇴임이나 또는 사임 목사에게 정당하고 충분한 예우와 보장이 된다면 문제 될 것이 없다. 그러나 사후 대책이 전혀 없는 경우 일어나는 상황을 마치 복마전처럼 폭로하고 폄하 한다면 이것도 문제가 있는 것이다. 기독교 안티들이 이러한 부분적인 내용을 침소봉대하여 흠집 내기에 열을 올려 영혼 구원과 전도의 문이 닫히지 않을지 우려스럽다.

헌금한 돈은 어떠한 경우에도 돌려받을 수 있는 게 아니다. 받아서도 안 된다. 그러나 교회를 개척하면서 임대 보증금이나 건축을 하면서 피치 못하여 전 재산을 사용하여 위기를 모면하려고 융통하여 사용된 그 돈은 헌금이 아닌 부채라고 보아야 한다. 가계부를 쓰지 않은 주부처럼 헌금이 아니라 급한 불을 끄느라 동원(차용)된 돈은 자신이 알고 양심이 안다.

목사가 소천하든지 퇴임을 할 때 누가 그것을 보상하고 해결해 줄 것인가. 융자라도 받아서 교회가 부담해 줄 수 있다면 문제 될 것이 없지만 또 다른 대안으로 후임목사에게 융통하는 것을 매관매직으로만 비판하고 폄하하는 것은 잘못이다.

이와 같은 내용을 이해하기 때문에 장로님 집사님 성도님
등 모든 교회 구성원들이 수용하는 것이다. 헌금과 부채를
구분하여 스스로에게 부끄럽지 않고 하나님 앞에도 거리낄
것이 없는 결과가 되어야 할 것이다.

2011, 7, 11

11. 성화의 단계와 두 가지 법칙

1. 양심과 율법

하늘에 반짝이는 별과 같은 하나님이 주신 선한 양심을 따라 사는 세상이 되면 좋겠지만 타락한 인간은 양심과 상식이 순리가 될 수 없기에 하나님은 인류에게 보편타당성의 기준이 되는 율법과 계명을 주셨다.

원시 부족이나 비 문명종족들은 성경이나 율법의 영향력을 전혀 접해 보지 못하였기에 그릇된 종교와 풍습에 의하여 양심은 함몰되고 상식과 윤리가 파괴된 삶을 살게 되는 것이다. 그러나 어느 종족이든지 율법과 복음의 영향력을 받은 곳에는 생명의 존엄성과 영혼의 가치 가 자리매김을 하고 인권과 번영이 실현된다는 사실이다.

교통사고를 방지하려고 교통법규를 만든 것 같이 계명과 율법은 오로지 인류를 존중케하고 유익케 하려고 주신 것이다.

2. 새로운 율법의 적용

사람은 율법과 계명을 지켜 의로워지려고 아무리 노력해도 결국 불가능하다는 것을 깨닫게 된다. 계명과 율법을 지키고 행함으로 죄에서 깨끗해지거나 거룩함에 도달할 수가 없다는 것을 인지(認知)하게 될 때 비로소 『나는 행함으로 깨끗해 질 수가 없음을 알았습니다. 주여 방법이 없습니다. 구원하여 주소서!』항복하게 되는 것이다. 이때 주님께서『이제야 알았느냐 그래서 내가 네 대신 피 흘려 죽어 네 죄를 다 청산한 것이다. 자! 내 손을 잡고 이리 올라오너라!』하시며 십자가에서 손을 내미시는 것이다. 그러므로 율법은 죄인을 그리스도께 인도하는 몽학선생이라고 한 것이다.[갈4장 24-25절]

그리스도 보혈의 공로로 중생(重生)과 죄 사함을 받는 것은 이해하는 것이나 깨닫는 것이 아니다. 인격 속에 도입하고 경험해야 하는 것이다. 복잡한 수학 문제는 그 문제에 맞는 공식을 적용해야 해답을 이끌어 내는 것 같이, 사람이 의로워지려면 그리스도의 피 흘리신 속죄의 법칙을 적용해야 하는 것이다.

3. 보혈과 십자가의 법칙

인간이 그리스도의 대속의 피 흘리심을 수용할 때 비로소 죄 사함과 의롭다 하심, 그리고 하나님의 자녀의 신분을 획득하게 된다는 것을 알고 수용하는 것은 놀라운 은총이다. 이것은 오직 일회성으로 두 번 적용할 필요가 없는 비밀이다.

그 다음 성숙한 단계가『십자가의 공식』이라는 것을 기억해야 한다. 이『새로운 공식』은 날마다 죽는 날까지 내 안에서 거듭 적용해야 하는 것이다. 우리는 아직 육체에 머물러 있기 때문에 죄의 소욕이 육체를 통하여 지속적으로 일어나서 영의 생각과 부딪치고 두 인격이 충돌하게 되는 것이다. 만일 이것을 깨달았다면 그는 비로소 거룩함으로 가는 출발점에 서게 된 것이며 바울 사도께서『나는 날마다 죽노라』하심을 공감할 수 있게 되는 것이다. 우리는 예수께서『자기 십자가를 지고 자기를 부인하고 나를 좇지 않는 자는 내 제자가 되지 못하리라』(마가 8장 34절, 마태 16장 24절, 마태 10장 38절,) 는 말씀을 여러 차례 하셨음을 주목해야 하며, 십자가는 육체를 벗는 날까지 지속적으로 적용해야 하는 생명의 법칙이라는 것을 명심해야 한다.

4. 영의 생각과 육적인 선택.

베드로는 죽음이 두려워서가 아니라 살아남아서 더 많은 복음을 전해야 한다는 명분과 합리성 때문에 로마 도성에서 도망치고 있었다. 도망하는 길에서 주님을 만난다. 깜짝 놀라『주여 어디로 가시나이까? 쿼바디스 도미네!』할 때『나는 네가 버리고 오는 로마의 어린 양들을 위하여 십자가에 다시 죽으러 간다.』는 음성을 듣는다.
가룟 유다의 배신도 돈에 대한 욕심이라기보다는 예수님과 로마 정부를 부딪치게 하여 예수님의 능력을 동원하여 독립된 이스라엘 나라가 세워지기를 바라는 나름대로 계산된 선택한 배신이라고 필자는 생각한다.『육신의 생각은 사망이요 하나님과 원수가 되는 것이다.』

5. 성화에 이르는 두 번째 공식

신앙은 부패하고 낡은 것을 포기하고 영의 새로운 것을 수용하는 것이다. 순간의 것과 세상적인 것을 버리고 영의 새로운 것을 받아드리는 것이다. 호흡할 때 산소를 마셔 들이고 탄산가스를 버리는 것처럼...,
신앙의 두 가지 공식이 있으니 첫째는 예수를 믿고 죄 사함 받고 성령 충만함 받는 것이고 그 다음은 자기를 극복하고 주의 뜻을 따르는 것이다. 그것이 그리스도를 닮아 성화에 이르는 두 번째 원리, 즉 십자가를 지는 신앙이다.

오늘 한국교회는 이 십자가의 공식을 삶 속에 도입하고 적용해야 한다. 진정한 신앙인은 순교자가 되는 것이다.

『내가 예수 죽인 것을 내 몸에 짊어짐은 예수의 생명이 우리 몸에 나타나게 하려 함이라.』 (고린도후서 4잘 10절)

12. 인간의 영, 혼, 육을 분석하여 본 성화와 타락

지금 리비아를 42년 제왕처럼 군림하던 카다피의 몰락을 온 세계가 지켜보고 있다. 인생무상 화무십일홍이라 했는데 카다피의 그 42년도 지나고 보면 잠간, 헛되고 헛될 뿐이다. 이를 시편기자는 시편 90편에서 『주께서 사람을 티끌로 돌아가게 하시고 너희 인생들은 돌아가라 하셨사오니, 주의 목전에는 천 년이 지나간 어제 같으며 밤의 한 순간 같을 뿐, 주께서 그들을 홍수처럼 쓸어가시나이다. 그들은 잠깐 자는 것 같고 아침에 돋는 풀 같아서 풀은 아침에 꽃이 피어 자라다가 저녁에는 시들어 마르나이다. 인생은 하나님의 노에 소멸되며 주의 분 내심에 놀라며. 우리의 모든 날이 주의 분노 중에 지나가며 우리의 평생이 순식간에 다하였나이다.』했다.

주의 말씀을 보면서 과연 인생이 추구하는 부귀와 권력과 지위는 어떤 의미가 있으며 어떻게 살아야 할까. 이를 인간의 육(肉), 혼(魂), 영(靈)을 분석하면서 그 해답을 찾아보려 한다. 살아있는 사람은 영(靈), 혼(魂), 육(肉) 이 세 영역이 혼합된 유기적인 존재로 그 세 가지 기능과 영역을 분석해 보면 진정한 그리스도인(영적인 사람)이 될 수 있는 법을 알게 된다.

1. 영(靈), 혼(魂), 육(肉)의 분석과 그 영역

1). 육(肉) - 육체는 진정한 자기 자신이 아니며 영혼을 담고

있는 그릇과 같은 것이다. 살아 있다는 것은 영이 아직 육체에 머물고 있는 것이며 몸에 머물 동안에만 사명을 감당 할 수 있고 자기를 효과적으로 사용할 수 있는 것이다. 그러므로 육체의 기한이 다하기 전에 주인(영)이 육신을 잘 훈련하고 효과적으로 사용해야 영적인 사람이 되는 것이다. 만일 영이 육신을 종노릇하게 못하면 육체가 주인행세를 하며 영을 괴롭히게 될 것이다.

2). 혼(魂) - 혼은 지(知), 정(情), 의(意)로 분석된다. 이 세 영역 중에 가장 중요한 의(意)란 어떤 목표를 이루고자 본능적 욕망을 스스로 제어하며 자신을 극복하는 인격이다. 인격(人格, person)이란 그 어원이 라틴어로 연극의 가면, 연기자 등, 자기 자신이 아닌 다른 역할로 가장하여 연출하는 것을 의미한다. 고상한 인격이란 이와 같은 의지력으로 절제된 훈련에 익숙하게 성숙된 사람을 일컫는다.

3). 영(靈) - 영은 양심(良心), 영교(靈交), 직관(直觀), 으로 분석하여 나눈다. 첫째, 『하늘에 반짝이는 별이 있는 것 같이 인간의 마음엔 하나님이 주신 선한 양심이 있다.』 양심은 하나님이 주신 영적 성품으로 마음과는 전혀 다른 영역이다. 다윗이 『하나님이여 내 안에 정한 마음을 창조하시고 내 안에 정직한 영을 새롭게 하소서』 (시 51편10절)라고 기도했다. 양심은 하나님의 기준을 제시하며 자신의 행위에 대하여 책망하고 꾸짖는다.

둘째, 영교(靈交)란 기도하고 싶은 본능, 영적세계에 대한 갈급함이며 모든 인류가 각기 나름의 종교가 있음은 동물과 다른 영적기능이 잠재되어 있기 때문이다.

셋째, 직관(直觀)은 영교와 혼동하여 생각 할 수 있지만 다른 영역으로 인간은 이 직관을 통하여 세미한 음성을 듣기도 하고 하나님의 뜻을 분별하는 것이다.

떨기나무 불꽃 가운데서 『모세야 모세야 너는 네 발에 신을 벗으라.』는 여호와의 음성이나, 아합을 피하여 광야 로뎀나무 아래 앉아 죽기를 간구하는 엘리야에게 『너는 나아가 여호와 앞에 섰으라. 내가 이스라엘 가운데 바알에게 무릎을 꿇지도 입 맞추지도 않은 칠천 인을 남겨 놓았느니라.』는 계시도 직관에 의한 것이다.

2. 성령을 좇아 행하라.

하나님은 우리 마음과 혼이 아닌 영에 직관으로 말씀하신다. 그러므로 이 영(靈)이 아닌 혼(魂)의 기능을 좇아 이성적으로만 살아갈 때 『하나님과 원수가 되는 것』으로 『살리는 것은 영이요 육은 무익한』(요한복음 6장 63절) 일이 되는 것이다.

과연 혼과 영을 구분해 낼 수 있는 청결한 마음과 영성을 가진다는 것이 얼마나 소중한 것인가. 『하나님의 말씀은 살았고 운동력이 있어 좌우에 날선 어떤 검보다 예리하여 혼(魂)

과 영(靈)과 관절과 골수, 마음의 생각과 뜻을 감찰하신다.』
(히브리서 4장) 우리는 예리한 말씀의 검으로 혼의 생각과 하
나님의 뜻을 분별해 내는 영성을 지녀야 한다.

사람은 성령을 따라 살면 그리스도처럼 살게 된다. 그러나
타락의 단계를 거듭하면 동물보다도 더 사악한 존재가 된다.
양심이 죄악으로 오염의 정도가 거듭되면 영의 기능이 마비
되어 마비된 양심, 화인 맞은 양심이 되는 것이다.
동물은 배부르면 더 이상 사냥하지 않고 주어진 본능과 환경
에 적응하며 그냥 동물로 살지만 그러나 인간의 마음은 채우
고 채워도 온 우주를 다 주어도 채워지지 않는 허기진 욕망
의 끝이 없다. 그리스도인이라면『나는 날마다 죽노라』(고전
15장 31절) 고백한 바울처럼 날마다『예수 죽인 것(십자가)을
짊어지고』(고후 4장 10절) 예수의 생명이 나타나는 삶을 살
아야 한다.

3. 역설(逆說 paradox)의 진리.

『높아지고자 하는 자는 낮아지고, 낮아지고자 하는 자는 높
아진다.』고 했고,『죽고자 하면 살고, 살려고 하면 필경 죽
는다.』는 것이 성경에서 말하는 역설의 진리이다. 그리스도
는 철저하게 영성을 따라 역설의 삶을 사셨다.

십자가 위에서 피를 흘리며 생명을 내어 주신 그리스도를 주

(主)로 섬기고 있다면 그리스도처럼 영성을 따라 결단하는 믿음을 가져야 한다. 이때 비로소 빛이 되고 소금이 되며 세상 모든 사람들이 그를 보고 하나님께 영광을 돌리게 될 것이다.

그리스도인은 언제나 성화와 타락의 예민한 영적 기로에 서 있는 것이다.

『너희가 육신대로 살면 반드시 죽을 것이로되 영으로 육신의 생각을 죽이면 살리니 무릇 하나님의 영으로 인도함을 받는 사람이 곧 하나님의 아들이라』 (로마서 8장 13절)

13. 하용조 목사님의 귀천(歸天)을 보며

시인 천상병은 귀천(歸天)이란 시에서
『나 하늘로 돌아가리라.
새벽빛 와 닿으면
스러지는 이슬 더불어
손에 손을 잡고
나 하늘로 돌아가리라.

노을빛 함께 단 둘이서
기슭에서 놀다가 구름 손짓하면은
나 하늘로 돌아가리라.
아름다운 이 세상 소풍 끝내는 날,
가서 아름다웠더라고 말 하리라….』죽음은 하늘로 돌아가는
것이라고 노래했다.

2011년 8월 2일에는 온누리교회를 설립하신 하용조 목사님
이, 지난해 8월에는 사랑의교회 옥한흠 목사님이, 2009년 9월
29일에는 민족복음화의 아버지, 한국교회의 영적 거장 김준
곤 목사님이 이 세상을 떠나셨다. 한국교회는 지난 3년 동안
해마다 이 시대 가장 영향력 있는 기독교 지도자를 잃었다.
우리들의 입장에서는 우리 곁을 떠난 것이지만 하나님 편에
서는 그분들이 남겨놓은 사역을 살아있는 우리에게 위임하신
것이다.

사람은 누구나 하나님의 보내심을 받아 이 세상에 머물 기한이 다하면 다시 하나님께 돌아가야 하는 필연의 존재임을 기억해야 한다. 죽음은 세상 모든 사람들이 가는 길이 틀림없고,(열왕기상 2장 2절) 그리고 누구나 한번은 죽어야 하고 그 다음에는 반드시 심판이 있다는 것도 틀림없다.(히브리서 9장 27절) 그 다음에는 그리스도처럼 아버지 하나님과 함께 영원히 천국에서 영생하는 것이다.(요 14장 3절) 우리는 고인들을 추억하면서 그 분들의 삶을 통하여 거룩한 영적 교훈을 찾아야 한다.

첫째. 사람은 육체라는 옷을 입고 있는 동안 이 세상에 머물 기회를 허락받은 것이다. 살아있다는 것은 얼마나 놀라운 행운이며 축복임을 모든 사람이 알아야 한다. 우리 영혼이 육신이라는 질그릇에 담겨있는 동안 그리스도를 영접 하거나 거부할 수도 있고, 선을 행할 수도, 복음을 전할 수도 있고, 고인들처럼 하나님께 쓰임 받을 수도 있다. 그러나 죽음은 그 모든 기회가 끝나는 순간이다. 하나님의 용서와 사랑, 은혜와 긍휼의 기회가 영원히 끝나는 순간이다. 그 순간이 지나면 회개하거나 용서를 구할 수도 없고, 그리스도를 영접할 수도 없고 이웃을 사랑하거나 복음을 전할 기회도 영영히 사라지는 것이다.

죽음의 문턱을 넘어서는 순간 공의로우신 그리스도의 심판이 기다리고 있는 것이다. 예수 그리스도를 영접하지 않은 사람,

구원받지 못한 영혼은 아무리 울며 통곡하며 기도해도 소용이 없다. 구원의 기회도 회개와 용서의 기회도 다시 주어지지 않는다. 그러므로 성경에서『슬피 울며 가슴을 치며 이를 갊이 있으리라』고 한 것이다.

둘째. 하용조목사님이 생전에『나의 가장 영광스러운 순간은 죽음의 순간』이라고 하셨다는 말처럼 죽음은 사역의 마지막 절정의 순간이다. 『잘 하였도다. 착하고 충성된 종아!』라는 사랑의 음성을 들으며 기다리던 성도들과 반가운 만남이 있을 것이며『사망이 다시없고 애통하는 것이나 곡하는 것이나 아픈 것이 다시없는』(요한계시록 21장 4절) 영원한 영광의 나라에서 천지를 창조하시기 전 태초에 아버지 하나님과 아들 독생자가 영원한 사랑의 교제를 누리시던 그리스도처럼 우리들도 영원한 영광과 생명을 누리게 될 것이다.

셋째.『너희들도 언젠가 이렇게 잠간 사이에 죽는 날이 온다. 그러므로 준비되었느냐 너는 그때가 되면 과연 어떤 평가를 받겠느냐.』질문하고 있다. 세상의 부질없는 욕심이나 분쟁을 다 털어버리고 초점을 하늘에 두고 복음에 두라고 말씀하신다.

넷째, 한국교회는 위 세 분 목사님들의 행적과 삶을 기독교 이미지 승화의 기회로 활용해야 한다. 불교의 법정스님, 천주교의 김수한 추기경처럼 언론과 매스컴을 최대한 활용하여 복음의 이미지를 극대화할 기회로 삼아야 한다.

이 글을 쓰면서 종교별 사회 기여도를 조회하니 2009년 말 MBC에서 조사한 통계에 의하면,

대북지원 ; 기독교 51,1% 천주교 1.7% 불교 1.2%

해외 인도적 지원 ; 기독교 64.9% 천주교 3.4% 불교 1.5%

헌혈자 ; 기독교 82% 천주교10.5% 불교, 원불교 합1.41%

장기기증자 ; 기독교 27.6% 천주교 6,3% 불교 5.7% 무종교 50%

수재의연금 ; 기독교 70% 라고 발표했다.

도대체 한국교회는 왜 위와 같은 아름다운 빛과 소금의 역할을 하면서 이를 세상에 제대로 알리고 홍보하여 안티들을 잠잠하게 못하는지 모르겠다.

옥한흠 목사님과 하용조 목사님, 김준곤 목사님 같은 분들의 삶과 사역의 내용을 방송과 언론을 통하여 대대적으로 알리는 일에 초교파적으로 정책을 개발하고 예산을 아끼지 않아야 한다. 그리고 장례식 때 화환과 조의금을 거절하기보다 조의금으로 받아 북한동포를 위하여 사용하겠다고 홍보 했더라면 얼마나 많은 언론의 스포트라이트를 받으며 하나님께 영광이 되었을까 하는 생각을 해 보았다.

2011년 8월 6일

14. 신앙 인격의 숙성 과정

무주 적성산 중턱에 가면 270m 길이의 와인동굴이 있다. 무주의 청정산악지역에서 생산된 머루로 빚은 머루주를 적절한 온도와 습도로 보관하여 품질 좋은 와인으로 숙성시키는 와인 동굴이다. 이곳에서 숙성되는 와인은 노화방지 항암작용, 치매와 심장병예방 등 탁월하다는 무주의 새로운 특산물로 각광받고 있다.

포도주나 머루주를 이런 곳에서 일정기간을 보관 관리하면 효소나 미생물의 작용에 의하여 발효와 같은 화학 변화를 일으켜 향기롭고 감칠맛 나는 고급와인이 되는 것이다.

흔히 숙성(熟成) 이라는 단어는 식품의 깊은 맛을 내게 하는 과정을 말한다. 새우젓도 어느 철에 잡은 새우로 어떤 천일염을 사용하고 그리고 어떻게 숙성시켰느냐에 따라 새우젓의 품질이 좌우된다. 가장 맛있고 우수한 새우젓은 6월에 잡은 새우에 청정해역에서 좋은 햇볕으로 만든 천일염을 사용하여 숙성시킨 것이 가장 맛이 있고 인기가 높은 것이다.

간장이나 된장도 좋은 메주와 좋은 천일염을 사용하여 햇볕이 잘 드는 곳에서 잘 숙성시킬 때 진국 장맛이 나고, 김치를 담글 때도 양념과 간을 잘 맞추고 적당한 온도에서 잘 숙성시킨 김치가 상큼한 맛이 난다.

포도주나 김치를 숙성시키는 것처럼 사람도 성품과 인격의 숙성과정이 반드시 있어야 한다. 특히 그리스도인은 더욱 그렇다. 하나님께 택함 받은 사람은 반드시 시련과 연단이라는 훈련과정을 통과하게 하셔서 비로소 성숙한 신앙이 되는 것이다.

이스라엘 백성들을 가나안 땅으로 인도했던 모세도 미디안광야에서 40년 동안 고난과 시련의 과정을 통과하게 하신 후 사용하셨다. 모세가 겪은 이와 같은 신앙의 숙성과정이 쉽게 흔들리지 않는 신앙인격으로 변화된 것이다.

바로왕 앞에서도, 홍해바다 앞에서도, 광야생활 중에서도 확고한 신앙의 지조를 지키고 감당할 수가 있었던 것이 고난과 훈련의 숙성과정이 있었기 때문이다.

신앙의 연조(年條)는 잘 숙성된 와인처럼 향기와 깊이가 있고 그 살아온 날들만큼 인생의 경험과 경륜이 담겨 있기 때문이다.

신명기 32장 7절에 『옛날을 기억하라 역대의 연대를 생각하라 네 아비에게 물으라. 그가 네게 설명할 것이요 네 어른들에게 물으라. 그들이 네게 이르리로다.』고 모세는 가르쳤다.

솔로몬의 아들 르호보암은 왕이 되고 난 후 나이 어린 비류(건달)들과 어울려 그들의 말을 듣기를 좋아 했고 다윗왕 시대부터 역사의 굴곡을 경험한 노인들의 충고를 거절하더니 결국 나라는 분열하고 쇠락의 길을 걷게 되었다.

아브라함은 약속이 성취되기까지 25년을 기다렸고, 야곱은 외삼촌 집에서 20년간 머슴살이를 하였고 다윗도 사망의 음침한 골짜기를 무수히 지나면서 숙성과정을 통과했다.

고난은 숙성과정이다. '묵은지' 김치와 같고, 고급와인과 같은 품격 높은 향기로운 그리스도인이 되어가는 과정이다.

『우리의 잠시 받는 환난의 경한 것이 지극히 크고 영원한 영광의 중한 것을 우리에게 이루게 함이니 우리의 돌아보는 것은 보이는 것이 아니요 보이지 않는 것이니 보이는 것은 잠간이요 보이지 않는 것은 영원함이니라.』

15. 인격의 이중성과 십자가

영국작가 스티븐슨의 소설『지킬 박사와 하이드』는 인간의 이중성을 다룬 작품이다. 낮에는 선량하고 모든 이들의 존경을 받는 지킬 박사가 밤이 되면 인간의 짓이라고는 상상하기 힘든 끔찍한 살인자로 돌변한다. 작가는 이 소설에서 모든 인간에게 내재된 인격의 이중성과 선과 악의 양면성을 표현하려 했다.

바울사도도『내 속사람은 하나님의 법을 즐거워하되 내 지체 속에서 또 다른 법이 일어나서 나를 죄의 법 아래로 사로잡아가는 것을 보는 도다 슬프도다! 누가 이 사망에서 나를 구원하리오!』선을 행하기를 원하는 자신에게 악이 함께 공존하고 있음을 탄식한다. 그리고 곧『오직 우리 주 예수 그리스도로 말미암아 이김을 주시는 하나님을』찬양하고 있다.
이미 타락했던 인생들은 중생(重生)하고 거듭났어도 아직 살아있는 동안(육체에 머물러 있는 동안)은 죄의 소원이 끊임없이 살아나는 것이다. 모기를 잡아도 잡아도 시궁창 웅덩이에서 끊임없이 모기가 생산되는 것같이 인간의 내면에는 쉬지 않고 죄의 소욕이 일어나 두 인격이 충돌하는 것을 경험하게 된다.

1. 탐심은 우상숭배.

돈과 재물, 지위와 권세 등에 대한 지나친 집착이나 절대적

우선순위를 두는 것과 하나님 앞에서 내려놓지 못하는 탐심은 우상숭배인 것이다. 『구멍가게 유리 창 안에 사탕이 담긴 유리 상자를 드려다 보는 거지아이에게 지나가던 신사가 한 봉지를 사 주었다. 눈이 왕방울처럼 놀라 사탕 한 알을 입에 우물거리는 아이에게 "아이야 나 하나만 주렴!"하니 "안 돼! 내 꺼야!" 하며 봉지를 움켜쥔다.』 우리는 지금 손에 들고 있는 사탕봉지가 어떻게 내게 주어졌는지 탐심을 내려놓고 겸손히 생각해 보아야 한다.

사도요한은 계시록에서 『두려워하는 자, 믿지 아니하는 자, 흉악한 자, 살인자, 음행자, 우상숭배자, 거짓말하는 자는 불과 유황으로 타는 못에 참예하리니 이것이 둘째사망이라』했고『탐심은 우상숭배』(골로새서 3장 5절)라 했음을 주목해야 한다.

재물이나 지위, 명예나 권력 등은 살아 있는 동안에 소용되는 것이지 육의 옷을 벗고 난 후에는 전혀 쓸데없는 쓰레기 같다는 것을 잊지 말아야 한다. 옷을 벗기 전, 아직 기회가 내게 있을 때, 영혼구원과 선을 행하는 일과『친구를 사귀는 일』에 허비해 버려야 한다. 이것이 가장 지혜로운 물질관임을 명심하자.

2. 참 그리스도인

누구든지 참 그리스도인이 되었다면 그 후부터 『나』를 내려 놓고 예수가 내 주인이 되어야 한다.(갈라디아서 2장 20절) 우리는 『그때 처음 거듭 날 때』 본래의 나 자신은 죽었고 그 분과 함께 다시 살리심을 받은 순간이 있었음을 기억하고 있다. 그때부터 우리는 『육신의 생각은 사망이요 영의 생각은 생명과 평안』임을 한시라도 놓치면 안 된다. 긴장하고 또 긴장하고, 확인하고 재확인하며, 자신에게 적용하며 자신을 다스려야 하는 것이다. 항상 시시때때로, 분마다 초마다, 그 분의 인도하심과 감동해 주심을 따라 생각과 말과 행동을 선택하지 않으면 정로에서 벗어나 그리스도의 생명에서 분리될 수밖에 없게 된다.

참 그리스도인은 성령의 감동에 따라 순복해야 하는 것이다. 그분의 의지와 감동을 무시하고 거역하면 그는 그 때부터 생명을 잃게 되는 것이다. 건강한 그리스도인은 믿는 것과 행하는 것이 일치해야 한다. 만일 그리스도의 교훈과 삶의 내용이 하나가 되지 않으면 그는 『스스로를 속이는 것이며 』 하나님은 그에게 속지 않으시고 『네가 심은 대로 썩을 것을 거두리라』고 하시는 것이다.

3. 십자가와 그리스도의 생명

유럽의 역사 저변에는 그리스도 복음의 영향력이 맥맥이 흐르고 있음을 확연히 알 수 있다. 교회는 시련과 박해 속에서 그 생명력을 확장하고 복음의 영향력이 증폭되어 왔다. 복음의 영향력이 미치는 곳에 인간다운 삶의 모습과 인권과 생명의 가치, 특히 인간 영혼의 존엄성을 확인하게 된다.
그리스도인이 그리스도인다울 때 세상의 빛과 소금으로 세상 사람에게 영향력을 끼치게 되는 것이다. 그러나 교회가 제도권 안에 정착하고 난후부터 급속히 타락하기 시작했다.
교회가 권력화 되고 물질과 명예와 세속에 맛을 들인 후 교회가 교회답지 못하고, 세상의 지탄과 질시의 대상이 될 때 하나님의 근심이 된다. 그리고 불법과 거짓과 탐욕의 노예로 전락할 때 이단의 잡초가 번성하게 되고 교회는 그 가치를 상실하고 표류하게 된다. 맛을 잃은 소금은 아무 쓸데없어 밖에 버리워 사람들에게 밟히게 되는 것이다.

한국교회의 50년 후, 아니 10년 후의 미래상을 긍정적으로 바라보려면 이제 우리 모두가 정상적 그리스도인의 모습을 회복해야 한다. 자기를 극복(부인)하는 십자가를 지고 육신의 생각과 탐심의 무거운 옷을 벗어 버리고, 믿는 것과 행하는 것이 일치하는 거룩한 삶이 되어야 한다.

『우리가 항상 예수 죽인 것을 몸에 짊어짐은 예수의 생명이 우리 몸에 나타나게 하려 함이라.』 (고린도후서 4장 10절)

2011. 6. 4

제 2 편

16. 우리를 돋보이게 하는 것들

욥처럼 고난당한 사람은 아마 없을 것이다. 동방의 의인으로 인정받고 거부로 소문난 그가 어느 날 태풍에 집이 무너져 10명의 자녀들을 모두 잃고 일순간에 가산은 모두 날아가고 온 몸에 악창이 나서 피고름이 흐르고 성한 곳이 하나도 없는 신세가 되었으니 말이다. 그 악창이 얼마나 가려운지 긁으면 긁을수록 피고름이 흐르고 상처는 더 깊어 질 뿐 가려움은 그치지 않았다. 오죽했으면 헛간에 재를 뒤집어쓰고 숯가루 위에서 구르며 그 재와 숯을 상처에 발라 고통을 면하려 했겠는가. 원래 재나 숯은 산성화한 물질이나 식품을 중화시켜 알칼리화 하는 효능이 있어 인체의 체액이나 혈액을 알칼리로 중화하여 신선하게 유지해 줄 수 있는 것이다.

그 괴물과 같은 몰골에 사랑하는 아내조차 그를 저주하며 떠나버렸다. 이 소식을 전해들은 오랜 벗들이 먼 길을 찾아와 그를 위로하려 했으나 할 말을 잊었고 오죽했으면『네가 얼마나 크고 많은 죄를 저질렀으면 하나님이 이토록 너를 쳤겠느냐 무슨 죄인지 모르지만 네 죄를 회개하라』라고 충고했겠는가. 이것은 욥을 사랑하는 친구로서 할 수 있는 최선의 위로였을 것이다.

이에 욥은『내가 모태에서 알몸으로 나왔사온즉 또한 알몸이 그리로 돌아가 올지라. 주신 이도 여호와시요 거두신 이도 여호와시오니 여호와의 이름이 찬송을 받으실지니 이다.』라고 대답한다.

그리고『앞으로 가도 그가 아니 계시고 뒤로 가도 보이지 아니하며 그가 왼편에서 일하시나 내가 만날 수 없고 그가 오른편으로 돌이키시나 뵈올 수 없구나!』라고 하나님을 향한 아쉬움으로 탄식을 토한다. 그리고『내가 가는 길을 그가 아시나니 오직 그가 나를 단련하신 후에는 내가 정금 같이 되어 나오리라』(욥 23:8-9) 라고 고백한다.

욥이 사모하는 여호와는 앞에도 뒤에도 왼쪽 오른쪽을 보아도 볼 수 없다고 고백한다. 그러나 욥은 그 극심한 고통을 통하여 정금같이 나올 것을 소망했다.

 다윗은『여호와여 어찌하여 멀리 서시며 어찌하여 환난 때에 숨으시나이까?』(시 10:1)『내 하나님이여! 내 하나님이여 어찌 나를 버리셨나이까. 어찌 나를 멀리하여 돕지 아니하시오며 내 신음 소리를 듣지 아니하시나이까.』(시 22:1)라고 여호와 하나님을 찾고 또 찾았다.

다윗은『고난당하기 전에는 내가 그릇 행하였더니 이제는 주의 율례를 지키나이다. 고난당한 것이 내게 유익이라 이로 인하여 내가 주의 율례를 배우나이다』(시 119: 67절) 했다. 고난당할 때는 어렵고 힘들지만 그 고난을 잘 견디고 소화해 내면 그 고난으로 인하여 받는 은총과 축복은 잃은 것에 비교 할 수 없는 숭고함과 거룩함을 얻게 되는 것이다. 이것을 모든 사람들이 알았으면 좋겠다. 고난을 슬퍼하거나 낙심하지 않았으면 좋겠다. 산모가 해산하기까지 그 진통과 아픔이 얼마나 견디기 어렵고 힘들었는지 아이를 낳아 본 여자라야 알 수 있을 것이다. 그러나 지나고 나면 한 순간, 잠시 일 뿐, 영원히 지속되지는 않는다.

진주라는 보석은 고난의 결정체이다. 고난이 얼마나 오래되고 극심했느냐에 따라 그 보석의 품질과 가치가 달라진다고 한다.

작은 모래 알갱이나 날카로운 뼛조각 등이 조개 몸 안으로 들어올 때 대부분 토해 내지만 내보내지 못하면 그 아픔을 견디기 위하여 탄산칼슘($CaCo_3$)을 분비하는 과정에서 축적되어 생성된 것이 영롱한 진주가 된다. 이 탄산칼슘 결정이 1,250층 정도 쌓여야 비로소 진주가 된다고 한다. 진주는 그 아픔을 견디기 위하여 1,250번이나 탄산칼슘을 거듭 분비하여 이물질을 품어내고 포박하여 차차 영롱한 보석으로 변화되어 가는 것이다.

욥의 삶 속에 닥쳐온 고난처럼 인간의 삶의 영역 내에 들어오는 날카로운 알갱이들이 무엇이 있을까.

1. 갑자기 다가오는 사건(事件)이 있다.

지난 3월 11일 일본 동북부 지역에 닥친 지진과 쓰나미는 불가항력적인 갑자기 닥친 사건이었다.

성서에 기록된 꿈꾸는 소년 요셉도 어느 날 양을 치는 형제들을 찾아 갔다가 그를 시기하는 형들에 의하여 애굽으로 팔려가는 예상치 못하는 사건은 고난과 역경의 연속이었다. 누구든지 이럴 때 일수록 본질을 잃지 않아야 한다. 어떤 사건을 만나더라도 인간됨의 본질인 하나님과의 올바른 관계를 놓치지 않는 것이 고난당하는 자의 기본적 자세이다.

유라굴라 태풍을 만난 뱃사람들이 공포와 두려움에 떨고 있을 때 바울은 믿음과 확신가운데 "여러분 두려워 마십시오. 나의 섬기시는 하나님께서 어제 밤 내게 말씀하셨습니다. 비록 배와 화물을 잃을지라도 생명은 하나도 잃지 않을 것이니 두려워 마십시오." 했다. 사람이 당하는 고통이 욥과 같거나 일본의 쓰나미 같아도 하나님 앞에 바른 관계를 확고히 함이 중요하다는 것을 다시 한 번 기억해 두어야 한다.

2. 사람으로 인한 고난.

파사왕국의 제 2인자인 하만 총리는 그 시대 그 나라에서 유대인 모르드개를 가장 증오하고 미워했다. 오로지 그를 죽이려고 자기 집 뒷마당에 50규빗 장대를 세우고 그와 함께 유대인들을 죽일 방도를 마련하여 조서를 꾸며 아하수에로 왕에게 결재까지 받아냈다.

그러나 결국은 사건이 뒤집혀 하만 자신이 그 장대에 달리고 그 고난의 반비례하여 모르드개를 돋보이는 조연 역할만 하게 된다. 본질을 노치지 않고 하나님과 바른 관계를 유지하는 사람은 항상 마지막에 이긴다는 것을 명심해 두자. 모든 일이 합력하여 선을 이루고 하나님의 사람을 유익하게 하고 돋보이게 되고 만다.

지금 강릉 폴리텍대학 학장이 된 공학박사 민병국이란 청년이 있다. 필자의 교회에 출석하며 대전의 고등학교를 나와 독학과 야학으로 대학을 마치고 폴리텍대학 교수와 이제는 공학박사와 학장이 된 믿음의 인물이다. 그는 전적으로 하나님을 의지하고 복 주심을 사모하는 순수한 믿음의 사람이다. 그가 학장이 되기 전 지금까지의 과정에서 그를 괴롭히는 두 사람이 있었는데 오랫동안 모함하고 미워하고 공격하여 극심한 스트레스와 어려움을 주었었다. 그때마다 필자에게 기도 부탁을 해 왔었다. 필자는 『본질을 잃지 말고 더욱 믿음을 견고히 하고 하나님을 의지하라. 하나님이 민 집사를 사랑하셔서 그런 사람을 통하여 나태하지 않고 긴장하여 더욱 믿음을 성숙케 하시는 것이다. 저들은 민 집사를 돋보이게 하는 고마운 사람들이고 분명히 결과는 복을 받게 될 것이다.』라고 권면하고 기도해 주었었다.

그 두 사람은 결국 민병국 청년을 공학박사가 되게 하고 지금 폴리텍대학 학장이 되도록 신앙을 성숙케 하고 돋보이게 하는 조연역할을 해 준 고마운 사람들이었다. 민병국 학장은 지금 강릉지역 뿐 아니라 강원도 지역에서 자타가 인정하는 존경받는 인사가 되었다.

3. 환경으로 인한 고난.

미국의 슈퍼볼의 영웅 '하인즈 워드'란 청년이 있다. 주한 미군출신인 흑인병사와 한국인 김영희씨 사이에 태여 낳다. 김영희 씨와 이혼하고 미국으로 돌아간 아버지와 계모의 학대에 불우한 어린 시절을 지내면서 식당일을 하면서 아들을 돌보는 한국인 엄마를 창피해 하고 자신의 처지와 환경을 비관하며 어린 시절을 보냈었다.
키 작은 동양인 엄마는 친구들에게 보여주고 싶지 않아 자신의 처지와 환경을 늘 비관하고 불행하다 여겼다. 그러나 고난을 통과하면서 비로소 어머니의 사랑과 자신의 정체성을 깨닫고 삶의 최선을 다하게 된다. 그리고 열심히 기도하고 노력하여 마침내 미국 피츠버그 스틸러스 소속 슈퍼볼의 영웅이 되었고 2006년 NFL 슈퍼볼 최우수선수상, 2007년 스틸러스 올해의 선수상, 워싱턴 시 명예시장 등 복을 받았다. 그에게 주어진 고난과 불우한 환경은 그를 돋보이게 하는 고마운 역할을 해주었다.

4. 문제로 인한 고난.

누구든지 사는 동안 여러 가지 문제에 봉착하게 된다. 문제가 없는 사람은 없다. 크고 작은 문제, 태산같이 중압감으로 밀려오는 문제들이 있다. 그러나 어떠한 문제라도 해답이 없는 문제는 없고 믿음의 사람에게는 크고 어려운 문제 일수록 그 결과는 더욱 경이롭고 놀라운 결과를 낳는다. 오직 믿음의 눈을 뜨고 꿈꾸고 멀리 내다보아야 한다.

고난을 감사하라. 고난은 변장된 축복이며 기회이다. 하나님과 가까워 질 수 있는 기회, 그분의 기적을 경험 할 수 있고 그분의 손길을 느낄 수 있는 기회가 된다. 고난이 올 때 더욱 주를 의지하고 주를 바라보라. 사람이 마지막이라 할 때 하나님은 시작하신다.

고난은 우리를 성숙하게 하고 돈보이게 하는 놀라운 은총이다.

2011. 5. 19일

17. 알버트로스와 인간의 가능성

알버트로스(albatross)란 새는 바다 갈매기과에 속하는 조류로 날개를 펴면 340cm까지 되는 현존하는 조류 중에 날개가 가장 크고 가장 높이, 가장 멀리 비행하는 새로 알려져 있다. 이 새는 기류를 타면 망망한 바다를 건너 수백km를 활공하며 수명 50년 동안 600만km이상을 비행한다고 하니 지구상에서 가장 멋진 조류임이 틀림없다.

알버트로스 이외에 더 높이 비행하는 새로는 서 아프리카 해안 11,274m 상공에서 비행기와 충돌한 얼룩민목 독수리가 있었다고 하며 히말라야 등반 중에 목격되는 두루미를 꼽을 수 있다. 두루미는 150cm의 키에 활공 할 때 날개가 240cm까지 된다고 한다. 고대로부터 두루미는 하늘높이 날아 구름 위 인간의 시야에서 사라지는 광경과 멀리서 나팔소리같이 은은하게 들려오는 울음소리는 신비로움을 자아내어 천국의 전령, 또는 전조(前兆)의 전달자로 여겨지기도 했다.

인간은 해발 4,000m 이상 고산지대에 이르면 기온이 영하 40도까지 뚝 떨어지거나 기압이 저하하여 공기 중 산소 부족으로 호흡곤란 등 견디기가 어려워진다. 그러나 두루미나 앨버트로스에게는 그것이 전혀 문제가 되지 않는다. 히말라야 등반객 중 해발 7,000m 이상의 상공을 날아 마나슬루를 넘어가는 두루미의 무리를 목격한다고 한다.

인간으로는 불가능한 이와 같은 놀라운 비행 능력은 이미 창조주에 의하여 지음 받으면서 프로그램 되어 있었기 때문이다. 인간은 앨버트로스나 두루미처럼 날 수는 없다. 그러나 더 높이 더 멀리 바라보고 상상 할 수 있는 꿈과 생각의 가능성은 무한하다. 두루미에게 프로그램 되어 있는 것처럼 인간에게는 무한한 정신세계와 영적세계가 프로그램 되어 있기 때문이다.

만물의 영장으로 인간에게 잠재되어 있는 지적 한계의 가능성은 어디까지 일까. 도대체 과학문명의 발전의 그 한계가 어디까지인지 예측이 불가능하다. 언젠가 필자가 "오묘하고 신비한 지혜와 지식의 영역" 아란 칼럼을 기고한 적이 있었다.

지금으로부터 불과 132년 전 1879년 에디슨이 전구를 발명하기 전 인류는 전기(電氣)에 대하여 잘 알지 못하였고 그 가능성도 활용하지도 못했었다. 그러나 130년 만에 전기로 말미암아 얼마나 상상을 초월하는 문명세계가 펼쳐지고 있는가. 아인슈타인이 "인간이 찾아내지 못한 지혜와 지식의 영역이 바닷가의 모래알처럼 무궁하다." 한 것처럼 인간의 지적 정신세계에는 무한의 가능성이 잠재되어 있다. 인간은 상상의 날개를 펴고 과거와 영원한 미래를 왕래 할 수도 있고 상상하고 꿈꿀 수 있다.

그러나 이와 같은 지적, 정신적 영역을 초월하는 더 높고 신

비한 세계가 존재하고 있으니 곧 영적세계이다. 이 영역이
모든 인류가 가장 큰 비중을 두고 인지해야 할 영역이다.
그곳은 기도와 믿음의 상승기류를 타야만 올라갈 수 있는 거
룩하고 영원하신 하나님의 영역이다. 거기는 오로지 죄를 토
해 낸 인간들이 기도와 믿음으로 중생과 성령충만의 기류를
타고 비행할 때만 도달할 수 있고, 그리스도 십자가를 통과
할 때 성령의 충만함으로 가능해 지는 신비한 영역이다.

『그리스도는 보이지 아니하는 하나님의 형상이요 모든 피조물
보다 먼저나신 이시니 만물이 그에게서 창조되되 하늘과 땅에
서 보이는 것들과 보이지 않는 것들과 혹은 왕권들이나 주권자
들이나 통치자나 권세들이나 만물이 다 그로 말미암아 그를 위
하여 창조되었고 또한 그가 만물보다 먼저 계시고 만물이 그
안에 함께 섰느니라.』(골로새서 1장15-17절) 라고 했다. 십자가
위에는 외아들(독생자)까지 내어주신 하나님의 신비하고 무한
의 사랑, 피를 쏟고 생명을 내어주신 진한 사랑이 흠뻑 적셔져
있다. 그리스도의 붉은 보혈이 뚝뚝 떨어지는 십자가 위에서
하나님의 아가페 사랑을 가슴과 영혼으로 경험한 자라면 누구
라도 그 높은 영역에 오르게 된다.

그리고 그 은총과 능력으로 생각과 의지와 성품이 변화되어
그리스도를 닮아가야 한다. "내가 거룩하니 너희도 거룩하
라" 는 성화의 영역에 이르러야 한다.
바울은 『너희는 더욱 큰 은사를 사모하라 내가 가장 좋은 것을

너희에게 보이리라.』하며 그 더욱 큰 은사란 고린도전서 12장에서 이미 언급한 9가지 은사, 즉『지혜의 말씀, 지식의 말씀, 병 고치는 은사, 영들 분별함, 능력행하는 은사, 예언과, 각종 방언 말함, 그리고 방언 통역』등의 은사들과 다른 성품과 인격이 변화를 말한다.

고린도전서 12장에 이어서 13장에서 이보다 더 큰 은사인 사랑의 은사를 사모하라고 한다.

『내가 사람의 방언과 천사의 말을 할지라도 사랑이 없으면 소리 나는 구리와 울리는 괭가리가 되고 예언하는 능이 있어 모든 지식과 비밀을 알고 산을 옮길만한 믿음이 있어도 사랑이 없으면 내가 아무것도 아니요. 내게 있는 것으로 구제하고 또 내 몸을 불사르게 내어 줄지라도 사랑이 없으면 내게 아무 유익이 없느니라.』고 하며

그리고 『사랑은 오래참고 온유하고 시기하지 않고 자랑하거나 교만하지 않고, 무례히 행하거나 지기 유익을 구하지 않고, 악한 것을 생각하거나 성내지 않고 불의를 기뻐하지 않고 진리와 함께 기뻐하고 어떤 경우에서도 참으며 어떤 경우에서도 믿음과 소망을 포기하지 않고 끝까지 견디는』것이며,『지금은 부분적으로 알고 부분적으로 예언하지만 온전한 것이 오게 될 것이며 장성한 사람이 되면 어린아이의 일을 버리는 것처럼 될 것이라 그런즉 믿음 소망 사랑 이 세 가지는 항상 있을 것인데 그중에 제일은 사랑이라.』고 역설한다.

지금은 거울을 보는 것처럼 희미하나 얼굴과 얼굴을 마주 보는 것 같은 거룩하고 영광스러운 높은 영역을 앙망하라고 그곳에서 하나님의 형상을 닮는 작은 예수로 변화(變化)하여 성화를 이루는 것이다.

앨버트로스가 아프리카 해안은 지나 대서양을 건너 아메리카 대륙까지 이동하는 것 같이 우리가 그리스도를 믿고 따르는 이유는 영원하고 거룩한 영광의 창공으로 높이 비행하여 그리스도의 형상으로 변화되는 것이다.

『하늘에 계신 아버지의 온전하심 같이 너희도 온전하라.』
(마5장 48절)

2011, 4. 30

18. 꽃피는 봄날의 자아성찰

 지난 한 주간 이천 양평 등지를 다녀왔다. 오고 가는 고속도로 길가에 목련꽃이 피고 있었다. 아니 어느새 꽃잎이 떨어지고 있다. 목련은 피기 시작하여 반가워 찾아보고 뒤돌아서면 내일 아침 어느새 꽃잎은 떨어지기 시작한다. 그 크고 탐스러운 꽃봉오리를 터트리며 품어내는 향기에 취하여 순결하고 품위 있는 청초한 아름다움을 다 바라보기도 전에 왜 그렇게 서둘러 꽃잎이 떨어지는 지 아쉬움만 남기고 또 1년을 기다리게 한다.

목련만 그런 게 아니다. 어느 꽃이라도 그 아름다움을 오래 간직하지 못하고 져 버리니 "풀은 마르고 꽃은 떨어지되 오직 주의 말씀은 세세토록 있도다."라는 하나님의 말씀이 새롭게 여겨진다.
목련이 지는 것을 보면서 『너는 세상에 눈 돌리지 말고 오로지 천국을 사모하라.』하시는 음성이 거기에 묻어 있는 것 같다.

어떤 권력, 어떤 영광도 꽃잎처럼 금방 져 버린다. 화려할수록 아쉽고 영광스러울수록 지는 모습은 더욱 쓸쓸한가보다. 이집트의 절대 권력자였던 무바라크의 41년의 권세와 영광이 불과 넉 달 만에 그 아들과 함께 그렇게 법정에서 죄수복을 입고 재판 받게 될 줄 상상도 못했을 것이니 인생무상, 권불

십년 화무십일홍(權不十年 花無十一紅)이라 할 것이다. 독일 역사에서 지워버리고 싶은 미치광이 히틀러의 권력도 불과 11년 이었다는 것이 그렇고, 인류 역사상 가장 넓은 영토를 정복한 칭기즈 칸도 65세에 죽으면서 성취한 그 모든 것을 두고 갈 때 얼마나 아쉽고 분했을까를 생각해 본다. 코르시카 섬 출신이라 멸시받던 나폴레옹이 프랑스 황제에 등극하면서 그 영광의 극치도 11년 밖에 안 된다니 그도 서글프고 아쉬웠을 것이다. 반면 대영제국 빅토리아 여왕은 18세에 즉위하여 82세까지 해가지지 않는 영토를 64년간 통치한 권력과 영광이 비교 되겠으나 이 역시 도토리 키 재기일 뿐, 지나고 보면 별 차별이 없는 것. 그 역시 꽃잎이 떨어지듯 아쉬움이 남는 것이다.

잎사귀와 꽃잎이 만나지 못하는 종으로는 8월 산행에서 만나는 상사화란 꽃이 있다. 이 꽃은 그 모양과 붉은 색깔이 아름다와 사람들의 마음을 사로잡는다. 그러나 꽃이 피기 전에 잎이 시들어버려 꽃이 잎을 만나지 못하는 그 그리움에 사무쳐 상사화(相思花)라 부른다고 한다.

목련이나 상사화 같은 꽃을 보면 인생은 어쩌면 그리움에 사무쳐 사는 것 같다. 어릴 때는 엄마 젖이 그립고 사춘기에는 이성이 그리워 짝사랑의 아쉬움이 추억으로 남는다. 고향을 떠나면 고향이 그리워지고, 세상 떠날 때가 되면 천국이 그리워져야 한다. 그리고 그 그리움이 어느새 목마름으로 변하는가 보다, 학교 다닐 때는 좋은 성적, 좋은 대학 가려는 그 목마름이 있고 이 꿈과 희망이 승화하여 세상은 살만한 것이 아닌가 생각된다.

행복의 파랑새를 잡으려고 눈이 시리도록 온 산을 다 헤매고 그렇게 찾고 찾았는데 지친 몸으로 집에 돌아오니 창문 앞 나뭇가지에 그 파랑새는 앉아 있었다고 한다. 너무 반가워 손 내미니 훌쩍 또 날아가 버리는 게 이 역시 인생은 영원한 그리움이며 목마름인 것이다.

모든 꽃들이 아름답지 않은 꽃이 어디 있겠는가마는 눈이 녹기 전에 꽃망울을 터트리는 노란 산수유 꽃을 시작으로 화순 구례마을의 매화꽃 축제가 있고, 그리고 목련이 피는가 했더니 어느새 노란 개나리가 하늘하늘 춤추며 웃고 있다. 그리고 벚꽃 축제가 시작되어 벚꽃 향기에 취해 있었는데 어느새 여기저기에서는 진달래가 수줍은 미소를 짓는다. 그 다음엔 철쭉이 필 것이 분명하고, 가을 들판에 구절초 코스모스가 핀다.

농부들이 잡초라 귀찮아 뽑아버리는 망초풀 역시 그 꽃의 조밀함과 개성이 얼마나 아름다운지 길가의 민들레 산속의 야생화들 꽃들의 섬세하고 개성 있는 아름다움을 어찌 필설로 다 말할 수 있겠으며 어떤 물감으로 그려 낼 수 있겠는가.

어제 차를 몰고 돌아오는 도로 곁에 벚꽃 목련 개나리 진달래를 보면서 그 향기와 아름다움에 흠뻑 취해 보았다. 꽃들의 신비하고 오밀조밀한 모양새와 색깔과 향기를 느끼면서

『창세로부터 그의 보이지 않는 것들 곧 그의 영원하신 능력과 신성이 그의 만드신 만물에 분명히 보여 알려 졌나니 그러므로 저희가 핑계치 못할 것이라.』(로마서 1장 21절)라는 하나님의 섬세하시고 신묘막측하심을 다시 찬양하게 된다. 꽃들은 그 아름다움을 뽐내며 하나님을 향하여 "나를 이렇게 지어주셔서 고맙습니다." 하면서 향기와 그 빛깔로 미소 지으며 찬양한다.

그리고 우리 인간들을 향하여 속삭인다.『나를 보세요 나는 이렇게 웃고 있잖아요. 하나님이 나를 이렇게 지으시고 당신을 향해 웃어주라 하셨어요. 나를 보고 즐거워하고 기뻐하라고 지으셨어요. 비록 슬픈 일이 있고 속상하는 일이 있어도 눈물 흘리지 말고 낙심하지 말고 나를 보세요. 슬픔도, 아픔도, 고통도 금방 지나갑니다. 하나님은 여전히 당신을 사랑하십니다. 당신도 그분을 향하여 얼굴을 들고 이렇게 활짝 웃어보세요. 그분은 당신 편입니다.』라고 속삭이고 있다.

그리고 이어서『인생은 결코 길지 않습니다. 금방 지나갑니다.』라고 속삭인다. 다윗은『주여 나의 종말과 연한이 어떠함을 알게 하사 나로 나의 연약함을 알게 하소서 주께서 나의 날을 한 뼘 길이만큼 되게 하사 나의 일생이 주 앞에서 없는 것 같사오니 사람이 든든히 서 있는 때도 진실로 모두가 허사뿐이니 이다. 진실로 각 사람이 그림자 같이 다니며 헛된 일에 소란하고 재물을 쌓으나 그 재물은 누가 거둘는지

일지 못하나이다. 주여 이제 내가 무엇을 바라리오. 나의 소망은 오직 주께 있나이다.』(시편 39장 4절-7절)라고 기도한다.

손 넓이만한 인생이라고, 남은 연한과 생명의 기한을 헤아려 보라고, 그리고 정신 차리라고 교훈하고 있다. 그토록 목말라하고 쌓아놓은 재물은 결국 누가 거두고 누가 누릴는지 모른다고 오로지 소망은 하나님께 두라고 한다.
세상의 헛된 것들을 움켜쥐려고 집착하지 말라고 하시며 아직 남아있는 기한 동안에 주어진 모든 것들을 그 나라와 그의 영광을 위해 흔쾌하고 아름답게 사용하라고 하신다.

각색 꽃들이 화사하게 피어나는 이 봄날에 조용히 발길을 멈추고 하늘을 우러러 그리스도인의 자아를 성찰해 보며 이 글을 마친다.

2011. 4. 20

19. 행복한 세상을 만드는 원리

톨스토이의 <사랑이 있는 곳에 신이 있다>란 단편을 소개하겠습니다.

"마르틴 아브제이치'란 구두 수선공이 있었습니다. 그 지방 사람들은 대부분 그가 만든 신발을 신었습니다. 그의 작업실은 작고 비좁은 지하방이었지만 큰 길이 있는 쪽으로 창문이 있었습니다. 틈틈이 작은 창문 너머 사람들을 바라보는 것이 그의 즐거움이었습니다.
어느 날 사랑하던 아내가 병으로 세상을 떠난 후 세 살짜리 아들을 무척 사랑했습니다. 세월이 흘러 성장한 아들이 곁에서 심부름도 하고 재잘재잘 이야기도 하며 그를 행복하게 했습니다.

그러나 그 아들도 열병에 걸려 지극한 간호에도 불구하고 세상을 떠나고 말았습니다. 아들을 잃은 그는 삶의 희망을 상실하고 하나님을 원망하며 차라리 자신의 목숨도 거두어 달라고 했고 더 이상 교회에도 나가지 않았습니다.

어느 날 8년 동안 성지순례를 하던 노인이 그를 찾아와 "마르틴, 하나님이 하시는 일을 인간이 다 이해할 수는 없습니다. 그러나 하나님이 허락하신 목숨을 하나님을 위해 살아야 합니다." 라는 말을 주고 떠났습니다.

이때부터 그 노인이 남긴 말대로 다시 열심히 성서를 읽었습니다. 성서를 읽다 잠든 순간 "마르틴! 내일 창밖 큰 길을 보아라. 내가 너를 찾아 올 것이다"는 예수님의 음성을 듣고 정성껏 음식을 준비했습니다.

그러나 아무리 기다려도 예수님은 오지 않았고 창문 밖에 눈을 쓸고 있는 스테파누치 노인이 있었습니다. 마르틴은 추운 날 고생하는 그를 불러 난롯가에 앉히고 따뜻한 차와 과자를 대접했습니다. 잠시 후 어린아이를 안고 추위에 떨고 있는 여인에게 따뜻한 수프를 대접했고 낡았지만 깨끗하게 손질해 두었던 낡은 코트도 입혀서 보냈습니다.

그리고 사과를 훔치던 배고픈 아이를 보게 되었습니다. 굶주리고 외로운 눈빛을 가진 아이를 보니 잃어버린 아들이 생각났습니다. 마르틴은 훔친 사과 값을 지불했고 아이가 사과를 먹을 수 있도록 해 주었습니다.

그렇게 종일토록 기다렸지만 예수님은 끝내 그를 찾아오지 않았습니다. 밤이 되어 다시 성서를 펼친 그에게 다시 음성이 들려왔습니다. "마르틴, 너는 나를 모르느냐?" "누구십니까?" 그러자 마르틴의 눈앞에는 눈을 쓸던 노인 스테파누치가 나타나 미소를 지었고, 굶주린 채 떨고 있던 여인이 아이와 함께 걸어왔고 사과를 손에 쥐고 웃고 있는 소년이 나타났습니다. 마르틴은 그들의 웃는 얼굴을 보자 너무나 마음이 기뻤습니다.

다시 펼친 성서에는 "너는 내가 주릴 때 먹을 것을 주었고 목마를 때에 마실 것을 주었고 나그네 되었을 때 영접하였고 벗었을 때에 옷을 입혔고 병들었을 때, 옥에 갇혔을 때에 와서 보았느니라. 내가 진실로 이르노니 내 형제 중에 지극히 작은 자 하나에게 한 것이 곧 내게 한 것이라"(마 25:35)라는 구절이 있었습니다."

행복한 세상을 만드는 원리는 알고 보면 너무 간단합니다. 자신에게 관대함 같이 이웃에게 관대해야 하고, 자기를 소중히 여김 같이 이웃을 소중히 여기는 것이며, 자기 자신을 사랑함 같이 이웃을 사랑하는 것입니다.

"원수를 갚지 말며 동포를 원망하지 말며 이웃 사랑하기를 네 몸과 같이 하라 나는 여호와니라(레 19:18절)"

2011. 7. 27

20. 그리스도인의 월권행위(越權行爲)

 1856년 3월 청나라 함풍황제(咸豊皇帝)의 아들 재순(동치황제)을 출산한 궁녀 옥란(서태후)은 1861년 황제가 병사(病死)하니 6세 된 아들 재순이 왕위를 계승하여 황태후(皇太后)로 추대되고 26세의 젊은 나이에 수렴청정이 시작된다. 원래 용모만 아리따운 게 아니라 총명하기까지 한 그녀는 이때부터 권력의 중심에서 권력의 맛에 취하게 된다.

1874년 그녀의 아들 동치황제가 18세에 병사(病死)하니 그녀는 여동생의 4살 된 아들을 양자를 삼아 광서황제로 옹립하고 다시 수렴청정을 계속했다.

이와 같은 방법으로 48년간 중국 대륙을 지배하고 1908년 10월 13일 73세 생일잔치 7일째 되는 날 자신의 애인 영록장군의 딸과 광서황제의 아우 순친왕 사이에서 태여 난 3살 푸이(賻儀)를 후계자로 세우고 불과 15일 만에(11월 5일) 세상을 떠나니 마침내 청 왕조에 대한 서태후의 참람한 월권행위를 마감했다.

중국의 이보다 더 참흑한 주권침해 행위는 1912년 신해혁명으로 실각한 푸이를 일제(日帝)가 1934년 만주국 꼭두각시 황제로 세우고 중국 대륙에서 저지른 수많은 야만적 행위들이다.

월권행위란 자기 권한 밖의 남의 일에 관여하여 직권을 침범하는 일이며 이를 하나님에 적용하면『참람(僭濫)하다』고 일컫는다. 이와 같은 참람함이 사탄 루시엘의 행위만이 아닌 오늘날 한국 교회 사역자들에게도 있지 않은지 살펴보기로 하자.

그리스도인이라면 사랑과 기쁨으로 순복해야 할 하나님을 만홀히(업신여김)여기고 거역하고 능멸하는 불법자들을 향해 예수께서『나더러 주여 주여 하는 자마다 천국에 다 들어갈 것이 아니요 내 아버지의 뜻대로 행하는 자라야 들어가리라 그 날에 많은 사람이 주여 주여 우리가 주의 이름으로 선지자 노릇하며 귀신을 쫓아내며 많은 권능을 행하지 아니하였나이까. 하리니 그 때에 내가 너희를 도무지 알지 못하니 불법을 행하는 자들아 내게서 떠나가라 하리라』(마7:21-23) 라고 경고 하셨다.

우리는 이 말씀을 대할 때마다 과연 이 준엄한 말씀이 자신에게 해당되지 않는지 생각해 보아야 할 것이다.

1, 배금사상[拜金思想]

선교 100년 만에 놀라운 복을 받은 한국교회는 지금『맘몬이즘(Mammonism)』이라는 귀신에 사로잡혀 심각한 중병을 앓고 있다고 필자는 진단한다. 예수께서『한 사람이 두 주인을 섬기지 못할 것이니 혹 이를 미워하고 저를 사랑하거나 혹 이를 중히 여기고 저를 경히 여김이라 너희가 하나님과 재물을 겸하여 섬기지 못하느니라.』(마6:24) 하셨다.

돈과 재물, 지위와 명예, 재능과 건강, 시간과 생명, 기회와 자녀 등 이 모든 것이 주인이신 하나님께서 잠시 맡겨주신 것이다. 지금 그리스도인으로서 가장 기본적인 이 상식에 대하여 다시 언급하게 됨은 우리 중에 이 기본자세가 결여되어 있음을 발견했기 때문이다. 돈과 재물, 지위와 권력 등을 하나님 자리에 올려놓고 하나님보다 더 중요하게 여기고 있다면, 그는 하나님을 하나님으로 인정하지 않는 것이다.

정상적인 그리스도인이라면 삶의 전체를 주께 위임하고 어떤 경우라도 그분의 뜻에 순복해야 하며 거기서 참 안식과 평안을 누려야 한다. 이 분명한 신앙자세를 망각하고『내가』주인인 줄 착각하여 하나님보다 더 집착한다면『불법을 행하는 자여 내게서 떠나라 나는 너를 도무지 알지 못하노라』하지 않겠는가.

2, 하나님의 자리를 빼앗은 것들

 북한의 김정일 정권이 2,400만 주민과 북한 전역을 지배하고 있다고 김정일 정권이 정의이고 진리일 수는 없다. 또한 『이슬람교』가 빠른 속도로 세력을 확장하고 영향력을 가진다 해도 이슬람이 진리가 아닌 것과 같은 것이다.

99명이 저편에 있고 이편에는 나 혼자 있어도 정의는 끝까지 정의인 것이다. 혹시 그리스도인들 중에『다수와 대세』가 정의이며 성공이라고 생각하고, 어느 쪽이 더 대세가 유리하고 숫자가 많으냐에 따라 카멜레온처럼 태도를 바꾼다면 그는 정상적인 그리스도인이라 할 수 없다. 권력과 돈과 자기의 유익만 추종한다면 그의 삶 속에 하나님이 좌정하실 자리는 없는 것이다.

그리고 하나님을 자기가 필요 할 때만, 요구(기도) 할 때, 그 때만 와서 요구하는 것에 사인만 해 주는 분으로 취급한다면 그가 비록 귀신을 쫓아내고 많은 권능을 행하고 타인을 지배하는 영향력을 지녔다 해도 심판 날 주님이『불법을 행하는 자여 내게서 떠나가라 나는 너를 모른다.』라고 외면하실 것이다.

사울이 왜 버림받았는가. 그는 하나님의 주권을 인정하지 않고 자기 기득권과 왕권을 자기의 것으로 알고 지키려 했기 때문이다. 그는 자기 목적에 하나님을 이용하려 했고 하나님 앞에 내 지위와 의지를 내려놓는 겸손한 자세가 없었다. 그에게는 하나님이 하나님이 아니라 자기가 하나님이었기 때문이다.

3, 영의 생각과 육의 생각

『하나님의 말씀은 좌우에 날 선 어떤 검보다도 예리하여 영

(靈)과 혼(魂)을 찔러 쪼개기까지 한다.』(히브리서 4장 12절) 했는데 과연 우리 속에서 영의 생각과 혼의 욕심을 분리해 내는 영적 분별력을 가져야 한다.

사람은 생각하는 대로, 말하는 대로 현실화된다는 것이 4차원의 영성이라고 주장한다. 그러나 그 생각이나 꿈과 언어가 성령의 뜻이 아니고 내 목적, 내 욕망으로 말미암은 것이라면 하나님과 원수가 되는 것이며 입으로는 『주여 주여』할지라도 주님이 외면하실 것이다.

우리는 십자가 앞에 엎드려 성령의 감동을 구하고 그분의 뜻을 분별하는 겸손함이 있어야 할 것이다.

예수께서 예루살렘으로 입성하실 때 수많은 군중들이 『호산나! 다윗의 자손이여!』라고 종려가지를 흔들며 겉옷을 벗어 깔며 환영하고 있었다. 이때 예수께서 타고 있는 당나귀가 『이게 웬일이냐 나는 보통 당나귀가 아니구나.』라고 우쭐하고 자기가 왕인 척 교만해 졌다면 이는 심각한 착각이다. 우리는 이 착각에서 깨여나서 당나귀로 돌아가야 한다.

혹시 우리 중에 예수님 덕분에 높아지고, 존귀케 된 것을 망각하고 자기 스스로 하나님인 척 행세하는 사람이 있다면 이제라도 정신을 차리고 겸손해 져야 할 것이다.

『당신의 삶 속에서 하나님을 하나님 되게 하라.

스스로가 하나님인 척 하는 광대 짓을 집어치우라.』

그렇지 않으면 그날에 『내가 너를 도무지 알지 못하노라 이
불법을 행하는 자여 내게서 떠나가라』는 끔찍한 말씀을 듣
게 될 것을 명심해야 한다.

2011년   5월 27일

21. 산울림의 법칙

조조가 군사를 일으켜 서주를 공격하니 유비는 가까스로 도망치고 관우는 포로가 되었습니다. 그를 죽일 수도 있었으나 관우의 충의와 무예를 흠모하는 조조는 그를 정중히 대하고 사흘마다 잔치를 베풀어주고 비단옷과 미인을 붙여주고 여포가 타던 희대의 명마 적토마를 주며 그 마음을 돌려보려 애를 썼습니다. 만일 관우와 같은 장수가 마음을 돌려 부하가 된다면 금상첨화라 생각했기 때문입니다. 그러나 조조의 기대는 짝사랑으로 끝나고 관우는 결국 유비에게로 돌아가고 맙니다. 그 후 적벽대전에서 참패한 조조가 도망칠 때 지난 은덕을 추억하여 관우는 그를 살려 보내주었습니다.

산 속에서 소리를 지르면 산울림으로 반드시 그대로 돌아옵니다. 젖소를 사육하는 농부가 물과 사료를 주고 관심과 정성을 쏟는 이유는 좋은 우유를 생산하기 위함입니다. 그런데 물도 먹이도 주지 않고 발길질을 하고 잠도 못 자게 시끄러운 소음으로 스트레스를 준다면 우유는 커녕 결국 소는 폐사하고 말 것입니다.

1. 비판하고 정죄하는 것은 악행입니다.

세상의 모든 사람들을 적으로 만드는 방법은 간단합니다. 약점이나 실수 등 아픈 상처를 들춰내어 비판하고 험담하면서 못 살게 괴롭히면 됩니다. 그러면 극도의 경계심과 적대감으로 똑같은 방법으로 돌아올 것입니다. 그러나 이와 같이 어리석고 손해 보는 일이 어디 있겠습니까.

성경에서도 『네 눈에 들보가 있는데 어찌 형제에게 말하기를 나로 네 눈 속에 있는 티를 빼게 하라 하겠느냐』(마 7장)고 경고하셨습니다. 비판과 정죄의 그 결과가 어떻게 될는지, 그렇게 해서 과연 어떤 목적이 달성된다고 생각하는지 생각해 보아야 합니다. 그리고 만일 다른 사람들이 비판하는 당사자들의 지난날의 실수나 상처를 뒷조사하고 트집 잡고 공격한다면 견딜 수 있는 사람이 어디 있겠습니까.

이는 치매로 고생하는 노부모를 모시는 맏며느리(형수)를 보고 불효하고 잘못한다고 비판하던 시동생들이 그 부모님을 모셔본 후에야 비로소 그 고충을 알 수 있을 것과 같습니다.

최근 우리나라의 고위공직자 청문회를 볼 때마다 추궁하는 국회의원들을 거기 앉혀놓고 그런 식으로 흠을 잡고 과거를 들춰낸다면 아마 더 추악할지도 모른다는 생각이 듭니다. 이러한 행위들은 공산주의자들이 사용하는 비판과 폭로, 숙청 문화와 같은 것입니다. 공산주의 세계에서는 비판하고 정죄하다가 너도 죽이고 나도 죽고 결국 다 망하는 것입니다.

2. 칭찬하고 격려하는 특별한 은사를 사용합시다.

사람이 숨을 쉬고 살아있는 동안에만 선을 행할 수도 있고 악을 행할 수도 있고, 동물만도 못하게 될 수도 있고 천사와 같은 아름다운 사람이 될 수도 있습니다.

어떤 사람이라도 태여 날 때부터 나쁜 사람은 없습니다. 흉악한 범죄자라도 그 내면에 잠재되어 있는 선한 마음과 가능성을 살려낸다면 아름답고 감동적인 사람으로 변화 될 수 있을 것입니다. 사람은 동물들과 달리 자유자재로 말 할 수 있는 탁월한 은사가 있습니다. 하나님께서 부여하신 이 고귀한 은사를 사용하여 이웃을 칭찬하고 격려하고 좋은 말로 응원하며 아름답고 행복한 세상이 되도록 사용해야 합니다.

그러나 이 소중한 은사를 이웃을 정죄하고 비판하는 일에 사용 할 수도 있습니다. 그러면 그 대상보다 자기 자신이 더 피해를 보고 손해가 되는 어리석은 짓입니다.

성경에도 "무엇이든지 남에게 대접을 받고자 하는 대로 너희도 남을 대접하라 이것이 율법이요 선지자니라" (마 7:12) 라고 하셨습니다.

3. 행복한 세상은 사랑과 함께 열립니다.

행복한 세상을 만드는 원리는 알고 보면 너무 간단합니다. 자신에게 관대함 같이 이웃에게 관대해야 하고, 자기를 소중히 여김같이 이웃을 소중히 여기는 것이며, 자기 자신을 사랑함 같이 이웃을 사랑하는 것입니다.

"원수를 갚지 말며 동포를 원망하지 말며 이웃 사랑하기를 네 몸과 같이 하라 나는 여호와니라" (레위기 19장 18절)

2011. 3. 26일

22. 누구나 천사가 될 수 있다.

1, 천사의 마음.

2008,12월 24일 구세군 자선남비 행사 마감 시간에 숨을 헐떡이며 달려온 어느 허름한 남자가 놓고 간 보따리는 현금 3,000만원 이였다. 금년은 더욱 국제적인 불황임에도 예상30억을 초과한 33억 2천만 원을 초과 달성되었다. 돼지 저금통을 가져온 어린이, 폐지와 고철을 팔아 가져온 영세민, 2년간 군 생활의 봉급 250여만 원 전액을 놓고 간 제대군인 등은 감동이었고 국민들의 마음을 따듯하게 하기에 충분했었다.
국회에서 해머와 전기톱으로 국민의 이름을 들먹이며 민주주의를 한다는 정치인들을 보고 우울하던 국민들이, 종교단체의 감투싸움과 돈을 횡령하고 재산을 팔아 챙기려는 인면수심의 쓰레기 종교인들을 보다가, 가슴 따듯한 천사들이 있음을 우리는 보았다.
자신들도 도움이 필요한 분들이 나보다 더 어려운 이웃을 돕겠다는 마음은 바로 천사의 마음이 아니겠는가.

2, 참 행복이란,

사람들의 모든 선택과 행동의 근본 원인은 행복 추구이다. 여행이나 취미생활, 도박이나, 도둑질, 심지어 마약을 복용하는 사람도 불행해 지려고 하는 게 결코 아니다. 그것을 통하여 즐거움과 행복을 얻을 줄 알지만 스스로 속는 것이며 그 결과가 얼마나 비참해 지는가. 과연 우리는 지금 무엇을 통하여 행복해 진다고 생각하는가. 참 행복은 소유가 아니라 나누는 것이다. 돈과 권력 등을 통하여 누리는 행복은 진정한 행복이 아니다. 그것은 폭죽같는 순간의 행복이며 잠시 후 하얀 재와 같이 사라지는 절망뿐임을 우리는 기억해야 한다.

행복(happiness)이란 외부에서 주어지는 것이 아니라 내면에서 일어나고(happen), 솟아나는 기쁨과 보람과 자랑스러움인 것이다. 지위와 권세, 재물, 등은 행복의 자료는 될 수 있지만 행복 그 자체는 아닌 것임을 알면서도 아직도 그것을 사모하고 목숨을 걸고 있다면 그는 참으로 어리석은 것이다.

부한 자나 가난한자나 모두 다 "행복은 마음먹기에 달린 것임" 을 잊지 말자. 선을 행함으로 누리는 행복은 영원한 긍지와 자랑스러움과 만족과 희열과 황홀함의 극치인 것이다.

혼과 육이 아닌 영의 행복이 진정한 행복인 것이다.

3, 이라크 주둔 한국군

2004년 이라크 북부 아르빌 지역에 파병된 자이툰 부대원들은 4년간 13만 명의 외래환자, 2,200명의 입원환자, 1,770명의 수술환자, 2,300명에게 기술교육, 7,300명에게 쿠르드어(현지어)를 가르쳐 주고, 길을 닦고 다리를 놓고 회관을 지어주고 그들의 종교와 문화를 존중하며 가장 인간적인 대우가 어떤 것인지를 알려주고 지난 12월 14일 모두 철수했다.

아르빌 지역장관이 "우리는 영원히 그들의 빈자리를 그리워 할 것" 이라고 했다. 이라크국민들 기억 속에 한국을 생각 할 때마다 그들은 천사였다는 것을 영원히 각인시킨 것이다.

이것을 천만금을 주고 살 수 없는 보화이다. 아르빌 공항 관제사가 서투른 한국어로 "안녕히 가십시오!" 하는 말을 듣는 마지막 수송기조종사는 가슴에 뜨거운 감동으로 눈물을 흘렸다는 기사는 참 행복과 참 보화가 무엇인지를 알게 해 준다. 그들은 아르빌 주민들이 말하는 "신이 보낸 천사" 였던 것이다. 우리의 일생이 이와 같은 감동의 연속이라면 그는 얼마나 행복한 사람일가.

4, 천사와 악마

(1), 누구든지 예수 믿고 성령 충만하고 자신을 극복하면서 성령의 감동을 따라 살면, 그리고 그의 삶의 내용이 몇% 성령님의 지배를 받느냐에 따라 그 분량만큼 성화의 분량을 가늠할 수 있는 것이다. 성숙한 그리스도인의 가치는 어느 분량만큼 예수님化 하였느냐에 기준을 두어 그 가치를 평가해야 한다.

얼마나 많이 소유하고, 얼마나 많은 사역을 성취하고, 얼마나 많은 사람들에게 알려졌고, 인류와 세상에 영향을 끼쳤느냐도 귀중하지만 주님 앞에 설 때, 예수님과 겹쳐 놓았을 때, 얼마나 주님을 많이 닮았느냐가 주님께서 평가하시는 기준이 될 것이라는 생각 중에 과연 어느 것이 먼저일까 가 궁금하다.

그날에 "내가 너를 도무지 알지 못하니 불법을 행하는 자여 내게서 떠나가라!" 하신다면 그는 얼마나 비참한 영혼인가. 우리는 날마다 아주 작은 분량만큼이라도 예수님 모습으로 변화되어 가야 한다.

(2), 예수님을 믿는 분이라 할지라도 그 마음과 생각에 죄와 탐심과 사악한 사고를 채우고, 행동을 거듭 한다면 그는 악마의 모습으로 변화되어 갈 것이다. 동물은 타락해도 그저 동물일 뿐이다. 사랑해 주고 배려해 주는 대상을 믿고 신뢰할 줄 아는... 그러나 인간은 타락하면 동물의 차원을 넘어서서 소름 끼치는 끔찍한 악마가 될 수도 있는 것이다. 과연 우리는 어떤 모습으로 변화되어 주님 앞에 서기를 원하는가. 오늘, 어떤 생각과 말과 행동을 거듭하느냐에 따라 우리는 그렇게 변화되어 갈 것이다.

5. 아직 내게 남아있는 달란트를 활용하여 천사가 되어야 한다.

(1), 시간: 생명은 시간의 조각조각이며 시간의 연속이다. 남아있는 나의 시간, 곧 생명을 보람과 긍지, 떳떳함과 당당함으로 채워야 한다. 거짓과 욕심과 죄악으로 오염된 생각을 털어내고 " 정한 마음과 정직한 영" 을 구하여 행복을 창조하는 시간 여행이 되어보자.

(2), 건강: 건강과 육체와 세상은 한 줄로 연결되어 있다. 생명

마감할 순간까지 팔팔한 몸을 유지하기 위해서 자신을 절제하고 훈련하고 다스려라. 건강을 위한 투자가 사역의 첫 순위임을 모든 이들이 알았으면 좋겠다.

(3), 돈과 재물은 소유가 목적이 아니다. 소유함을 위한 재물은 저주일 뿐이다. 재물은 선을 행할 재료로 잠시 주인이신 주님께서 맡겨 주신 것이다. 곧 기회가 지나가기 전에 신속히 행복을 생산하는 곳과 천사가 되는 곳에 던져 넣을 줄 아는 용기와 지혜를 구하라. 천사가 되는 곳과, 행복을 생산하는 곳에, 아직 내게 머물러 있는 모든 것들의 티끌 한 점도 남기지 말고 기회 지나가기 전에 사용하라. 그 분량만큼 그 결단만큼 우리 영혼에 황홀한 행복이 임할 것이며 이 행복이 흘러 넘쳐서 임하는 곳에 " 하늘에서 이루어 진 것같이 땅에서도 이루어지는 " 하나님의 나라가 성취 될 것이다.
우리가 이 행복을 얼마나 많이 하늘에 쌓아 놓았느냐에 따라서 주님 앞에 평가 받게 될 것임을 잊지 말자.

그 날에 "내 아들아! 너는 나의 보화이며 나의 기쁨이고 나의 면류관이다." 하시는 주님의 음성을 들으며 그분 앞에 설 때 우리는 얼마나 벅찬 행복에 전율할 것인가!.

"오! 주여 오시옵소서! "

2009. 1. 14

23. 인류가 선택해야 할 최상의 삶의 방법

튜니지의 독재자 '벤 알리'는 87년 쿠데타로 집권하여 24년간 부정부패와 사치생활로 국민들은 실업과 빈곤이 누적된 상태였다. 컴퓨터공학을 전공한 26세의 대졸청년 '모하메드 부아지지'는 일자리가 없어 야채노점상을 시작했다. 픽업트럭을 구입하여 장사하는 것이 꿈인 그는 노점 단속을 하는 여경에게 야채를 팔던 리어커를 빼앗기고 뺨을 맞고 부모까지 모욕당하자 민원을 제기하러 주청사에 갔으나 문전박대를 당했다. 이 절망에 그는 2010. 12. 17일 청사 앞에서 몸에 휘발유를 붓고 분신자살을 시도했고. 전신화상으로 병원에 옮겨졌으나 1월 4일 죽고 말았다. 이 사건에 분노한 튜니지 국민들이 거리로 쏟아져 나오며 시위 시작 불과 10일 만에 부패한 독재자는 현금과 귀금속도 버려둔 채 사우디로 도망쳐야 했다.

이 사건을 튜니지의 국화를 상징하는 꽃『쟈스민(Jasmine Revolution)혁명』이라 부른다.

이 놀라운 쟈스민혁명사건이 인접 이집트로 옮겨 31년간 외화를 빼돌리며 권력과 영화를 한껏 누리던 마지막 파라오라는 절대 권력자 무바라크 역시 시민혁명 18일 만에 외국으로 도망치는 신세가 되었다. 쟈스민 혁명은 여기서 그치지 않았다. 이 폭풍이 같은 인접국 리비아로 번져 41년 독재자 카다피 정권도 풍전등화가 되었다. 그는 피 한 방울 남기지 않고 끝까지 싸우다 순교하겠다하고 독설을 퍼붓고 무차별 학살을 자행하고 있다. 순교란 자신의 종교를 위하여 생명을 버리는 것인데 그의 종교는 권력과 돈과 부정부패인 것 같다.『중동의 미친 개』로 불리는 그가 순교라는 단어를 모욕하고 있는 것이다.

1. 어리석은 인생

여기서『인생은 풀과 같고 그 영광은 풀의 꽃과 같으니 풀은 마르고 꽃은 떨어지되 오직 주의 말씀은 세세토록 있도다.』는 성경말씀이 새롭게 느껴진다.

저들은 왜 저토록 권력에 집착하는 것일까. 우리는 잠시 걸음을 멈추고 하늘을 우러러 생각해 보아야 한다. 수많은 군중위에 군림하는 권력과 돈의 그 중독성이 가히 목숨을 내어놓으면서까지 포기하고 싶지 않은 모양이다.

그러나 아무리 위대한 절대권력, 부귀영화라 할지라도 아주 제한된 짧은 순간 뿐이라는 것을 기억해야 한다. 살아 있다는 것은 아직 숨을 쉬고 몸이 기능을 유지하고 있다는 것이다. 살아 있는 동안, 육체의 기능이 남아있는 동안만 부귀영화도 권세와 쾌락도 누릴 수 있는 것임을 명심해야 한다. 지난밤 꿈같이 허망한 무지개를 잡으려고 그 권력을 놓치지 않으려고 악행을 다 저지르는 것이다. 1분만 생각해 봐도 허탈웃음이 나오는 어리석은 짓을 저지르는 게 인생이다.『존귀에 처하나 깨닫지 못하는 사람은 멸망하는 짐승』과 같은 것이다. 우리 중 행여 이런 바보 같은 짓을 하는 자가 없는지 모르겠다.

이번 쟈스민 혁명이 아프리카, 중동을 변화시키고 중국까지 민주화된다면 마지막 북녘 김정일 집단도 한순간에 뒤집힐 것이란 희망을 가진다.

2. 인류가 선택 할 가장 최상의 제도와 삶의 방식

『민주주의 시장경제 논리』가 가장 보편타당성을 지닌 최상의 제도라고 인류는 검증했다. 이번 쟈스민혁명은 중동과 아프리카의 독재 전제정치 체제가 역사적으로 검증된 민주주의 시장경제 사회로의 전환이 시작되고 있는 것이다.

그러나 그리스도인이라면 이보다 더 우월한 최상의 제도와 삶의 방식을, 그 고귀한 영성의 가치를 발굴해 내는 단계로 올라가야 한다.

첫째. 육체가 나 자신이 아니라는 것을 이해하고 시작해야 한다. 대부분 사람들은 껍데기에 불과한 육체를 자기 자신인 줄 착각하고 그 착각 속에 살아가고 있다. 인류 최상의 삶의 선택은 육체는 진정한 자신이 아니고 영혼이 머물러있는 질그릇이나 헌 옷과 같다는 것을 확실하게 인식해야 한다. 그리고 그 기초를 밟고 올라서야 비로소 최상의 삶으로 나아갈 수 있는 시작이 되는 것이다. 가장 기본적인 이 상식만 바로 붙잡아도 엄청난 변화가 올 것이며 삶의 방식과 태도가 변할 것이다.

둘째. 육체와 혼(魂), 그리고 물질적인 것들은 행복을 정제해 내는 재료가 된다는 것을 인지(認知)하고 이 물리적인 것들을 높은 단계의 삶을 실현하는 사역에 사용해야 한다.
비참한 최후를 맞는 독재자들은 이 사실을 모르고 오로지 몸만 즐겁게 하려고 집착하고 있는 것이다.

3. 이 행복은 어디서 오는가.

진정한 행복은 영혼 깊은 곳, 내면에서 흘러나오는 감격과 감동이다. 섹스의 쾌락이나 마약의 카타리시즘은 폭죽처럼 화려하게 작렬한 후 하얀 재와 같이 소멸해 버리는 찰나적 순간의 행복으로 허무와 절망만 남는다. 도박이나 마약과 마찬가지로 돈과 권력의 중독성도 유사하여 그 행복은 잠시 후 더 깊은 파멸의 나락으로 떨어지고 마는 것이다.

참 행복은 참 행복의 주인이신 전능자에게서 주어진다. 그분의 뜻을 분별하여 실행 할 때 내면에서 솟아나는(happen)것이며, 행복(Happiness)이란 육체와 혼(魂)에 주어지는 것이 아니고 밖에서 오는 것이 아닌 내면에서 일어나는 것이다.
이는 이기적이 아닌 이타적인 삶을 통하여 주어진다. 모든 인류는 이 비밀을 깨닫고 이를 실현하여 더불어 누리는 행복을 경험해야 한다. 이웃의 모든 대상(사람, 동물, 자연)을 더불어 행복하게 하는 삶, 거기서 주어지는 그 놀라운 기쁨과 감격, 행복을 경험해야 한다. 여기에 도취하여 이 거룩한 행복을 누리기 위해 최상의 삶을 살아야 한다. 타인을 사랑하기 위하여, 이웃의 행복을 위하여, 낮아져서 섬기려는 삶의 목적을 세우고 실천해야 한다.

4. 최상의 삶의 방법

『강물 같은 노래를 품고 사는 사람, 지독한 외로움에 쩔쩔 매 본 사람, 그 슬픔에 비켜서지 않으며 이 모든 외로움 이겨낸 사람은 꽃보다 아름다워…』연세대 출신 한국의 대표적인 386가수 안치환의 '사람이 꽃보다 아름다워' 라는 노래 가사이다. 과연 사람이 어떻게 꽃보다 아름다워 질 수 있을까.

 2010. 1. 14일 선종하신 아프리카 수단에서 의료봉사와 교육봉사를 하신 이태석 신부를 기억한다. 그분은 자신의 모든 것을 내려놓고 가장 낮은 곳, 가난하고 병든 이들을 아무런 보상도 대가도 바라지 않고 오직 섬김과 사랑을 실천했다. 질병과 내전으로 죽어가는 절망의 땅 남 수단 톤즈 한센인 마을에서 『가장 가난한 자에게 한 것이 곧 내게 한 것』이란 예수님의 말씀을 실천하며 그들을 섬기며 행복해 하는 그분의 그 삶에서 그리스도의 모습을 볼 수 있다. 이태석 신부의 영상물 『울지마 톤즈』를 통하여 그를 만나는 수 많은 사람들이 그 행복에 전염되고 있다.

그 분의 삶을 보면서 그리스도의 마음을 품고 그리스도의 삶을 실천 할 때 세상이 이렇게 아름답고 행복해지는구나 하는 감동이 우리의 가슴을 울리고 있다.

배고픈 사람에게는 양식이 필요하고 목마른 사람은 물을 줘야
하고 병든 자는 치료를, 쇠사슬에 매인 자는 자유를 줘야한다.
그러나 거기서 멈춰서는 안 된다. 물고기를 주기보다 물고기
잡는 법을 가르쳐 줘야 하고, 밥을 주는 것보다 스스로 농사
하여 쌀을 생산할 수 있도록 도와주는 것이 가장 큰 도움이며
행복 나눔이다.

민주주의 시장경제보다 한층 더 높고 거룩한 최상의 삶의 방
법은 1) 그리스도를 통하여 행복 자체이신 하나님과 화해와
일치를 이루는 것이며. 2) 그리스도의 심장을 품고 그분의
삶을 사랑으로 실천하는 것이다.

모든 인류가 그리스도의 심장을 품고 섬김과 사랑을 실천하
는 것이 최상의 삶의 선택이라는 것을 강조하고 싶다.

2011. 3. 2일

24. 오를 때보다 내려 올 때가 더 어렵다

 걷는 것과 조깅(뛰는 것)이 다르고 자전거 타는 것과 산에 오를 때 몸에 오는 운동량이 각기 다르다. 필자는 그 중에 가능하면 산을 찾는다. 그런데 산을 타다보면 산마다 또한 각기 맛이 색다르다. 동네 뒷산인 계족산에서의 맛이 다르고 속리산의 공기가 다르고 덕유산에서 불어오는 바람의 냄새가 다르고 지리산이나 설악산 숲에서의 향기가 다른 것을 알게 된다. 이 맛과 향기를 '음이온' 또는 '피톤치드'라고 하는 것 같다.

민주산악회를 만들어 정치적인 고비나 결단이 필요한 때마다 동지들과 함께 산에 오르던 김영삼 전 대통령은 정상에 오르기가 힘들고 정상에서는 세상이 다 내려다보이고 그리고 정상에서는 언제나 다시 내려와야 한다는 순리가 있다. 라고 했다.

오은선 산악인은 에베레스트 14좌(8,000m이상 봉우리)를 모두 정복한 최초의 여성 산악인으로 기록되었다. 산에 올라본 사람이 아는 것은 높은 산일수록 강한 체력과 극기의 인내가 있어야 한다는 것이다. 그리고 산이 높을수록 그곳에 오래 머물 수 없다는 것이다. 곧 다시 내려와야 한다.
오은선씨와 라이벌이었던 고미영씨는 2009년 7월 10일 히말라야 낭가파르밧 산 등정에 성공하고 하산하다가 해발 6,200

미터 '칼날 능선'에서 실족하여 목숨을 잃었다. 이에 오은선 씨는 "산에 오르는 것도 어렵지만 살아서 돌아오는 것이 더 어렵다"고 했다.

올림픽에서 금메달이 영광스러운 것이 틀림없고 월드컵 경기에서 16강, 8강, 4강도 어렵고 귀한 것이다. 그리고 우승의 그 벅찬 감격과 환희는 경험한 자가 아니면 알 수 없을 것이다. 그 영광과 감격이 있기에 모든 것을 절제하고 훈련하며 최선을 다하는 것이다.

2010, 6월 남아공 월드컵경기에서 한국 팀은 최선을 다했다. 온 국민이 열망하던 원정 16강을 성취했고 8강의 우루과이와의 경기에서 상대를 압도했고 훨씬 더 좋은 경기력을 보여주었다.

2:1로 분패 했지만 국민들 모두 우리선수들을 자랑스러워했고 오히려 이긴 것이나 마찬가지라고 자부심을 가진다. 세계 언론들도 깜짝 놀라며 한국축구가 이젠 세계 어느 나라에 비해도 손색이 없는 실력을 갖췄다고 호평을 쏟아낸다.

2:1로 패하여 8강이 좌절되는 순간 선수들은 그라운드에 주저앉아 쓰린 가슴으로 눈물을 흘렸다. 차두리 선수는 펑펑 울었고, 허정무 감독도 "나보다 선수들이 더 아파 할 것"이라고 눈물을 감추지 않았다. 전국 곳곳마다 빗줄기 속에서도 열렬히 응원을 하던 국민들도 아쉬움으로 탄식했고 눈물을 흘렸다. 이번 월드컵 경기에서도 역시 우리 국민들이 뜨거운 마음으로 하나가 되었다.

우리는 여기서 모든 성공, 모든 정상에서는 반드시 내려와야
한다는 교훈을 새겨두자. 올라가는 것도 어렵지만 내려오는
것도 역시 어렵다는 것을 배워야 한다. 누구든지 어느 정상
에서나 잘 내려오는 성공자가 되어야 한다.

미국의 억만장자 워렌버핏의 재산이 2008년 기준 580억불로
세계 1위였다. 그는 어느 날 방송 중에 자신이 부자가 된 것
은 시대를 잘 만났기 때문이라고, 만일 자신이 과거에 살았
다면 '사자의 간식거리' 정도 밖에 안 될 보잘 것 없는 존재
라고 겸손히 자신을 낮췄다. 그는 '자식에게 재산을 물려주면
자식을 망칠 수 있다.'고 하며 오랜 친구 빌게이츠에게 370억
불(한화 44조)을 나보다 더 잘 관리 할 것 같아서 한다고 기
부했다.

'버핏과의 점심식사'라는 그와 함께 점심식사를 하는 경매가
263만 달러(한화 약 33억원)에 낙찰되기도 했는데 이 돈은 가
난한 자를 위하여 쓰여 진다고 하며 낙찰자는 최대 7명의 지
인들과 함께 점심식사자리에서 투자 노하우에 대한 조언도
들을 수 있는 기회를 갖게 된다고 한다. 그는 정상에 올라
있으면서 거기서 내려오는 방법을 잘 알고 있는 것이다.

대개 마지막이 비참하게 몰락한 독재자들을 살펴보면 정상에서
내려오는 법을 터득하지 못했기 때문이다. 우리나라 이승만 초
대대통령이나 박정희 대통령도 권력에의 욕심이 지나쳐서 과잉

충성하는 간신배들에 둘러싸여 독재를 하다가 비참한 종말이
된 것이다.

우리는 많이 가졌든지 또는 높은 지위에 올라갔든지 그 상에
서는 오래 머물 곳이 아니라는 것을 깨닫고 겸손히 낮은 곳
으로 내려오는 연습을 해야 한다.

혹시 예수 믿는 사람 중에 그리스도의 제자라고 지칭하면서
자신을 희생하고 낮추는 십자가의 정신을 잊어버렸다면 이는
심각한 일이다.

2010. 7. 2

25. 여호사밧의 치명적 실수, 적과의 동침

 다윗왕 이후 솔로몬시대는 영광스럽고 부강한 시대였다. 그러나 처음 일천번제를 드리며 기도하던 솔로몬의 믿음이 변질되어 쇠락의 길을 걷게 된 결정적인 원인은 이방나라 공주들을 처첩으로 맞는 국제결혼, 『적과의 동침』이 원인이었다. 물론 국가 간 우호를 위한 외교 역량의 합리적 선택이라 변명할지 모르겠으나 수많은 처첩으로 인하여 솔로몬의 영성은 흐려졌고 그들과 함께 우상의 제단에 분향하며 제사하기까지에 이르렀다. 이후 두 번이나 하나님께서 경고 하셨음에도 당시 국력이 막강했기에 이와 같은 엄숙한 경고를 간과한 것이었다.

그 결과 아들 르호보암 시대에 이르러 나라는 분열되고 국력은 쇠약해지니 이는 온전한 믿음을 버리고 혼(魂)의 합리적 판단을 선택한 결과였다.

이후 4대 왕 여호사밧은 다윗의 믿음을 본받아 하나님 앞에 온전하고 정직했다고 평가 된다. 그는 암몬족속과의 전쟁에서 『너희는 온전히 여호와만 바라라!』는 믿음으로 3일간이나 전리품을 거두는 기적적인 큰 승리를 얻게 되고 나라는 부강케 된다.
그러나 그도 역시 『처음믿음』을 버리고 영성이 혼미해져서 『악인의 꾀를 따르는』 (시1편)결정적인 실수를 저지른다. 북

왕국 아합왕과 혼인하여 이세벨의 딸 아달랴를 며느리로 삼는 실수를 저지르고 군사동맹을 맺고 함께 전쟁에 참여한다. 이때 만일 선지자 미가야의 경고나 예후의 책망을 듣고 겸손히 돌이켰어야 했다.

우리는 여기서 역사를 통하여 오늘의 교훈을 삼는 지혜를 배워야 한다. 『적과의 동침』으로 말미암아 여호사밧 왕은 목숨은 겨우 건졌으나 수많은 군사를 잃고 패전하는 큰 망신을 당했다.
둘째로, 아합 왕의 딸 아달랴를 며느리로 맞은 결과 그 아들 여호람왕 시대에 죄악과 우상숭배의 나라가 되었고, 여호람은 형제들을 모두 살육하고 마지막 창자가 터져 죽게 된다. 이때 아달랴는 다윗의 혈족을 모두 죽이고 자신의 손자까지 죽이고 6년간 여왕행세를 하며 온 나라를 황폐화 시킨다.

오늘날 누구든지 불법과 악행을 일삼던 악인들과 멍에를 함께 한다면 과연 어떤 결과가 주어질지 영적인 판단이 필요하다고 생각된다. 물론 과거의 죄악을 통회하고 악행의 대가를 지불하겠다는 겸손함과 용서를 구하는 바람직한 모습이 있다면 더 말 할 나위도 없다.
그러나 이와 같은 절차가 없이 아무 일 없었던 것처럼 악인과 함께한다면 바람직 한 일인지 하나님께서 기뻐하시는지 분별하는 지혜를 가져야 한다.
청국장은 그 냄새가 상쾌하지도 색깔 역시 산뜻하지도 못하다. 그러나 김치와 함께 세계적으로 인정받는 발효식품으로 항암효과, 면역력증강, 당뇨예방, 등 탁월한 건강식품이다. 그런데 누군가가 이 청국장이 담긴 항아리에 색깔이나 모양이 비슷하다고 사람들의 대변(똥)을 섞어 놓는다면 미친 놈(사람) 취급을 받게 될 게 뻔하다.

또한 복음의 순수성이 없는 단체와 멍에를 함께한다면 자칫 솔로몬이나 여호사밧왕과 같은 망국적 선택이 아닌지도 경계해 봐야 한다. 한국 개신교단 중에 분별력 있는 교단들은 『진보주의자들과 열린 자세로 대화는 할 수 있다. 그러나 가담하는 것과는 다르다.』라는 동참하지 않고 있다.

이와 같은 연합단체에 발을 담그면서 변화 시키겠다는 의도는 좋겠지만 이는 결코 쉬운 일이 아니며 바른 선택도 아닐 것이다. 『의와 불법이, 빛과 어두움이, 하나님과 벨리알이 어찌 함께 하겠느냐』고 성경은 경고하고 있기 때문이다.

속담에 『도둑놈과 배를 맞대면 도둑년이 된다.』고 했는데 여호사밧 왕이나 솔로몬왕 같은 『적과의 동침』으로 패가망신하는 일이 없도록 교훈을 삼아야 할 것이다.

2011년 1월 29일

26. 하늘에 두어야 할 우리의 소망

 아프가니스탄 접경 와지리스탄 산악지역 탈레반 비밀기지를 파키스탄 정부군이 점령하여 공개한 적이 있었다. 200-300명을 수용할 수 있는 동굴에 벽화가 있었는데 화려하고 아름다운 천국의 우유와 젖이 흐르는 강가에서 아름다운 처녀의 무리들과 순교한 무슬림들이 성스러운 예언자들과 함께 연회를 즐기는 그림을 발견했다.

탈레반들은 12-20세 청소년들에게 자살 테러공격을 훈련하면서『이런 천국이 기다리고 있다. 너희들의 순교는 반드시 보상 받는다.』라고 교육한다고 한다. 이슬람의 경전이라는 코란에『이슬람의 적과 싸우는 성전(지하드)에 목숨을 바친 순교자는 천국에서 72명의 처녀를 얻는다.』는 구절이 적혀 있다.

알카에다 테러리스트들은 이런 황당한 코란을 근거로 어린 청소년들을 세뇌하여 자살 테러를 교사하는 것이다.

사람은 소망의 크기만큼 죽음도 초월하는 용기를 가지거나 고난을 견딜 수 있는 것이다. 물이 있기에 갈증을 느끼는 것이고 고향이 있기에 고향을 그리워함 같이 인류는 육체를 벗고 난 후 가야 할 내세가 있기에 이를 사모하고 소망하는 것이다. 이 영생은 수행을 통하여나 윤리 도덕으로도 알카에다의 자살 테러를 통하여서도 주어지는 것이 아니다.

성서에 예언된 도성인신(incarnation)하신 하나님의 독생자의 죄값을 대신 지불하고 피 흘리신 속죄의 사랑을 수용하는 누구에게나 주어지는 이 비밀이 가장 보편타당성을 지닌 유일한 해답이며 온 인류가 알아야 할 복음이다.

1. 우리의 소망은 어디에 있는가.

2010년 성탄과 세모를 맞이하면서 우리는 과연 어떤 소망을 지니고 무엇을 목 말라하고, 무엇을 사모하고 있는지 점검해 보아야 한다.

그리스도가 처음 나신 2010년 전 새벽에 천사가 메시야 탄생의 기쁜 첫 소식을 헤롯왕이나 대제사장, 바리새인들에게 전하지 않았다. 들에서 양을 지키던 목자들에게 가장 먼저 전했다. 그들은 경건한 조상 요나답의 유언을 대대로 지키며 땅에 소망을 두지 않고 하늘에 소망을 두고 메시야를 기다리는 삶을 살아온 천박하다 업신여김을 받던 양치기들이었다.

그 당시『여호와께서 하늘에서 온 땅을 굽어 살피사 지각이 있어 하나님을 찾는 자가 있는가 보려 하신 즉』하나님의 마음에 합한 자들, 하늘에 소망을 두고 메시야를 사모하던 순수한 신앙을 지키던 자들이었기 때문이다.

지금 복음이 편만이 전파된 이 풍요의 시대에 우리 중에 과연 누가 다시 오실 그리스도를 사모하고 하늘에 소망을 두고 있는가 하나님이 찾으신다면 하나님의 평가 기준에 누가 해당 될까. 과연 우리의 소망은 이 세상인가, 하늘나라인가 자신의 삶과 생활을 들여다보고 점검해야 한다.

2. 소망을 놓쳐버린 사람들

운동장에서 달음질하는 선수들이 우승에는 관심도 없고 운동장에서 집 짖고 장가가고 먹고 마시고 즐기며 혹은 진흙탕 싸움질이나 하고 있다면 얼마나 황당한 일인가. 참 그리스도인이라면 우승의 영광을 위하여 무거운 짐을 내려놓고 거추장스러운 옷을 벗어버리고 오로지 승리의 영광과 상급을 바라보고 달음질해야 한다.

『한 주인이 포도원을 농부들에게 세 로 주고 먼 나라에 갔다가 추수 때에 종들을 보내니 심히 때리고 죽이고 다시 다른 종들을 많이 보내니 저희에게도 그렇게 하였는지라 후에 자기 아들을 보내니 이는 상속자니 그를 죽이고 그의 유업을 차지하자 하였느니라.(마 21:33-46)』는 이 말씀을 도입해 보아야 한다.

고향 찾아가는 나그네가 하룻밤 머물고 있는 호텔 객실의 침대가 맘에 들지 않는다고, 커튼이 낡았다고 침대를 바꾸고 거기서 천년만년 살 것처럼 한다면 얼마나 어리석은 일인가.

아침 안개 같이 잠시 후에 끝나버릴 이 세상을 사랑하여 하나님의 보상도 잠시 후에 만나게 될 그리스도에 대한 설레임도 없다면 본질을 잊어버린 타락이다.

3. 영롱하고 분명해야 할 그리스도인의 소망

중국 진나라 시황제는 부귀영화를 두고 죽는 것이 너무 분하고 억울해서 불로초를 구하려 죽는 순간까지 집착 하였다고 하는데 하늘의 소망은 안중에도 없고 세상에 집착하고 있는 사람은 혹시 없는지 모르겠다.

시편 39편에서 다윗은 『여호와여 나의 종말과 연한의 어떠함을 알게 하사 나로 나의 연약함을 알게 하소서 주께서 나의 날을 손 넓이만큼 되게 하시매 나의 일생이 주 앞에 없는 것 같사오니 사람마다 든든히 선 때가 진실로 허사뿐이요 각 사람이 그림자같이 다니며 헛된 일에 분요하고 재물을 쌓으나 그 재물은 누가 취할 른지 알지 못하나이다. 주여 내가 무엇을 바라 리요 나의 소망이 주께 있나이다.』라고 소망을 주께 두고 있다고 기록하고 있다.

우리가 지금 누리고 있는 지위나 부와 명예와 같은 세속적인 것들이 잠시 후 주님 앞에 서게 될 때 하나님의 관점에서 그 의미와 가치를 평가 받아야 한다. 지금 자신이 집착하고 있는 통장에 잠겨있는 현금, 자기 이름으로 등기 해 놓은 토지나 빌딩들, 소중히 여기는 모든 것들이 그분 앞에 서게 되는 날 자기 영혼에 무슨 유익과 어떤 의미가 있을까 과연 어떻게 해야 후회가 없는 최상의 선택이 될까 심각하게 고민하고 기도해 보아야 한다.

바울은 『내가 육체 가운데 있는 것과 몸을 떠나 주와 함께 거할 그 사이에 끼었는데 주와 함께 있을 소망이 더 좋은 것이로되 육체 가운데 있을 동안 행하는 일들이 내 일의 열매일진대 내가 무엇을 가릴는지 알지 못하겠노라』고 세상을 떠나기 전, 기회를 놓치기 전에 그 날을 준비해야 한다고 소망을 분명히 하고 있다.

성탄과 세모를 맞이하며 영롱하고 분명한 하늘의 소망을 회복하는 기회가 되었으면 좋겠다.

2010. 12. 24

27. 행복의 마중물, 미소

 한국 사람들의 얼굴 모양은 대부분 입 꼬리가 아래로 쳐져 있어서 가만히 있어도 화난 모습으로 보인다고 한다. 이런 얼굴의 입 꼬리를 위로 살짝 올리면 미소 짓는 얼굴이 된다.

노벨 평화상을 수상한 마더 테레사 수녀는 『미소 짓는 것은 사랑을 주는 것이며 선물을 보내 주는 아름다운 행동입니다.』라고 했고, 영국 어느 학자가 임상 실험한 대상들에게 『아기의 미소』를 보여 줬더니 뇌파의 자극 수준이 2,000개의 초콜릿 바를 먹는 것이나 16,000파운드 현금이 갑자기 생긴 것 같은 반응을 보였다고 한다.

미소는 입 주변 근육을 입 꼬리를 귀 밑까지 잡아당길 때 나타내는 표정으로 사람의 얼굴에서 은은히 풍겨 나오는 미소는 자기 자신 뿐만 아니라 상대방 누구에게나 편안함과 행복을 선사하는 삶의 윤활유와 같은 것이다. 내가 미소 짓기를 선택 할 때 나는 내 감정의 주인이 되는 것이며 염려 근심 두려움 등 스스로를 괴롭히던 것들을 물리치게 되는 것이다.

프랑스 출신 소설가이며 공군장교였던 '어린 왕자'의 작가 생 떽쥐베리의 '미소(le sourire)'라는 단편 작품이 있다.

『공군 조종사로 참전한 전투에서 포로가 되어 철창 안에 갇

힌 그는 곧 처형될 시간을 기다리는 절망적 상태였다. 총을 들고 보초를 서는 독일병사는 곧 처형될 그를 거들떠도 보지도 않았다. 극한 절망감에 담배 한 개비를 발견하고 철창 너머 병사에게 다가가 떨리는 목소리로 "혹시 불 좀 빌려 주실 수 있나요?" 으쓱하며 다가와 성냥불을 붙여주는 병사에게 무심코 미소를 지어 보였다.

그러자 불꽃이 점화 되는 것처럼 그 병사도 곧 미소로 응대해 주었고 그때 눈을 마주치는 그 병사가 순수한 자연인임을 느낄 수 있었다. 병사는 자신의 가족사진을 보여주며 자녀들에 대하여 이야기 하며 "당신에게도 자녀가 있소?" "그럼요. 있고 말구요." 얼른 지갑을 꺼내 가족사진을 보여주었다. 그리고 다시는 가족을 만나지 못하게 될 것과 내 자식들이 성장해 가는 모습을 지켜보지 못하게 될 것이 두렵다고 눈물을 보이자 병사의 눈에도 눈물이 어른거리기 시작했다.

잠시 후 그는 아무런 말도 없이 감옥 문을 열고 조용히 밖으로 이끌어 내었다. 감옥을 빠져나와 뒷골목 멀리까지 데려다 주고는 한 마디 말도 남기지 않고 급히 가 버렸다. 그는 그렇게 절망적 죽음의 위기에서 한 번의 미소로 살아 날 수 있었다.』

누구든지 아무리 어려워도 하늘을 향하여, 이웃을 향하여, 미소 지을 수 있다. 그러면 하늘도 땅도 나무도 스쳐가는 바람도 따뜻한 미소로 대답해 줄 것이다. 사람이 동물과 다른 점은 영(靈,spirit)이 있다는 것과 내면의 감동과 감격, 기쁨을 가진다는 점이다. 누구나 웃을 수 있다는 것은 하나님께서 인간에게 주신 특별하고 귀한 은사이다.

이와 같은 미소는 내면의 기쁨이 있을 때에만 지을 수 있는 게 아니다.『항상 기뻐하라 쉬지 말고 기도하라 범사에 감사하라 이는 그리스도 예수 안에서 너희를 향한 하나님의 뜻이니라』고 한 성서의 말씀은 감사하려는 마음가짐을 가져야 하고, 기뻐하려고 노력하면서 쉬지 말고 기도하라는 것이다. 이는 감사와 기쁨을 스스로 만들어 내라는 명령이기도 하다. 누구나 웃으려고 노력해야 하며 감사 할 일을 찾아내야 한다. 똑 같은 사건과 똑 같은 형편이라도 좋은 면을 찾아내고 긍정적인 점을 선택하면서 감사하며 기뻐해야 한다는 것이다.

톨스토이는『세상을 아름답게 하고 모든 비난을 해결하고 어려운 일을 수월하게 만들고 암담한 것을 즐거움으로 바꾸는 것은 바로 친절』이라고 말했다. 이와 같은 친절은 적극적인 행동으로 성공하려는 사람은 모든 면에서 적극성을 가지고 친절의 분량을 계속 늘려 나가야 한다. 이 친절에서 떼여 놓을 수 없는 것이 항상 웃는 얼굴, 미소 짓는 얼굴이다. 미소 짓는 얼굴은 자신 있어 보이고 용기 있어 보이기 때문이다.

도산 안창호 선생에 이르러 실생활에 적용하게 된 율곡과 정약용의 실학사상인 무실역행(務實力行)의 구체적인 실천 중에 우리 민족은 친절한 마음과 미소가 필요하다고 가르쳤다. 도산선생은 화내지 않고 미소 지으며 사는 민족이 강한 나라를 만들고 세상을 밝게 만든다고 웃는 얼굴을 거듭 강조하셨다. 고운 미소 속에 행복이 있다. 힘들이지 않고 주는 미소지만 상대를 부요하게 해준다. 미소는 잠간이지만 그 기억은 영원할 수 있다. 아무리 부자라도 미소가 필요 없는 사람은 없고 아무리 가난해도 미소 짓지 못할 만큼 가난한 사람도 없다. 미소는 실망한 사람에게 용기를 주고 슬퍼하는 사람에게 위로가 되어 준다.

맑고 시원한 행복의 생수를 길어 올리려면 먼저 미소의 마중물을 부어넣어야 한다.

미소 지으라! 웃음을 멈추지 말자!
미소는 스스로를 명품으로 만들고 세상을 행복하게 하는 신비의 묘약이다

2011. 1. 20

28. 오묘하고 신비한 지혜와 지식의 영역

『병진년(세종 18년 1436년)에 정의현에서 龍 5마리가 승천하였다 했는데, 용의 크기와 빛깔 모양을 분명히 보았는가. 또 용의 전체를 보았는가. 단지 그 머리와 꼬리만 보았는가. 용이 승천할 때 운기(雲氣)와 뇌전(雷電)이 있었는가. 용이 처음 일어선 곳이 수풀인가 수중인가 승천한 곳은 인가와 거리가 얼마나 되고 일시에 본 사람들이 있던 곳과 거리가 얼마나 되었는가. 용 한 마리가 빙빙 돌았다는데 오래 돌았는가. 잠시 돌았는가. 바라본 사람들의 이름 그리고 승천한 년 월일과 장소를 그때 본 사람들을 찾아가 확인하고 아뢰어라』이는 세종임금께서 제주안무사(최고책임자)에게 보낸 문서이다. 이에 답변을 올리기를 『노인들을 방문하니 지난 병자년 8월에 龍 다섯 마리가 해붕에서 올라 갔다합니다. 龍 4마리는 승천하였지만 운무가 너무 짙어 그 머리를 보지 못하였다 하오며 한 용은 떨어져 금물두에서 농목악까지 육지로 갔다가 갑자기 비바람이 치더니 역시 승천하였다고 합니다. 이것 외에 과거에도 용의 모습을 본 사람은 없다 하옵니다.』했다. (조선왕조실록 세종 22년 1월 30일 癸酉 기록)

'용오름'은 대기의 저기압성 폭풍의 매우 빠른 소용돌이로 육지에서 발생하면 토네이도(tornado), 바다에서 발생하면 워터스파우트(waterspout), 평원에서 발생하면 황룡으로 바다에서 발생하면 물을 감아 올려 청룡을 보았다고 믿었던 까닭은 폭우와 바람이 너무 거세어 가까이 갈 수 없었으니 용을 보았다고 오해했던 것이다.

1. 아직도 미치지 못한 영역들

중세 갈릴레오가 지동설을 주장할 때 모든 사람들은 땅이 평평하다고 믿었기에 갈릴레오를 이단자로 정죄했던 것이다. 세종임금 당시에도 토네이도(tornado)를 용이 올라가는 것이라고 생각했던 것처럼 이와 같이 인간의 한계로 아직도 찾아 발견되지 못한 수많은 영역과 무한함과 신비함의 세계가 있다는 것을 기억해야 한다.

이 세상에 존재하는 모든 영역이 얼마나 신비하고 오묘한지 조금만 깊이 살펴보고 조금만 주의 깊게 생각해 보면 이와 같이 오묘하고 신비하고 다양한 영역이 얼마나 많은지 이를 보고 탄복하지 않을 수가 없다. 이에 생각나는 대로 여러 영역의 다양성을 기술해 보고자 한다.

2. 오묘하고 신비한 창조영역

* 생각의 종류- 사람들의 생각에 선한 생각, 악한 생각, 거룩한 생각, 사악한 생각 등 다양한 생각을 가지고 있다는 것과 그 다양한 생각의 내용대로 실현되고 성취된다는 것이 신비하고 놀라운 일이다.

* 감정의 종류- 기쁨, 슬픔, 두려움, 노여움, 사랑, 긍휼, 미움,

등 여러 가지 다양한 감정이 있다는 것, 그리고 그 감정마다 각각 색깔이 있고 냄새가 있어서 에너지를 발산한다는 것이 신기하고.

* 언어의 종류- 종족마다 나라마다 각기 다른 언어들이 가지고 있다는 것, 그리고 언어 역시 그 의미와 뜻을 따라 영향력을 발휘하여 실현된다는 사실이 얼마나 놀라운 일인가.

* 인종의 종류- 똑 같은 사람들 중에 백인, 흑인, 황인종이 있고 거기에서도 각 종족마다 또 다른 특색을 가진다는 것, 세계 50억 열손가락 손금이 모두 다르다는 것도 신비하다.

* 냄새의 종류- 꽃마다 향기의 다양한 종류들, 고약한 악취 등 여러 가지 냄새가 각기 다른 것도 신비하다.

* 맛의 종류- 쓴맛, 단맛, 신맛, 매운맛, 떫은맛, 이것도 신기하지 않은가.

* 색깔의 종류- 빨 주 노 초 파 남 보 일곱 가지 색깔이 신비하고 그밖에 얼마나 많은 색깔이 있는가.

* 온도의 차이- 영하 270C를 절대 온도라고 한다. 그러나 영상 100도, 1,000도, 한계가 어디일까. 열과 온도라는 것은 작은 입자, 즉 알갱이들이라고 한다. 이 얼마나 놀라운 일이 아닌가.

* 지식과 지혜의 종류- 사람의 지식과 지혜가 천차만별이다. 이것 역시 그 한계가 어디까지일까. 높이와 공간과 시간이 풍부함 같이 지식과 지혜의 차이도 천차만별하다는 이 사실이 얼마나 신비한가.

* 인체의 구조와 특성은 또 얼마나 신묘막측하고 오묘한가.

* 지구는 거대한 자석 덩어리이다. 자석은 쇠붙이만 잡아당기지만 땅은 모든 물체를 잡아당기는 거대하고 강력한 자석이다. 이것도 창조주의 신비하고 놀라운 창조사역이다.

도대체 창조주이신 초월자께서 어디까지 한계를 가지시고 이 모든 것을 지으셨는지 놀라울 따름이다.

3. 물리적인 것들

* 불이 기체, 액체(쇳물 용암,) 고체가 있다는 것이 신비하다. 성 프랜시스의 '태양의 노래'에서『너 활활 타는 밝은 불 너도 하나님을 찬양하라』라고 창조주 하나님을 향하여 불에게 함께 찬양하자고 하는 것이 정말 실감이 되고 수긍이 간다. 도대체 불을 보면서 그 신비함에 탄복하고 놀라움을 가질 수밖에 없다.
* 물도 기체(수증기,) 액체(물), 고체(얼음)로 나뉜다. 세상에 존재하는 것들 중에서 물보다 더 신비롭고 놀라운 것이 어디 있는가. 어떻게 물을 보고, 물을 마시면서 그 신묘막측함에 놀라고 탄복하고 감사하지 않을 수가 없다.
* 공기- 물과 불의 존재가 신비함이지만 지구의 대기권 안에 공기(산소)를 채워 놓으셨다는 것, 또한 놀라웁고 위대한 일이다. 그 공기 중에 산소 탄산가스 등 다양한 다른 성분을 품고 있다는 것, 공기가 있다는 것, 호흡 할 수 있다는 것 정말 놀라운 일들 중에 하나이다.

* 금속의 종류- 금 은 동 납 쇠 크리스탈 유리 진주 다이아 몬드 등
* 과일의 종류- 사과 배 복숭아 귤 포도 오렌지 밤 대추 호 두 등 이 다양하고 맛과 생김과 성분이 모두 다르다는 것이 참으로 감사하고 신비하다.
* 채소의 종류- 무 배추 시금치 상추 당근 등 역시 마찬가지 이며
* 동물의 종류는 또 얼마나 많은가 지금도 인도네시아나 남 미 원시림 속에 이름도 없는 여러 종류의 동물들이 발견되고 있다.
* 곤충의 종류, 새의 종류, 물고기의 종류, 이 모든 것들이 얼 마나 다양하고 특색이 있는가. 그 특성과 다양성이 보이지 않는 어떤 지혜와 신비함을 품고 있다 생각되지 않는가 참으로 탄복 하게 된다.
* 꽃의 종류- 꽃도 역시 수백 수천가지 종류로 모양과 향기 와 색깔이 모두 다르고 특색이 있음이 신비하다. 뿐만 아니 라 모든 꽃들은 각기 나름대로의 모양과 향기와 개성을 가지 고 인간을 향해『슬퍼하거나 낙심하지 말고 나를 보세요. 나 는 당신을 위하여 이렇게 웃고 있습니다. 이것이 내가 지음 받은 목적이고 나에게 부여하신 사명이랍니다.』속삭이고 있 다. 이 얼마나 놀라웁고 신비한 사건인가.

그러므로 바울은 로마서에서『창세로부터 그의 보이지 아니 하는 것들 곧 그의 영원하신 능력과 신성이 그 만드신 만물

에 분명히 보여 알게 되나니 그러므로 저희가 핑계치 못할
찌니라』고 탄복했던 것이다.

4. 세균과 바이러스 등 병원균의 종류

토네이도(tornado)를 용오름 이라고 믿었던 것처럼 세균이나
바이러스가 발견되지 않았을 때는 전염병은 인류에게 공포의
대상이었다. 인간의 육안으로 볼 수 없는 이러한 병원체가
존재한다는 것은 1676년 현미경을 발명하기 이전에는 속수무
책이었다.
전염병은 원균 진균 세균 바이러스 등 병원체가 인체나 동물
에 침입하여 증식함으로 생명을 파괴하는 막강한 전염력과
파괴력을 나타내는 것이다.

<전염병의 종류>
1, 급성 전염병 : 콜레라, 장티푸스, 파라티프스, 일본뇌염, 페
스트, 백일해, 급성회백수염, 천연두, 마진(홍역), 풍진, 수두,
디프테리아 등,
2, 만성 전염병 : 유행성 간염, 결핵, 나병, 성병 등
3, 특수 전염병 : 유행성출혈열, 후천성면결핍증, 최근에는 구
제역, 조류독감 등. 아직도 출현하거나 발견되지 않은 영역이
무한하게 있을 것이다.
<세균의 정체를 알지 못했을 때 전염병의 인하여 나타난 참
혹한 결과들.>

1), BC 260년경 로마에서 역병으로 하루 5,000명씩 죽었다하며 BC 168년- 182년에는 안토니우스 역병(천연두)으로 500만 명이 죽었다는 기록이 있다. 당시 세계인구가 2억 명이었다는 점을 감안하면 엄청남 재앙이었다.

2), 18세기 중엽까지 주기적으로 강타한 100여회의 크고 작은 전염병. AD 1361-1480년 사이에 2-5년 주기로 페스트가 창궐하여 세계 인구 절반이 줄어들었다는 기록이 있다.

3), 최근 아시아를 강타한 사스, 지난해 세계를 떨게 했던 인프레인자, 가축을 산채로 매몰해야 하는 조류독감, 구제역도 모두 그렇다.

이와 같은 질병은 육안으로 보이지 않는 세균과 바이러스에 의한 것이다.

5. 電氣

현대인에게 잠시도 없어서는 안 되는 것이 전기이다. 우리가 사용하는 TV 냉장고 컴퓨터 등 수많은 전자 제품들은 전기가 없다면 무슨 의미가 있겠는가. 인류가 물과 공기가 없으면 생존할 수 없는 것처럼 현대인들은 지금 電氣가 없으면 살 수 없게 되었다.

그런데 이 전기의 정체는 1897년 영국의 물리학자 톰슨이란 사람이 여러 가지 실험 끝에 전기라는 것이 아주 미세한 입자라는 것을 알아냈고 그는 이 작은 입자가 빛도 만들고 열도 나게 한다는 것을 규명하고, 전자(electron)라고 이름을 붙였던 것이다.

전기를 이용하는 영역이 과연 얼마나 많은가. 에디슨이 전구를 발명한 것이 1879년이니까 그 이전, 지금부터 130년 이전까지만 해도 전기의 존재를 알거나 사용하지도 못 했다는 것이 참으로 놀라운 일이 아닐 수 없다.

6. 그밖에 석유, 줄기세포, 원자력 등등 다른 것들은 또 얼마나 많은가.

7. 그러면 이와 같이 인간의 한계에 의하여 아직 발견해 내지 못한 영역들이 얼마나 되는지 어디까지나 되는지 도무지 알 수 없다 생각되지 않는가.

바울이 로마서에서 『깊도다. 하나님의 지혜와 지식의 부요함이여 그의 판단은 측량치 못할 것이며 그의 길은 찾지 못할 것이로다. 누가 주의 마음을 알았느뇨. 누가 그의 모사가 되었느뇨.』는 말씀은 이와 같은 오묘함의 한 부분이라도 인지함으로 표현한 것이라 생각된다.
우리가 잠시만 깊이 생각하고 잠시만 주의 깊게 살펴보면 이 우주에 존재하는 모든 것들이 얼마나 비밀 되고 무한한지 도무지 상상이 미치지 않는다.

그러므로 아인슈타인이 "내가 발견한 『상대성 원리』는 바닷가에서 아주 작은 모래알 하나를 찾아낸 것과 같다. 이보다 더 놀라운 무한한 진리와 사실들이 바닷가 모래알처럼 무궁무진하게 많이 있다" 는 말에 긍정하게 된다.

측량할 수 없는 오묘하고 신비한 창조주의 지혜와 그 모든 영역의 신비함과 오묘함에 놀라지 않을 수가 없고 창조주 앞에 굴복하지 않을 수 없게 된다. 조금만 깊이 생각하고 살펴보면 전능자의 무한한 능력과 지혜와 신비함이 새록새록 탄복하지 않을 수 없게 된다.

그리고 아직도 발견되지 않은 영역이 훨씬 더 신비롭고 다양할 것이라는 생각하니 다시 놀라움을 느끼게 된다.

그리고 靈的인 영역은 또 얼마나 깊고 높고 놀라울 것인가 그 거룩한 성역에 대하여는 추후 주의 계시를 기다려 볼 것이다.

『여호와여 주의 행사가 어찌 그리 크시고 주의 생각은 심히 깊으신지요 우준한 자는 알지 못하고 무지한 자는 이를 깨닫지 못하나이다.』

2010. 4월 10일

29. 높은 곳에서 바라보라

갈릴레오는 그 시대 이단자였다. 당시 모든 사람들의 상식을 뛰어 넘는 지동설을 주장했기 때문이다. 그의 주장이 대중들의 주목을 받고 이슈화 되니 교황청을 비롯한 지도자들이 재판에 회부하여 협박하기 시작했고 결국『지구가 둥글다는 것은 영웅 심리에 의한 터무니없는 낭설이었고 역시 땅은 평평하다』라는 진술을 하고 겨우 구속에서 풀려날 수 있었다. 방면되는 재판정 문을 나서면서『아무리 그래도 땅은 둥글다 이는 변할 수 없는 진실이다』라고 중얼 거렸다.

또한 이탈리아의 탐험가 콜럼버스는 대서양 끝까지 계속 가면 거기에는 금이 돌멩이 같이 흔한 나라가 있을 것이라는 확신을 가지고 우려와 반대를 무릅쓰고 모험을 시작하여 드디어 아메리카 대륙에 도착했고 거기가 인도 인줄 알고 원주민들을 '인디언' 이라고 불렀다. 만일 인류가 성서에 기록된『그(창조주)는 북편 하늘을 허공에 펴시며 땅을 공간에 매다시고』라는 욥기 26장 7절 말씀을 일찌감치 발견 하였다면 좋을 뻔 했었다.

진실에 대한 도전과 모험은 가치 있고 가슴 두근거리는 일이다. 불과 144년 전(1866년) 조선 25대 철종이 죽고 고종이 즉위한 3년차에 대동강을 거슬러 올라온 미상선 제너럴 셔먼호 사건이 있던 그 시절에는 경상도나 전라도에서 한양까지 빨리 걸어 6-7일 걸리는 먼 길이었는데 지금은 KTX의 개통으로 부산까지 2시간 18분 시대가 되어 버렸다.

어디 그뿐이겠는가 우주선을 타고 대기권 밖에서 푸르르고 영롱하게 빛나는 보석 같은 지구를 한눈에 바라보는 시대가 되었다. 이젠 우리는 지구를 우주적 시각으로 들여다 볼 수 있은 안목을 지니게 되었다. 온 우주를 가슴에 품고 하나님과 같은 위치에서 관찰 할 수 있는 과학과 문명의 시대에 살게 되었음은 놀라운 일이다.

우리는 성서와 예수 그리스도를 통하여 무한과 영원이라는 위치와 그리고 영적(靈的)인 차원에서 나 자신의 현재가 어디쯤 있는가 무엇을 추구하고 있는가를 바라 볼 수 있는 안목과 지혜를 가져야 한다.

다윗은 시편 39편에서 높은 망루에 올라 자신이 추구하고 집착하고 있는 것들을 점검하고 있다.

첫째, 그는 인생의 종말과 남아 있는 연한이 매우 짧다는 것을 보았다.『여호와여 나의 종말과 연한의 어떠함을 알게 하사 나로 나의 연약함을 알게 하소서 주께서 나의 날을 손 넓이만큼 되게 하시매 나의 일생이 없는 것 같사오니 사람마다 든든히 선 때가 진실로 허사뿐이나이다』생명과 시간의 주인께서 허락하신 날들이 손 넓이 만큼밖에 안되며 견고하게 섰다는 허세가 높은 곳에서 내려다 볼 때 얼마나 보잘 것 없는

지를 보았다.

둘째, 추구하고 목 말라하고 집착하고 있는 것들이 아침 안개 같이『각 사람이 그림자 같이 다니며 헛된 일에 분요하고 재물을 쌓으나 그 재물은 누가 취할는지 알지 못하나이다.』라고 힘들게 쟁취하여 움켜쥐고 있는 재물이나 지위들이 그 날이 되면 누가 취하게 될지 모른다고 탄식한다. 셋째, 그리고 그것을 발견하는 순간『주여 내가 무엇을 바라리오. 나의 소망이 주께 있나이다.』소망이 오로지 주께 있음을 하늘에 있음을 깨닫게 된다. 넷째, 이와 같은 어리석음에 집착하고 있는『나를 모든 죄과에서 건지시고 우매한 자에게 욕을 당치 않게 하소서』라고 기도하고 있다.

다윗은『삶과 죽음의 사이는 한 걸음』(삼상 20장 3절) 뿐이며『자신은 항상 사망의 음침한 골짜기로 넘나들고 있다고』(시편 23잘 4절) 고백한다. 사도 바울도『내가 담대하게 원하는 바는 차라리 몸을 떠나 주와 함께 거하는 것이로되 그런즉 몸에 거하든지 떠나든지 주를 기쁘시게 하기를 원한다.』(고후 5장 8절) 라고 한다. 우리 살아 있는 자들은 몸 안에 머물고 있는 기한과 몸을 벗고 난 후의 주와 함께 있을 그 중간에 아직 머물고 있는 것이다.

지난날 우리 곁에 함께 했던 사랑하는 사람들을 추억해 보자, 그리운 사람들을 추억해 보자. 어느 날 갑자기 사망(소천)

했다는 소식을 들을 때 과연 인생은 꿈과 같다는 생각이 새롭지 않은지…

 그분들의 죽음에 나 자신을 도입한다면 나도 어느 날 갑자기 그렇게 그 분들처럼 육신을 벗고 세상을 떠난다는 것은 피할 수 없는 분명한 사실이 아니겠는가.

우리가 지금 집착하고 소중히 여기고 자랑스러워하는 것들이 벗어 놓을 육신처럼 썩을 것은 아닌지. 그 날이 되면 과연 자신에게 어떤 의미가 있을지, 나는 지금 허망한 것들에 집착하여 시간과 생명을 허비하고 있지는 않은지 높은 곳에서 내려다보는 안목을 지녀야 한다.

그리고 예수께서『눈은 몸의 등불이니 그러므로 네 눈이 성하면 온 몸이 밝을 것이요 눈이 나쁘면 온 몸이 어두울 것이니』마태복음 6장22절 말씀과 성령의 빛을 힘입어 밝은 눈을 구해야 한다. 이 빛이 명확한 사람은 언제 어떤 환경이 닥쳐올지라도 당황하지 않고 어떤 문제를 만나도 담담할 수 있을 것이다.

아브라함이『네가 좌하면 나는 우하고 네가 우하면 나는 좌하리라』하니 이때 조카 롯은 풀과 물이 넉넉하고 기름진 땅 소돔을 향해 갔고 아브라함은 척박한 땅 헤브론에 남게 된다. 아들처럼 사랑하는 롯과 이별을 아쉬워하는 그에게 여호와께서 『너는 눈을 들어 너 있는 곳에서 동서남북을 바라보라 보이는 땅을 내가 너와 네 자손에게 주리니 영원히 이르리라 네 자손이 땅의 티끌 같게 하리니 사람이 티끌을 능히 설수 있을 찐대 네 자손도 세리라 너는 일어나 그 땅을 종과 횡으로 두루 다녀 보라 내가 그것을 네게 주리라』하시는 고향을 떠날 때 들려주시던 그 음성을 다시 듣게 된다.

촉새가 봉황의 뜻을 어찌 알리오! 부분적으로 알던 것은 온전한 것이 올 때 그것을 폐하는 것이며 어린아이 때는 말하는 것이나 생각하는 것이나 깨닫는 것이 어린아이 같지만 장성한 사람이 되어서는 그것을 버리는 것이다.
우리는 이와 같은 차원 높은 자세와 위치에서 미래를 꿈꿔야 하고, 직책을 수행해야 하고, 사역에 임해야 하고, 생을 채워나가야 한다. 높은 곳올 다니며 높은 곳에서 바라보는 안목을 지닌 자들은 세상이 이해 할 수도 감당할 수도 없는 것이다.

2010. 11. 6

30. 비판하고 정죄하지 맙시다.

 부정적인 마음과 사고를 지닌 사람들은 다른 사람의 긍정적인 면이나 장점에 대하여는 눈과 귀를 닫고 약점과 실수를 들춰내고 공격하기를 좋아하는 특색이 있습니다.

캄보디아 킬링필드의 주인공 폴 포트란 인물은 모든 기성세대들, 지주, 고학력자, 교사, 공무원, 유학생, 등은 모두 오염되었기 때문에 새로운 세상을 열어가려면 이와 같이 오염된 쓰레기들을 깨끗이 정소해 버려야 한다고 동족 수백만 명을 학살했습니다.

폴 포트뿐만 아닙니다. 볼세비키 혁명 레닌의 후계자였던 스탈린은 레닌의 2인자이며 공산주의 실제 이론가였던 정적 트로츠키를 제거한 후 혁명을 완수한다는 미명아래 내무상 에조프에게 숙청 대상자 명단을 비밀리에 작성해 올리게 하여 책 383권에 기록된 4,500만 명을 모두 죽였습니다. 중국의 모택동 역시 문화혁명시절 5,000만 명을 숙청했고, 김일성 김정일도 마찬가지였습니다. 공산주의 국가들은 비판과 정죄와 숙청이 정권 창출의 방법이며 특색입니다. 과연 저들이 주장하는 평등하고 행복한 이상향이 실현되었는가요? 소나 말이 없으면 외양간은 깨끗하겠지만 소로 얻는 것이 얼마나 많은가요. 외양간을 깨끗이 한다면서 소를 모두 없애 버리는 사람은 정신 나간 사람입니다.

필자는 글을 쓰기 위해 인터넷을 검색하다가 컴퓨터가 악성 바이러스에 감염될 때가 있습니다. 그러면 문서도 인터넷도 아무 작업도 할 수 없게 됩니다. 이와 같은 악성 바이러스에 감염되지 않으려면 이상한 메일은 즉시 스팸신고를 하든지 삭제해 버려야 합니다.

부정적인 마음과 사고를 가진 사람들은 모든 대상을 긍휼과 사랑의 눈으로 바라보지를 않습니다. 마치 숲속을 배회하던 여우가 무덤을 파헤쳐 썩은 시체를 파먹는 것처럼 타인의 약점이나 아픈 상처 등을 들춰내고 공격하기를 좋아합니다.
  사랑과 용서는 정의와 진실을 거부하는 것이 아닙니다. 부모와 같은 마음을 품고 높은 곳에서 더 넓은 시각으로 대상을 바라보고 멀리 보는 것입니다.

『미국의 어느 초등학교 교사가 새로 담임한 반이 유난히 다툼이 많고 다른 반에 비하여 성적도 나쁘고 분위기도 침체된 학급이었다. 그 교사는 이러한 학급 분위기를 어떻게 바꿀까 고심하다가 어느 날 아이들에게 종이 한 장씩을 나누어 주고 모든 교우들 하나하나 칭찬, 감사, 장점을 적으라 하고 아이별로 모아서 정리하여 나눠 주었습니다. 그러자 그 다음날부터 놀랍게도 분위기가 바뀌는 것을 보게 되었습니다. "난 친구들이 나를 그렇게 생각하는 줄 몰랐어" "내가 친구들한테 그동안 너무했던 것 같아" 모두들 자신과 다른 친구에 대해 관대해 지고 교실의 분위기도 완전히 변화되었고 성적도 좋아지기 시작했습니다. 세월이 지난 후 청년이 된 한 아이가 이라크 전에 파병되었다가 전사했다는 통보를 받았습니다. 그 장례식에 교사와 초등학교 급우들도 많이 참석했습니다. 장례식이 끝난 후 그의 누나가 다가와 "선생님, 동생이 죽을 때까지 호주머니에 간직하고 있었던 것입니다." 전해주는 그것은 바로 꼬깃꼬깃 접힌 초등학교 당시 급우들이 그의 칭찬들을 적은 종이였습니다. 이것을 본 다른 제자들도 모두 그를 둘러싸며 "선생님, 저도 아직까지 그 종이를 간직하고 있습니다." 합니다. 그것을 본 담임선생은 자리에 주저앉아 눈물을 흘렸다고 합니다. 모두 자신의 칭찬을 적었던 그 쪽지들을 부적처럼 간직하고 있었던 것입니다.

미국 역사상 가장 위대한 대통령이었던 아브라함 링컨도 암살된 후 그의 호주머니에 "아브라함 링컨은 역대 정치인 중에서 가장 존경 받을 사람이다" 이런 신문조각이 들어 있었다고 합니다. 칭찬은 사람을 변화시키는 신비한 묘약입니다.』-

상대의 좋은 점에는 눈을 감고 나쁜 점만 크게 보고 험담을 하게 되면 피차 불행해 지는 것입니다. 그러나 장점을 찾아내고 그것을 칭찬하고 감사하는 마음을 가지면 함께 행복해지고 더 나은 삶이 되는 것입니다. 그림자만 바라보면 항상 어두움입니다. 돌아서서 태양을 바라보는 지혜가 필요합니다.

지금 우리나라는 지나친 비판문화를 지양해야 합니다. 만일 미국의 오바마 대통령이나 프랑스의 사르코지 대통령같은 분들의 실수나 흠집을 들춰내고 물고 늘어져 폄하한다면 그분들이 어떻게 대통령이 될 수 있었겠습니까. 오바마의 아버지는 미국인이 아닌 케냐출신 유학생으로 케냐에도 부인이 있고 미국여자와의 사이에서 그를 낳았고 그 후 인도네시아 여자와 또 자녀를 낳았다고 합니다. 아마 우리나라 같으면 꿈도 꾸지 못했을 것입니다. 만일 박찬호 선수를 향해 한국에 얼마나 좋은 여성이 많은데 왜 하필 재일교포 일본여자와 결혼했느냐, 왜 한국어를 사용 할 때 혀 꼬부라진 소리를 하느냐는 등 트집을 잡고 여론몰이를 하고 상처를 준다면 좋은 선수가 될 수 있었을까요?

미국 조지부시 대통령은 40대까지 알코올 중독자, 마약 복용자였으나 새롭게 변화되어 미국 대통령직을 연임할 수 있었던 것이며, 어거스틴도 어려서부터 패륜아, 방탕아였으나 회심 후 초대교회지도자가 되고 성자가 된 것을 상기해 봐야 합니다.

공산주의 국가에서 노벨상 수상자가 1956년 노벨 화학상 소련 니콜라이 세묘노프, 58년 문학상 보리스 파스테르나크, 물리학상 파벨 A. 체렌코프, 일리야 M. 프랑크, 이고르 Y. 탐, 59년 화학상 체코 야로슬라프 헤이로프스키, 61년 문학상 유고 이보 안드리치, 62년 물리학상 소련 레프 D 란다우, 64년 물리학상 소련 니콜라이 G. 바소프, 알렉산드르 M. 프로호로프, 65년 문학상 미하일 숄로호프, 70년 문학상 솔제니친, 73년 평화상 베트남 르 둑토, 74년 경제학상 소련 레흐니드 V 칸토비치, 75년 평화상 소련 안드레이 사하로프, 78년 물리학상 소련 표트르 카피차, 81년 문학상 불가리아 엘리아스 카네티, 90년 평화상 고르바쵸프, 91년 평화상 미얀마의 아웅산 수치, 최근 중국의 수상자인 반체제 인사인 류샤오보(劉曉波) 등 모두 20명이라 검색됩니다.

그러나 민주주의 나라에서는 816명이며 대부분 미국과 영국 독일 등 기독교 국가에서 나왔습니다. 공산주의 사회는 9가지 장점이 있어도 한 가지 실수를 들추어내어 흠집을 내고 물고 늘어져 마침내 죽여 버리고 맙니다. 그러나 건강한 민주주의 나라에서는 아홉 가지 실수가 있어도 한 가지 장점을 찾아내어 칭찬하고 격려하여 더 잘 할 수 있도록 모두 기립하여 박수를 쳐주고 응원하는 문화가 차이가 있는 것입니다.

예수님께서도 간음하다 현장에서 잡힌 여인을 끌고 와 돌로 치려 하는 군중들을 향해 "너희 중에 죄 없는 자가 먼저 치라" 하시고 "나도 너를 정죄하지 않으니 가서 다시 죄를 짓지 말라" 하십니다. 하나님께서는 세상에 의인을 구하러 오시지 않았습니다.
내면에 숨겨진 상처와, 타인에게 말하지 못하는 아픔을 간직하고 고통스러워하는 사람들, 죄인을 구하려 오셨습니다. 원수도 사랑하라고, 일곱 번씩 일흔 번이라도 용서하라 하십니다. 상처 입은 사람들을 치유하고 넘어진 사람을 일으켜 세우고 다시 시작 할 수 있는 기회를 주시고 언제나 곁에서 격려하시고 생명이 있는 마지막까지 포기하지 않으시는 분이십니다.

하나님이 포기하지 않으시고 사랑하시는 이웃을 향해 돌을 던지고 정죄하는 못된 버릇을 버려야 할 것입니다.

2010. 11. 16일

제 3 편

31. 포도원을 허는 작은 여우를 잡아라.

 독일 역사상 나라를 초토화시키고 세계를 전쟁의 참화 속으로 몰아넣은 미치광이 전쟁범죄자가 아돌프 히틀러이다.
그는 제1차 대전 패망으로 침체된 독일 경제와 정국을 교묘히 이용하여 일당독재 체제의 기틀을 확립하고 1934년 8월 국민투표를 실시하여 대통령과 총리를 겸한 총통(Führer)이 되었다.

그 후 그는 오스트리아를 시작으로 체코 폴란드 등 유럽 전체를 점령하고 1941년 6월 22일 3,800대의 전차와 300만 명 병력으로 소련을 침공했으나 1943년까지 포로가 된 9만 명을 제외하고 300만 명 모두 추위와 굶주림으로 전멸해 버렸다.

그는 집권기간 동안 여러 차례 암살 위기를 당했다. 1944년 7월 독일 남부 귀족 출신인 슈타우펜베르그 대령의 쿠데타 폭탄 암살현장에서 살아난 후 『전능하신 하나님의 보호하심으로 죽지 않았다고』 국민들에게 방송 담화를 발표했다.

이 사건으로 고급장교 4,980명을 처형(숙청)했고 10개월 후 1945년 4월 30일 지하 벙커에서 권총 자살하기까지 불과 11년 만에 독일 역사상 가장 참혹한 비극을 연출했다. 이런 미치광이가 『전능하신 하나님이 자신을 지켜주고 있다』고 하나님의 이름을 들먹이니, 말 그대로 하나님의 이름을 망령되이 일컫는 자다.

최근 하나님의 사역자라는 분 중에 교회를 공격하고 양 같은 성도들에게 상처를 주고 불신자들에게 기독교를 혐오스럽게 만드는 행위를 하면서 하나님의 이름을 망령되이 부르는 자가 있다니 히틀러와 흡사하다는 생각이 든다.

다메섹 도상의 사울에게 "네가 가시 채를 뒷발질하기가 네게 고생이라" 하신 말씀처럼, 교회지도자와 하나님의 거룩한 공동체를 흠집 내려 한다면, 그 누구라도 결코 무사할 수가 없을 것이다.

최근 여의도순복음교회와 하나님이 세우신 담임목사를 터무니없는 트집을 잡고 좌충우돌, 무모한 비판 정죄 장난질을 치는 분이 있다면 참으로 안타까운 일이다.

여의도순복음교회는 세계선교와 한국 복음화에 지대한 영향을 끼친 기독교 2,000년 역사상 유일무이한 오순절운동의 성지와 같은 교회로 3년 전 조용기 목사님과 당회원 장로님들과 모든 성도들이 기도와 민주적인 절차를 따라 후임목사를 피택하는 모범을 보여 주었다.
따라서 여기서 선택된 이영훈 목사는 하나님이 세우신 그리스도의 사자이며 여의도순복음교회 모든 성도들이 사랑하고 자랑스러워하는 담임목사이다.

2009년 20개 지성전을 독립교회로 분리하여 본 교회가 혹시 타격을 입지 않을까 우려했으나, 이영훈 목사는 이와 같은 우려를 말끔히 털어내고 교회를 날로 부흥시키고 아무 충격 없이 든든히 세워 가고 있을 뿐 아니라, 조용기 목사를 부모처럼 섬기며 교회를 새롭게 업그레이드시켜 가고 있다.
이영훈 목사의 인품은 예수님을 닮은 온유하고 겸손한 성품의 소유자이며 그의 카리스마는 겸손과 온유함과 섬김에서 나오는 그리스도의 공동체인 교회의 지도자로 가장 합당한 모습으로 여겨진다. 21세기 지금 시대에서는 낮아짐과 온유함과 겸손의 미덕의 지도자가 꼭 필요한 시대라 생각되기 때문이다.

누군가, 이영훈 목사가 노승숙 장로와 허동진 회장이 결탁하여 당회장이 되었다는 둥, 이영훈 목사가 장로회장과 결탁하여 재정과 인사를 전횡하고 부정을 저지른다는 둥 허위 날조된 막말을 한다면 이는 조용기 목사와 1,500명 장로 그리고 온 성도들을 능멸하는 명예훼손 범죄 행위이다.

친정집 일을 동네방네 지나가는 사람들에게 거짓말로 험담하고 다닌다면 집안 망신이다. 만일 그런 녀석이 있다면 나무에 거꾸로 매달아 놓고 볼기를 쳐야 할 일이라 생각된다. 혹시 마음에 들지 않는 일이 있다면『은밀한 중에 권면하라는(마 18장 15절)』말씀처럼 해야지 공개적으로 여기저기 떠들고 다니면 안 된다.

자신의 집 종업원이 친정집을 음해하는 비방 전단지 인쇄물을 세상 사람들에게 배포한다면 『어떻게 그런 짓을 하느냐!』고 질책해야지 적반하장 사주하고 조종했다면 큰 잘못이다.

사람의 말과 행위는 내면의 생각과 의도가 밖으로 흘러나오는 것이다. 최근 모 교회 관련 사이트에 보도되는 거짓 유언비어와 음해성 비판 기사들은 무슨 의도와 무슨 목적으로 하는 짓인지 모르겠다. 다윗은 삶과 죽음 사이가 한 걸음뿐이라고 했는데 잠시 후 어떤 심판을 받게 될지 분별해 보아야 한다.

오죽하면 하나님께서 충현교회 당회장을 지낸 신성종 목사에게 천국 지옥을 보게 하고 한국교회에 경고하시겠는가. 그분은 자신도 지옥에 버림 받을 것이 우려하여 인도 선교사를 자원하여 낮은 곳으로 갔다고 한다.

하나님이 세우신 지도자와 그리스도의 공동체를 흠집 내려고 왈가왈부하고 이러쿵저러쿵 분란을 야기한다면 이는 『포도원을 허는 작은 여우(아가서 2장 15절)』라 할 수 있다. 이와 같은 분란을 야기한 당사자가 있다면 지금이라도 정중히 사과하고 용서를 구하여 하나님 앞에 바로 서야 할 것이다.

거짓으로 진실을 이길 수 없고, 어둠이 빛을 이길 수 없고, 불의가 공의를 이길 수 없음 같이 반석 위에 세운 교회는 흔들리지 않을 것이며 오히려 여의도순복음교회와 이영훈 담임목사는 더욱 견고함과 성숙함을 이루어 나갈 것이라 믿어 의심치 않는다.

2011. 1. 11

32. 한국 발전에 끼친 기독교 복음의 영향력

1. 영국역사에 미친 기독교복음의 영향

멜 깁슨의 영화 브레이브 하트(brave heart)는 1280년경 영국 스코틀랜드 원주민 켈트족의 영웅 '윌리엄 월레스'가 이 지역을 장악한 잉글랜드 왕 롱생크(에드워드 1세)의 폭압 정치에 대항하는 영웅적 역사를 주제로 한 작품이다.

이 당시 영국군은 스코틀랜드 지역을 지배하면서 잔인한 방법으로 탄압했고 심지어 지휘관이 스코틀랜드인의 초야권(初夜權/Primae Noctis /중세 시대 권력을 가진 영주들이 빈민이나 농노(農奴)의 혼인을 허락하며 첫날밤 신랑을 대신하여 신부와 성관계를 맺는 권리)을 행사하고 있었다. 주인공 윌리엄 월레스는 이 악행을 피하기 위해 사랑하는 머론(Murron)과 몰래 결혼식을 치렀다.

어느 날 그의 아내 머론이 병사의 겁탈을 피하려다 비밀리에 결혼한 사실이 발각되어 주둔군 지휘관에게 잔인하게 죽임을 당한다. 사랑하는 머론의 죽음에 분노한 월레스는 이 악행과 폭정에 대항하는 반란을 지휘하게 되고 그동안 영국의 압제에 시달려 온 수많은 스코틀랜드 민중들이 합류하여 1297년 정부군과 스털링(Stirling) 전투에서 큰 승리를 거둔다. 당황한 롱생크는 휴전을 제의하고 기사들을 돈으로 매수하여 그를 체포하여 런던으로 압송한 후 처참하게 처형당하여 최후를 맞는다는 내용이다.

영국인들의 조상을 보면 비열한 배반과 대립, 내전과 살인을 일삼던 민족으로 보인다. 지금도 영국의 내면을 살펴보면 잉글랜드의 수도는 런던, 스코틀랜드의 수도는 에딘버러, 웨일즈의 수도는 카디프, 북 아일랜드는 벨바스트인 4개의 부족으로 모래알처럼 화합하지 못하고 있으며 국가대표 축구팀이 하나가 아닌 잉글랜드, 스코틀랜드, 웨일스, 북아일랜드의 4개의 대표 팀으로 나뉘어 있는 것만 보아도 극렬한 감정 대립을 살펴 볼 수 있다.

특히 잉글랜드와 북부 스코틀랜드는 역사적으로 지속적인 전쟁과 탄압이 끊이지 않던 감정 대립이 극심한 나라였다. 이와 같이 분열과 내전을 거듭되던 영국이 1649년 올리버 크롬웰의 청교도 혁명과 1694년 의회에서 권리장전(權利章典)이 통과되면서 영국헌법의 기초를 다지고 번영기가 시작되었다고 볼 수 있다. 지금은 영국인들을 젠틀맨(gentleman)이라고 귀족과 신사를 상징하지만 예수 믿는 복음을 수용하기 전에는 비열하게 배반하고 분열과 대립을 일삼던 수준 이하의 종족이었다고 볼 수도 있다.

영국의 가장 찬란한 번영기는 빅토리아여왕 시대였다. 그녀는 조지 3세의 아들 켄트공의 딸로 조선의 무능한 24대 임금 헌종이 죽은 후 아무 교육도 받지 못하고 강화도에서 농사를 짓던 촌놈 이원범(정조의 아우 은현군의 손자)을 데려다 왕 (철종)으로 세우고 안동 김 씨가 온갖 세도를 부리던 것 같이 왕재의 수업을 전혀 받지 못한 빅토리아를 차기 여왕으로 세웠던 것이다. 켄테베리 대주교가 야밤에 찾아가 왕위를 계승케 됨을 알리자 빅토리아는 즉시 무릎을 꿇고 성서를 펼친 뒤 "주님, 제가 영국의 여왕이 되면 주님의 말씀대로 다스리게 하소서"하고 기도하였다. 왕위에 나아간 후 그녀는 항상 성경을 읽었고 시간을 정하여 기도하여 지혜를 간구했고 결코 철종 같은 허수아비 왕이 아니었다. 국내외의 수많은 난제들을 솔로몬 같은 지혜로 과단성 있게 해결하여 19세기 세계 초 일류국가 영국 역사상 가장 영광과 번영을 누린 왕이 되었다. 그녀 치세 중에 캐나다, 미국, 호주, 인도, 남아메리카 아르헨티나 등 식민지들이 해가지지 않는 나라가 되었다.

영국 역사상 가장 빛나는 번영기가 빅토리아 64년 통치시대였고 그 영광의 중심에는 키 155센티의 빅토리아 여왕이 있었다. 빅토리아여왕과 조선의 같은 시대 철종 임금의 차이점은 성경을 읽고 예수그리스도의 복음을 믿고 하나님께 지혜를 구하고 성령의 감동과 인도하심을 받은 차이임을 부인하면 안 된다.

2. 미국의 번영과 기독교 복음

1620년 영국을 떠나 메이플라워호를 타고 도착한 청교도들은 매사추세츠 주에 플리머스에 정착했다. 그 후 1681년 퀘이커 교도였던 윌리엄 펜은 적극적으로 이민자들을 모집했고 그 중에는 종교적 박해를 피하여 온 퀘이커 교도, 모라비아 교도, 침례교도 등이 있었고 대부분 정치적 박해를 피하거나 종교의 자유를 찾아서, 아니면 고국에서는 얻을 수 없었던 새로운 기회를 찾아 온 경제적 능력이 없는 가난한 예수 그리스도를 믿는 사람들이었다.

미국이 2010년 금년까지 400년도 안 되는 짧은 기간에 어떻게 인구 3억, 국민소득 47,000불, 국방비 중국의 10배의 초강대국이 될 수 있었을까, 그 배경이 무엇일까. 하버드대학교는 1638년 청교도 존 하버드목사가 세운 학교로 2010년 세계 대학 순위 1위인 것처럼 미국의 국력을 이 한가지로 대입하여 비교하면 금방 알 수 있을 것이다. 미국의 번영과 발전의 배경은 예수 그리스도를 믿는 기독교 복음이 그 저변에 깔려 있는 것이다. 2010년 갤럽조사에서 현재 미국 국민의 86,5%가 그리스도인이며 43.1 %가 매주 주일예배에 출석 한다고 조회된다. 또한 61%는 "삶에 있어서 가장 중요한 목적은 전심으로 하나님을 사랑하는 것"이며, 55%는 "하나님과의 깊은 관계를 갖기 위해 전적으로 헌신하고 있으며 그러한 관계를 유지하기 위해 최선을 다할 것"이라고 대답하고 있다고 조사되고 있다.

3. 한국의 발전에 끼친 기독교 복음

144년 전 고종 즉위 3년차(1866년 8월)에 통상을 요구하며 대동강에 올라온 미국 상선 제너럴셔먼호를 불태우고 선원을 모두 효수한 사건이 있었다. 실종된 셔먼호 사건을 조사하던 미국정부는 5년 만에 조선의 사과와 배상을 요구하려 강화도에 해병 로저스함대 2척을 파병했다. 이에 대원군은 이 양이(洋夷)를 물리칠 군대가 없어서 전국의 포수 500명을 소집하여 어제연장군 지휘 하에 싸우러 보냈으나 200명은 도망가고 300명은 장렬히 싸우다 전원 전사한 신미양요사건(1871년)이 있었다. 이 전황을 보고 받은 미국정부는 이와 같이 모조리 죽이면서까지 배상과 통상을 요구해야 하는가 하는 회의를 느껴 철수를 명령했다. 만일 이때 한양까지 올라와 통상과 개화를 시작하였다면 과연 우리나라가 어떻게 변했을까.

이 당시 일본은 봉건국가를 탈피하고 서양세력과 비견할 힘을 기르려는 의욕으로 개화를 시작하였고 영국 등 유럽으로 많은 젊은이들을 유학을 보내기 시작했다. 그 후 발전을 거듭한 약 40년 만에 군사대국이 되어 청일전쟁, 로일 전쟁에 승리하고 1910년 조선을 한일합방 식민지로 삼고 36년간 지배하다가 1945년 해방, 1950년 6.25전쟁, 1953년 휴전, 1961년 5.16 군사쿠데타가 일어나는 시기까지 가난과 기근으로 세계 최빈국 낙후된 나라였었다.

5.16 이후부터 산업화와 경제개발을 시작하여 1964년 수출 1억불, 1977년 100억불, 1980년 175억불, 2004년 2,500억불, 지

난 해 2009년에는 3,640억불, 수출 제9위국가가 되었다.

과연 1961년 5.16 이후 50년 만에 어떻게 이와 같은 놀라운 성장을 이룩할 수 있었을까 그 배경과 원인이 무엇일까를 생각해 보아야 한다. 필자는 오늘 그 정신적 배경을 '기독교 복음' 때문이라는 견해를 피력하려고 한다.

4. 우상숭배를 타파하고 기독교를 후원한 정치적인 배경

한국 발전의 원인을 박정희대통령의 조국근대화의 영도력과 지금 경로우대를 받는 노년층의 피와 땀과 희생은 언급할 필요도 없겠지만 그보다 필자가 진단하는 박정희대통령의 더 위대한 정치적인 업적은 전국 산속마다 신당, 굿당 들을 모두 철거했고 무당과 무속인들을 모두 구속하고 미신을 범죄적 차원에서 철폐해 버린 일이라 생각한다. 이것은 놀라운 일이다. 박정희대통령의 친일 행적이나 독재, 등 부정적인 면을 간과하는 것은 아니지만 이스라엘의 역사에서도 산당과 신당 등 우상숭배 제단을 철폐한 요시아왕, 아사왕, 히스기야왕 등의 시대가 놀라운 복을 받고 발전했던 것과 같은 맥락으로 볼 수 있기 때문이다.

또한 국가조찬기도회를 시작하여 대통령을 비롯하여 정치인 국무위원들이 함께 드리는 예배를 정례화 하였고, 대통령이 김준곤 목사에게 C,C,C, 선교회 부지(구 러시아 공사관 자리)를 마련해 주고 민족복음화운동의 후원자가 되었다. 그리고

73년 빌리 그래함 전도대회, 엑스폴로 74, 77년 민족복음화성
회 등 폭발적인 복음화 역사가 모두 박 대통령 시대에 진행
되었던 것이다.

지난 5일 유엔개발계획(UNDP) 인간개발지(HDI)에서 한국을
국민행복수준 12위 국가라고 발표했다. 우리나라는 IT산업 세
계1위. 반도체 1위, 핸드폰 1위, 인터넷 보급률 1위, MP3 1
위, 조선수주 1위, 세계 1위 기술력 60개 보유, 자동차 생산
량 5위, 외환보유고 3,000억불, 2009년 무역수지흑자 409억불
로 일본의 270억불을 제치는 나라가 되었다. 최근 한국을 방
문한 어느 일본 기업인이 경전철 노인 무임승차, 전 국민 의
료보험제도, KTX 고속철 승하차 시 승차권 검표하지 않는
일, 공원 유원지 버스 터미널 등의 깨끗한 화장실 등을 보고
놀라워하고 과연 행복지수 12위 선진국답다고 부러워하고 있
다.
금년 제 5차 G20 세계정상회의가 한국에서 열렸다는 것은
그 가치와 의미가 놀라운 것이다. 1907년 고종황제가 파견한
이준열사가 헤이그 만국평화회의 회의장에서 쫓겨나 수모를
당하고 자결을 해야 했던 우리나라가 이젠 G20정상회의 의
장 국가가 되었기 때문이다.
2차 대전 이후 독일의 경제발전을 라인강의 기적이라 말하지
만 우리나라 한강의 기적은 그것을 우습게 만들어 버렸다.

이와 같이 성경과 예수 그리스도 복음은 한 개인과 인류의

역사를 변화시키는 비밀이 숨겨있는 것이다. 만일 인도네시아 오지에서 아직도 문명과 등지고 살고 있는 원주민들에게 일찍이 성경과 예수 그리스도 복음이 전해 졌다면, 만일 브라질 열대우림 속에 벌거벗고 살고 있는 인디언들에게 100년 전에 복음이 전해 졌다면 과연 그들이 어떻게 변해 있을까, 아마 지금의 우리처럼 문명과 인권과 민주주의와 번영을 누리고 있을 것이라 생각된다. 만일 오바마 대통령이 케냐 원주민 중에서 복음을 듣지 못하고 태여 났다면 그의 명석한 두뇌와 탁월한 언변과 위대한 재능이 오늘과 같이 개발 될 수 있었을까. 창조의 역사와 모세오경 율법과 그리스도의 가르침과 그의 행적을 기록한 성경은 인류에게 주어진 가장 놀라운 축복의 말씀이다. 어느 민족 누구에게나 그리스도의 복음은 변화와 번영을 가져다준다.

사분오열되어 내전과 반목과 대립을 거듭하던 영국(United Kingdom)이 해가지지 않는 세계 최강 대영제국으로 비상 할 수 있었던 것도, 이민 390년 만에 국민소득 47,000불 가장 부요한 강대국 미국이 될 수 있었던 것도 기독교 복음의 확장과 부흥이 번영과 발전의 가장 중요한 배경이라는 것을 강조하는 것이다.

2010. 11. 22

33. 한국교회 위기의 해법

지금 한국교회 교단장과 한기총 대표회장 등 자리를 놓고 벌어지는 부끄러운 일들을 보면서 그리스도인으로서 우리 자신이 어떤 모습인지 아래 제시하는 글을 보면서 스스로 진단해 보기로 하자.

『높아지고자 하는 자는 낮아지고 낮아지고자 하는 자는 높아진다.』고 했고 『죽고자 하면 살고 살려고 하면 필경 죽는다.』는 것이 성경에서 말하는 역설(逆說 paradox)의 진리이다.

지금 한국개신교단의 당면한 문제는 당사자들인 그분들이 지금 집착하고 있는 그 자리를 포기하고 마음을 비워야 한다. 하나님 앞에 어떤 손실이나 망신, 수치를 당한다 할지라도 결코 그 자리를 그만두겠다고 결심하고 선언하는 용기가 있어야 한다.

감리교단의 감독회장에 집착하는 분이 스스로 포기하는 용기가 있어야 하고, 한기총 금년 회장이 되신 분도 한국교회의 회복을 위하여 하나님 앞에서 결단하는 용기가 있어야 한다. 그래야 자기 자신도 한국교회도 함께 사는 길이 된다.

특히 금년에 전국기독교총연합회(이하 '전기총'이라 칭한다) 초대회장이 되신 분은 더욱 그렇다. 평생 한번하기도 어려운 한기총 회장을 2년 연임하는 복을 하나님께서 주셨다. 그렇다면 그 자리를 물러난 후 자신이 몸담고 섬기던 한기총이 한국교회에 더욱 성숙한 역할을 할 수 있도록 밑거름이 되었어야 했다. 그런데 '전기총'이란 유사한 단체를 만들어 초대 회장이 되었다면 어떻게 생각해야 할 것인가. 전기총 회장이 되려면 1년 2억 이상을 부담해야 한다고 알려졌다. 그분은 한기총 회장이 될 때에도 10억이란 거액을 내 놓겠다는 공약으로 회장이 된 것으로 알고 있다. 그 후 그 공약을 어떻게 이행했는지 필자는 모른다.

그런 분이 금년 한기총 회장선거에 선거관리위원장으로 후보 자격심사를 했다는 것이 너무 아이러니한 일이 아닌가 생각해 보아야 한다. 한국 보수교단을 대표하는 공동체회장은 하나이면 족하다고 본다. 물론 NCCK란 단체도 있으나 이는 보수교단을 대표하는 단체가 아니다. 그리고 한기총과 전기총이 그 영역이 다른 것도 틀림없다. 그러나 개신교단을 대표하는 공식적인 자리에 피차 경쟁대상이 될 수도 있는 것이다. 최근 어떤 행사에 한기총의 분쟁과 문제로 인하여서인지 전기총회장이 그 자리에 갔다면 그런 것이란 생각이 든다. 이를 좋아하고 희희낙락해 한다면 그래서는 안 된다. 만일 누군가 한사람으로 인하여 한국교회 전체의 위상이 추락하고 망신을 당하게 된다면 장차 그 책임을 어떻게 져야할지 영성을 회복해야 한다. 무슨 변명을 할지라도 양심과 하나님의 뜻을 부인한다든지 거역하면 안 된다.

십자가 위에서 피를 흘리며 생명을 내어 주신 그리스도를 생각하고 있다면 어떻게 처신해야 할지 결단하는 용기를 가져야 한다. 가장 큰 용기와 결단은 가장 소중히 여기고 사랑하는 것을 포기하고 내려놓을 줄 아는 용기라 생각한다.

이집트의 무바라크의 몰락을 보면서 김리교단 감독회장이나 한기총회장, 전기총회장 등 집착하고 있다면 그 분들은 자신의 결단과 용기에 따라 소금처럼 희생하는 모범이 될 수도 있고 소인배로 몰락할 수도 있을 것이라 생각한다면 그리스도와 함께 십자가에 자신을 못 박는 모습을 보여 줘야 한다.

지금 한국교회는 중대한 기로에 서 있다. 이 위기에서 한층 성숙한 단계로 업그레이드되는 기회가 되었으면 하는 바람이 간절하다.

『너희가 육신대로 살면 반드시 죽을 것이로되 영으로 육신의 생각을 죽이면 살리니 무릇 하나님이 영으로 인도함을 받는 사람이 곧 하나님의 아들이라』(로마서 8장 13절)

2011년 2월 14일

34. 황장엽 전 노동당 비서의 하관식을 다녀와서

북한 최고인민회의의장, 노동당 국제담당비서, 주체사상의 대부, 김정일의 가정교사 등을 지낸 북한 최고위급 인사인 황장엽. 그는 14년 전 1997년 2월 북경 한국대사관으로 망명하면서 "북한 인민들의 기아와 조국의 평화통일을 위해 망명을 결단했다"고 소신을 밝혔다.
하지만 그는 그 소원의 실현을 보지 못한 채 2010년 10월 10일 오전 9시경에 논현동 안가에서 안타까운 한을 안고 별세했다.

그가 망명을 결단한 1997년경 북한은 식량난으로 300만이 굶어죽는 참혹한 시기였다. 폭정과 굶주림에 시달리는 동포를 생각하여 양심과 소신을 따라 역사의 죄인이 되지 않으려고 개혁 개방을 요구하는 유서를 남기고 자살하려 하다가 그렇게 죽기보다는 북한의 실상을 세상에 바로 알려야겠다는 일념으로 망명의 길을 선택했다고 했다.

부귀영화를 버리고 권력과 지위를 버리고 그리고 사랑하는 부인과 1남 3녀와 올망졸망한 어린 손자 손녀들을 등지고 눈물을 삼키면서 그렇게 어려운 결단을 택했다. 그는 망명 8년째인 2004년 12월 31일에 아래와 같은 자작시로 자신의 심경을 표현한다.

『날은 저물고 건너야할 강은 아득하건만
배도 사람도 보이지 않네.
들려오는 건 쓸쓸한 망령들의 울부짖음 뿐
무엇을 원망할까.. 』

고려의 충신 정몽주는 멸망하는 조국에 대한 신의와 충성에
그 의지를 굽히지 않았고 이성계가 새 나라 창업에 동참해
줄 것을 여러 차례 간곡히 회유하였으나 끝까지 자신의 소신
을 지킨다. 선죽교(그가 피를 흘린 자리에 붉은 대나무가 돋
아났다고 하여 붙여진 이름)에서 철퇴로 머리를 맞고 죽기까
지 그 올곧은 정절을 변절치 않는다.

사육신들 역시 세종대왕의 지극한 유언과 어린 군왕에 대한
충절을 변개치 않았다. 한명회등 기회주의자들과 함께 어린
조카 단종의 왕위를 찬탈한 행위를 바로잡으려는 성삼문 등
집현전 학사들의 은밀한 거사가 발각되어 한 밤에 체포되어
주인공 수양대군 앞에 묶여 온다.

그들의 젊음과 학문이 아까워 "한번 만이라도 아니라고 해라
그러면 살려주마." 라고 완곡히 부탁하였으나 끝끝내 소신을
굽히지 않고 능지처참 형을 당하여 사지가 다 찢겨져 죽는다
(필자가 성삼문의 시신 한쪽 다리가 묻혀있는 논산 양촌의
무덤을 찾아본 적이 있다). 그들의 처자는 노비와 기생으로
팔려가고 멸문지화를 당하였으니 누가 그 시대에 그들 편에

섰겠는가. 그들이 가는 길이 얼마나 아프고 힘들고 외로웠을까. 이는 그리스도께서 인류의 모든 죄를 짊어지고 십자가에서 몸이 찢겨지고 피를 쏟고 죽으심에 견줄 만하기까지야 않겠지만, 그에 못지않았을 것이라 생각된다.

황장엽 씨가 생전에 단장의 아픔을 표현한 자작시는 그의 가슴이 절절히 묻어 있다.

『지루한 밤 가고 아침은 온 것 같 것만
다가오는 저 구름은 무엇일까
영원한 밤 길 안내하려는 사자가 아닐까
이 세상 하직 할 때가 온 것 같다.

값없이 흘러간 시절과 헤어짐은 아까울 것 없건만
밝은 앞날 보려는 미련한 마음 달랠 길 없어...
사랑하는 사람들은 어떻게 하고 가나
걸머지고 걸어온 보따리는 누구에게 맡기고 가나

정든 산천과 갈라진 겨레도 눈물을 재촉 하네
때는 이미 늦었건만 삶을 알려준 거룩한 뜻
정성 다해 받들고 갈 뿐..』

지난 14일 오후 3시 대전 현충원 국가사회공헌자 묘역 고인의 하관식을 다녀왔다. 그의 영정 앞에 한 송이 국화를 드리면서 "주님! 고인이 그토록 염원했던 통일의 그날을 속히 보게 하소서. 폭정과 굶주림에 신음하는 북한 동포에게 속히 자유의 날을 주소서. 고인이 80평생 힘들어 했던 그 고통과 아픔의 짐을 다 내려놓고 주님 품에서 편히 쉬게 하소서" 기도했다. 그의 그 한 많은 87년의 일생이 이렇게 계룡산 자락 한 뼘의 땅에 묻혀 버렸다.

관이 내려지고 흙이 뿌려지는 무덤 주위의 많은 사람들 사이에서 이목을 의식하지 않고 눈물을 흘리며 큰 절을 올리는 여인, 흙을 뿌리며 소리 내어 우는 남자, 4시 30분까지 출발 버스로 돌아가라는 안내 방송에도 200여명이 넘는 검은 옷 입은 사람들이 움직이질 않는다. 탈북자들의 아버지였던 고인을 그렇게 홀로 두고 차마 발이 떨어지지 않는 것 같았다.

고인을 추억하면서 어찌 이렇게 가슴이 시리고 아파오는지 모르겠다. 고인의 그 결단과 아픔과 희생을 생각하며 그리스도인으로서 올곧은 신앙을 다짐해 본다.

2010. 10. 15

35. 목에 걸린 슬픔과 아쉬움

우리나라 연간 사망자는 246,700명으로, 매일 676명이 죽는다는 통계청 검색 내용이다. (2009년 통계 : 출생은 445,200명, 매일 1,220명 출생)

사망자를 분류해 보면 암 사망률이 1위, 2위 뇌혈관, 3위 심장질환, 4위가 자살인데 '고의적 자해'인 자살은 매년 증가하여 인구 10만 명당 26명으로 하루 평균 35.1명으로 자살이 무슨 유행처럼 확산되고 있다는 것이 출산율 저하와 함께 국가적으로 다뤄야 할 심각한 문제라 생각 된다.

특히 연예인들의 자살이 스포트라이트를 받으며 온 국민들에게 충격을 주고 있다. 2005년 이은주, 2007년 정다빈, 2007년 유니, 2008년 최진실, 2008년 안재환, 2009년 장자연, 2010년 최진영, 그밖에 인터넷 조회로 장덕·서지원·김다울·곽지훈·여재구·김석균·김지후·이서현·우승연·강채원·이창용 등이 검색되고 있다.

며칠 전(지난달 30일) 한류스타 박용하의 자살은 다시 한 번 그를 사랑하고 아끼던 국민들에게 슬픔과 충격을 안겨주고 있다. 특히 일본 중국 등에서는 '욘사마 배용준'과 함께 그를 사랑하는 한류 팬들이 놀라움과 슬픔으로 안타까워하고 있다. 일본 아베총리의 부인 아키에 여사도 그의 열렬한 팬으로 한국을 방문했을 때 사인을 받아 가기도 했다.

일본의 팬들은 '한국 사회가 어떻기에 우리의 왕자님(스타)이 자살해야 하는가. 안타까워하고 있다. 세계적으로 인기를 누리며 나라의 이미지를 상승시키며 국가기간사업으로까지 평가되는 한류의 한사람이었던 박용하의 자살은 국가적인 손실임이 틀림없다. 왜 이와 같은 황당한 일들이 일어나고 있는가.

연예인들의 자살 충동을 분석해 보면 대중의 엔터테인먼트적 일종의 상품으로 주목받는 부담감, 특히 시시각각 시장성과 유행에 적응하지 못하면 낙오되고 소외된다는 긴장감, 항상 많은 팬들의 시선을 받고 있다는 스트레스, 일반 대중들에게 모범이 되어야 한다는 점, 그리고 인기에 영합한 과도한 사업 실패로 인한 불안감 등이 우울증으로 발전하여 감정이 풍부하고 섬세한 연예인의 성격에 견디지 못한다고 볼 수 있는 것이다.

그리고 가장 큰 이유는 '인간은 온 우주를 다 소유했어도 채워지지 않는 부분이 있는데 그것은 우주보다 더 크신 절대자신(하나님)의 임재로만이 채워진다.' 고 말한 어거스틴의 진단이 정답이라고 봐야 한다. 인간은 누구나 돈과 인기나 권력이나 명예로 채워질 수 없는 텅 빈 영역, 갈증을 품고 있는 것이다.

또한 대중 매체의 영향을 들 수 있다. 연예인들 중에 특히 연기자들의 경우 그 직업이 각본 속의 자기 자신이 아닌 역할을 연기 한다는 점이다. 매번 출연할 때마다 다른 주제의 인물로 분장하여 자신이 아닌 작품 속의 타인의 삶을 연기한다.

영화나 드라마 속에서의 죽음은 자신의 생명과는 관계가 없는 가짜 죽음이며 거듭되는 연기생활을 통하여 여러 차례의 역할과 죽음을 연기 했어도 현실 속에서는 아직 살아있다는 것이다. 연기자들에게 가상의 세계와 현실의 세계가 구분되지 못하는 착각에 빠질 경우 심각하게 지각하는 판단력이 결여 될 수가 있다.

"사람이 한번 죽는 것은 정한 것이요 그 후에 심판이 있으리라"는 인생은 일회용으로 드라마처럼 다시 반복 할 수 없다는 변할 수 없는 사실을 혼동 할 수가 있다는 점이다. 게임이나 운동경기 그리고 드라마에서는 마음에 안 들면 다시 시작할 수 있지만 현실은 기회가 영영히 없다는 것을 심각하게 주목하지 못한 까닭이라고 볼 수 있다.

박용하 군은 그 수려하고 단아한 자신의 용모도 세계적으로 받았던 스포트라이트도, 일본 중국 등의 수많은 팬들도, 자신과 어떤 교류나 대화가 불가능한 다른 영역에 존재하게 되며 다시 되돌릴 수 없다는 이 엄숙한 사실을 인지하지 못했기 때문이라 볼 수도 있다.

그밖에도 게임중독 시대에 살고 있다는 점이다. 영화나 드라마도 그렇지만 또 다른 가상의 세계가 컴퓨터 속의 게임의 영역이다.

이 희한한 세계에 현실이 함몰되면 과연 자신이 어느 영역에 속해 있는지 어디가 진짜인지를 혼돈하게 되고, 그리고 게임 속에서 상대방을 수없이 죽이고 자신도 죽음을 경험하기도 하고 승리의 만족과 패배의 아쉬움을 거듭하고 그리고 마음에 들지 않으면 언제든지 다시 시작할 수 있음을 경험했으니 현실의 삶과 생명도 그와 비슷하게 생각하고 자살을 심각하게 생각하지 않았기 때문이기도 하다.
박용하 군이 그리스도인이 아니라는 것이 왜 이렇게 안타깝고 마음이 아픈지 모르겠다. 누군가 그의 33년의 일생동안 그의 곁에서 복음을 제시해 준 사람이나 기회가 왜 없었을까.

육신을 벗고 나면 회개의 기회도 영접의 기회도 영원히 주어지지 않고 준엄하고 서릿발 같은 공의의 심판만이 기다리고 있다는 것을 누군가 전해 준 사람이나 기회가 없었는가 하는 아쉬움이 밀려온다.

그가 복음을 영접하지 않고 구원받지 못했다면, 그는 숨을 멈추고 육신을 벋는 순간 이와 같은 놀라움에 슬피 울며 가슴을 치며 비명을 지르며 아무리 긍휼과 용서를 구해도 다시

는 기회가 주어지지 않고 전혀 무익하다는 것을 비로소 깨닫
게 될 것이다.

필자는 그의 그 젊고 단아한 용모에 담겨 있던 그의 영혼이 얼
마나 가련하고 불쌍한지 슬픔과 아쉬움이 목에 걸려 넘어가지
를 않는다.

2010. 7. 3

36. "내가 어린아이의 일을 버렸노라"

1. 무한 광대하신 초월자 하나님.

지구는 1억 4,900만 키로 밖의 태양을 하루 한 바퀴씩 자전하면서 365바퀴를 돌아 제자리에 돌아올 때 비로소 일 년이 된다고 한다. 우주선은 1초에 8Km를 달린다고 하는데 지구의 그 회전속력이 1초에 30Km라고 하니 팽이같이 빨리 돌고 있는 것이다. 만일 우주선을 타고 대기권 밖에서 팽이처럼 돌아가는 지구의 속력을 느낄 수 있는지, 없다면 하나님께서 도대체 어떻게 그렇게 하실 수 있는지 신기하고 오묘하다는 생각이 들지 않겠는가.

 2. 그분의 섬세하신 사랑

이와같이 무한 광대하신 그분께서 참새 한 마리 들꽃 한 송이도 바다 속 어린 물고기 한 마리도 생명을 주시는 그 섬세하심이 놀랍고 우리의 머리카락도 세시는 세밀하심이 놀랍고 더 놀라운 것은 자기 형상대로 지으신 인간들의 작은 신음소리에도 귀를 기울이시고, 캄캄한 지하실에서 번쩍 스쳐간 생각 한 조각도 놓치지 않고 똑똑히 기억하신다니 참으로 놀라운 일이 아닌가.
여자의 난자에 정자가 수정되는 그 순간부터 그 생명을 온 우주보다 더 소중하게 여기심이 놀랍고, 그 생명에 주신 영혼을 사랑하셔서 멸망하지 않도록 구원의 길을 예비하심이 더욱 감격스럽다. 그분께서 우리 인생을 향해 "너는 내 하나뿐인 독생자를 네 대신 죽게 희생시켜서 너를 구원하였다. 너는 내 독생자를 주고 바꾼 소중한 존재란다" 라고 우리 귀에 쟁쟁히 말씀하심이 또한 감격스럽고 놀랍다.

3. 기도 듣기를 좋아하시는 속성.

그분은 우리에게 "구하라 찾으라. 두드리라"고 기도를 주문하시고 독려하신다. 그분에게 전지전능, 무소부재, 영원하고 거룩하심, 사랑과 공의 등 다양한 속성이 있지만 필자는"기도를 듣기 좋아하시는 분" 이라는 이 속성을 너무 좋아한다.

여호수아의 간청을 못 이기시고 태양을 중천에 머물게 하시던 일, 히스기야의 눈물기도를 보시고 뜻을 돌이키시는 마음 약하신 하나님, 소돔을 멸하실 때 아브라함의 중보기도를 듣고 5번이나 망설이시고 아브라함의 기도에 타협하여 뜻을 돌이키시던 그 분, " 나는 저를 도무지 알지도 못한다." 고 세번 부인하는 베드로를 측은한 눈으로 돌아보시던 주님은 어찌 그리 사랑과 선하심이 풍성하신지 그분을 알면 알수록 좋아질 수 밖에 없고 그 크신 사랑에 가까이 다가가면 갈수록 점점 작아지는 내 모습에 감격스러움을 고백하게 된다.
"오! 주님! 주의 이름이 어찌 그리 아름다우신지요? "

4. 어린아이의 일을 벗어버리라

바울 사도께서는 (1) "내가 어렸을 때에는 말하는 것이 어린아이와 같고, 깨닫는 것, 생각하는 것이 어린아이와 같다가 장성한 사람이 되어서는 어린아이의 일을 버렸노라"라고 고백하시고 (2) "지금은 거울을 보는 것같이 희미하나 그날에는 얼굴과 얼굴을 마주 볼 것이요 주께서 나를 아신 것같이 내가 주를 알게 되리라"고 하신다. (3) 이 성숙한 고백에 앞서 전제 하시기를 "다 사도겠느냐 다 선지자겠느냐 다 병 고치는 은사를 가진 자겠느냐 너희는 더욱 큰 은사를 사모하라"고 하시며 (4) "내가 사람의 방언과 천사의 말을 할지라도 소리 나는 꽹가리와 같고, 예언하는 능이 있고 모든 지식과 비밀을 알고 산을 옮길만한 믿음이 있어도 아무것도 아니며, 내가 내게 있는 것으로 구제하고 내 몸을 불사르게 내어 줄지라도 아무 유익이 없다고" 하시며 (5) 온전하고 성숙한 신앙이란 "오래 참고 온유하고, 무엇이든지 참으며(어떠한 경우에도 인내하며) 무엇에든지 믿으며(어떠한 경우에도 믿음을), 어떠한 경우에도 소망을 가지고 견디는 것"이라고 하신다.

시냇가의 심기운 나무가 가뭄에도 시들지 않음 같고, 정금은 그 순수함을 영원히 변치 않음같이 믿음이 한결같고 성품이 한결 같이 주를 닮은 것이 어린아이의 일을 벗는 것이다.

어렸을 때 딱지치기 구슬 따먹기가 성공이었는데, 지금은 지위나 권세, 수천억의 돈이나 부동산을 성공이라고 맘몬의 신을 숭배하고 있지는 않는지 스스로를 진단해 보고 이제는 그 어린아이의 일을 벗어버리고 거룩한 성공과 가치를 사모해야 한다.

과연 지금 우리를 예수님과 겹쳐 놓는다면 얼마나 그분과 닮았을까. 부모가 친자확인을 했더니 다른 유전자가 나왔다면 그는 자기 자식이 아닌 것처럼 그날에 주님 앞에 우리가 겹쳐질 때『내가 너를 도무지 알지 못하니 불법을 행하는 자여 내게서 떠나가라!』하신다면 이보다 더 큰 슬픔과 비극이 어디 있겠는가.

우리는 날마다 거듭거듭 착각 속에서 깨여나야 한다. 나는 얼마나 눈멀고 가련하고 곤고하고 벌거벗고 초라한 모습인가를 발견해야 한다. 그 눈(영)이 맑아지면 자기 모습을 볼 수 있는 것이다. 이것을 볼 수 없다면 그는 영적 감각이 마비된 빈곤하고 초라한 영혼일 것이다.

5. 새로운 두 가지 율법

1> 십자가의 법

내가 한 법을 깨닳았노니 『(1) 무릇 내게 오는 자는 자기 부모나 형제나 자매와 자기 목숨까지 미워하지 아니하면 나의 제자가 되지 못하고 (2) 자기 십자가를 지고 좇지 않는 자도 제자가 되지 못하고 (3) 자기의 모든 소유를 버리지 아니해도 내 제자가 되지 못하며 이를 실천하지 못하면 (4) 소금이 맛을 잃으면 무엇으로 짜게 하리요 아무 쓸데없어 내어 버리느니라.』 (눅14장) 하신다.

예수를 영접하고 구원 받기는 쉽지만 그 구원을 성취하고 거룩함으로 가는 길은 절대로 쉽지 않은 것이다. "나는 날마다 죽노라"하는 바울의 비명이 들려야 비로소 시작되는 것이다. 예수께서 거듭 강조하시기를 "아무든지 나를 따라오려거든 필연적으로 통과해야 하는 단계가 자기를 부인하고 자기 십자가를 지고 나를 좇을 것이라고" 하셨는데 우리가 통과해야 하는 십자가는 죄인이 벌거벗겨져 수치를 당하고 마침내 고통으로 죽고 마는 가장 두려워하는 형틀이다.

우리는 우리 내면에서 끊임없이 거듭 살아 일어나는 정욕적이고 육신적인 白我를 날마다 거기에 못 박아야 비로소 예수의 생명이 흘러나오게 되는 것이다. 이 과정을 통과하지 아니하면 누구든지 제자가 아니며 아직 어린아이에 머물고 있는 것이다. 이 거룩한 예수의 생명이 흘러나오게 하는 새로운 십자가의 율법에 우리자신을 적용하자.

2> 성령의 법
"너희가 육신대로 살면 반드시 죽을 것이로되 영으로 몸의 행실을 죽이면 살리니 성령의 인도함을 받는 그들이 곧 하나님의 자녀이며 "육신의 생각은 사망이요 영의 생각은 생명과 평안이며" 그리스도 예수 안에 있는 생명의 성령의 법이 죄와 사망의 법에서 너를 해방하였다" 하신다.

그리스도인이라면서 아직도 벗어나지 못하는 모든 육체의 일들, 곧 우상숭배와 탐심과 교만과 음행 등 하나님을 슬프시게 하는 부끄러운 죄악들은 성령의 법을 거절하고 자기욕심을 따라 행하기 때문이 아니겠는가.
정상적인 예수의 사람이라면 자기 생명과 손에 잡고 있는 사탕봉지를(주신 모든 달란트) 겸손하게 주님 발 앞에 내려놓고 자기의 삶의 전체를 전폭으로 성령님께 위임하는 것이며 성령의 법을 따르는 것이다.

우리가 지금 손에 들고 있는 소중한 모든 것들은 육신의 기한이 다할 때가 되면 티끌 한 점도 내 것이 아닌 것임을 솔직히 인정하라. 날마다 거듭 성령님께 위임하는 훈련을 반복하라. 이것이 거룩함에 이르는 새로운 생명의 법, 성령의 율법인 것이다.

선교 100년이 지난 한국교회여! 이제는 어린아이의 일을 벗어버려야 한다. 그리스도의 향기가 아닌 악취를 풍기는 짓을 그만두라. 이제는 어둠을 밝히는 산위의 등대가 되고 신선한 맛을 내는 소금의 역할을 회복하자.
그리하여 뜻이 하늘에서 이루어 진 것같이 땅에서도 이루어지는 우리 모두 주님을 본받은 작은 예수가 되어 가자.

37. 체력관리, 그 거룩한 사역

인생의 가장 큰 죄는 삶의 낭비, 즉 인생을 허비하는 것이다. 앙리 샤리에프의 일생을 영화화한 빠삐용에서 주인공역인 스티브 맥퀸은 남미 가이아나 유배지에서 자유를 향한 끈질긴 탈출을 시도하다가 체포되어 빛이 차단된 독방에서 서서히 죽어가고 있었다. 탈옥하다 먼저 죽은 동료들이 손짓하여 부르는 죽음의 벌판 저편에 재판관이 앉아 그를 향해 "네 죄를 아느냐?"고 큰 소리로 묻는다. "아닙니다. 나는 뚜쟁이를 죽이지 않았습니다." "그 죄 말고...." 잠시 후 빠삐용은 고개를 숙이고 "예, 저는 죄인입니다."라고 중얼 거린다. 살인죄보다 더 큰 인생을 망쳐버린 죄, 희망을 상실하고 삶을 허비한 죄를 인정하는 장면이 매우 인상적 이였다.

우리가 이 땅에 살아 있다는 사실은 누구를 막론하고 행운인 것이다. 삶이 기회이며 축복임을 알지 못한다면 그는 참으로 불행한 사람이다. 만일 하나님께서 허락하신 무한한 가능성이 주어진 각 사람의 삶을 자살이나, 또는 살인으로 차단한다면 이것은 큰 죄악이다.

'삶은 소중한 것이며, 삶은 기회이며 축복'임을 모든 사람이 알았으면 좋겠다. 성경은 "세월을 아끼라 때가 악하니라"(엡 5: 16)라며, "게으르고 악한 종"이라며 시간을 낭비하고 게으른 것이 악한 것이라고 말씀한다.

인생을 어떻게 사용해야 할지를 심각히 고민해야 한다. 생명을 주신 그분 앞에 결산할 때 우수한 평가를 받을 수 있는 인생을 살아야 한다. 왜냐 하면 '인생의 종말에 이르러 잘못된 삶을 살아왔다는 것을 깨닫는 것은 가장 비참한 것'이기 때문이다.

소설이나 드라마에는 언제나 주인공과 조연이 있다. 조연은 언제나 주인공을 돋보이게 하면서 작품을 이어간다. 창세 이래에 구원받은 사람보다 구원받지 못한 사람이 훨씬 더 많다는 사실을 우리는 어떻게 이해해야 하는가.

하나님께서는 "창세전에 그리스도 안에서 우리를 택하셨고, 그 기쁘신 뜻대로 우리를 예정하셨으며"(엡1:3-6), "하나님이 미리 아신 자(예정된 자)들로 자기 아들의 형상을 본받게 하기 위하여 미리 정하셨고 이제는 그(그리스도)로 많은 형제 중에 맏아들이 되게 하려 하심이라"(롬8:29) 하셨으니 창세전에는 예수님께서 하나님의 독생자이셨으나 이제는 맏아들이 되셨고 우리들은 둘째 아들, 셋째 아들들로 하나님의 상속자가 된 것이다.

택함 받은 자란 말은 택함 받지 못한 자가 있다는 전제이다. "하나님은 긍휼히 여길 자를 긍휼히 여기고 강퍅케 할 자를 강퍅케 하신다."고 하셨으니 구원받지 못한 사람들은 하나님의 선택 받지 못한 버림받은 영혼들이며 구원받은 우리를 돋보이게 하는 엑스트라, 조연역할을 하고 있는 것이라 믿는 것이 나의 신앙관이다.

하나님은 영원 전부터 우리는 계획하셨다. 그리스도가 하나님의 사랑의 아들이시고 천국의 상속자인 것처럼 우리도 그 분의 상속자이며 자녀로 예정하신 것이다.

우리에게는 세상과 육체가 하나로 연결되어 있다. 세상이라는 무대에는 육신이라는 옷을 입고 연기해야 하기 때문인 것이다. 육신이라는 옷을 입지 않고는 세상이라는 무대에 결코 설 수 없는 것이다. 우리는 아직 육체라는 몸에 머물고 있는 것이며 그 몸으로 행한 것을 따라 받게 되는 것이다. 사람은 몸에 머물 동안에만 사명을 감당 할 수 있고 자기를 효과적으로 사용할 수 있는 것이다. 육체를 벋은 후에는 이 거룩한 사역에 티끌 한 점도 더 할 수 없다는 것은 엄숙한 현실이다.

이것을 알았다면 정신을 차리고 분초를 아끼며 최선을 다하는 삶을 살아야 하는 것이다. 우리가 일할 수 있는 무대는 이 세상, 이 땅에 머물 동안뿐이기 때문이다. 그러니 살아있다는 것이 기회이며 축복이며 행운인 것이다.

바울께서는 "육체 가운데 있을 때 하는 일이 내 일의 열매일진대 무엇을 가릴는지 알지 못하겠노라" (빌1: 22)하신 것이다. 아직 주님이 명하신 사역을 실천할 수 있는 이 세상에 내가 머물고 있다는 것, 육체라는 도구를 사용하여 일할 기회가 남아 있다는 것은 고귀하고 놀라운 은총인 것이다.

우리는 육체라는 도구를 가장 효과적으로 사용해야 한다. 만일 속사람이 육신을 종노릇하게 못하면 육체가 주인행세를 하며 속사람을 괴롭힐 것이다. 이 육신을 잘 사용하기 위하여 과로하여 손상하지 말고, 술 담배로 해악하지 말고, 스트레스 받아 병들게 하면 안 되며, 충분한 유지 관리와 보수를 하여 최대한 장수하면서 건강하게 더 많은 일을 해야 하는 것이다

몸은 쾌락과 음행의 도구가 아니며 성령이 거하시는 성전이며 썩을 것으로 심고 썩지 않을 것으로 거두는 한 알의 밀알이기도 하다. 나이가 들면 누구든지 매일 정기적으로 육체의 건강을 관리해야 한다. 충분한 휴식과 충분한 영양이 건강에 필요한 것같이 정기적으로 시간을 할애하여 체력을 위한 운동을 해야 한다.

우리는 모세처럼 120세까지 눈빛이 흐려지지 않고 장수 할 수 있다. 그리고 숨 거둘 때까지 팔팔하게 사역해야 한다. 그때까지 활발하게 사역을 감당하고 싶다면 하루 2시간이상 운동을 해야 한다. 그 어떤 소중한 것이 있더라도 몸을 위한 운동시간을 침해해서는 결코, 결코 안 된다고 단정하라.

체력관리가 거룩한 사역의 첫 번째인 것이다. 아무리 많은 지식과 영력이 있고, 수천억 원의 재산을 소유했어도, 그리고 만인의 존경받는 명예와 지위를 가졌다 할지라도 육신의 건강이 따라오지 못한다면 이 모든 것이 다 무용지물이 될 것이다.

더 많이, 더 크게 사역하고 싶어도 전혀 불가능 하다는 것을 명심해야 한다. 나이가 들수록 주를 위한 거룩한 사역의 최우선 순위를 건강관리에 두어야 한다. 하루 2시간 이상을 몸을 위하여 배정하지 않았다면 이는 큰 손실이라는 것을 명심하자. 어떤 일이 있어도 몸을 위하여 그 시간을 양보하지 않아야 한다. 그러므로 체력관리는 거룩한 사역인 것이다.

우리가 악하고 게으른 종이란 책망이 아니라 착하고 충성된 종이란 칭찬을 받아야 한다. 과연 우리는 그 분 앞에 설 때에 어떤 평가를 받게 될 것이라 생각하는가.

2008. 8. 19

38. 후반전에 승리하라

 2002년 6. 29일 오후 8시 월드컵 대구 경기장에서 터키와의 3-4위전이 시작되기 전 터키 국가가 연주 될 때 응원석에서는 대형 터키 국기가 펼쳐지고 있었다. 잠시 후 애국가가 연주 될 때 펼쳐진 태극기보다 터키 국기가 훨씬 더 컸었다. 6.25 전쟁 때 15,000명 군대를 파병하여 800명 사망 2,200명 부상 1,000명 행방불명된 한국의 자유를 위해 싸워 준 그 고마움에 대한 우리 국민들의 오랜 감사의 표시를 그렇게 보여주고 있었다.

그 장면은 모든 TV와 인터넷 등 방송매체를 통하여 전 세계에 고스란히 다 방송 되면서 대한민국 국민들의 의식수준과 페어플레이정신을 보여주는 놀라운 순간이 되었다. 이후 한국 사람들이 터키를 여행하면 가는 곳마다 친 형제처럼 환대하고 친절하게 대해 준다고 한다.

그 경기에서는 비록 우리가 졌지만 은혜를 잊지 않는 국민수준과 상대팀을 배려하는 따듯한 모습은 세계가 주목하게 되었고 그 경기에서는 비록 졌지만 승리한 경기였다. 이보다 앞서 6, 18일 대전경기장에서 이탈리아와 16강 연장전에서 안정환 선수의 헤딩 결승골은 우리 국민들을 열광시킨 감격의 순간이었다.

이와 같은 감격의 역전승이 스포츠경기에서 목격할 때가 있다. 특히 야구경기에서 9회 말 투 아웃에서 결승 만루 홈런을 쳤다면 선수 당사자들만 아니라 야구장을 찾은 관중들에게 벅차고 짜릿한 승리의 쾌감을 맛보게 할 뿐만 아니라 세파에 시달리고 낙망한 사람들에게 삶의 희망을 도입하게 한다.

여기서 필자는 이런 감동이 운동경기에서만 아니라 우리의 삶 속에 실현되었으면 좋겠다는 생각을 해 본다.

성서에서 모세는 40세에 애급정권의 준비된 후계자였다. 그러나 실수와 실패를 통과하면서 80세에 광야에서 절망의 노후를 보낼 때 호렙산 떨기나무 불꽃 앞에서 일생에 대 전환점이 맞는다. 여호와께서 그의 선민 이스라엘 백성들을 애굽의 학정에서 해방하여 가나안으로 인도하라는 신탁의 명령을 주고 절망에서 신음하는 자기 백성들을 이끌고 희망의 나라로의 행진이 시작된다.

모세는 그때부터 율법의 수여자가 되고, 이스라엘 민족의 정체성을 확증하고 의식을 전환시키는 권면의 신명기 말씀을 설교하고, 성서의 대 역작 모세오경을 남기는 위대한 후반전에 승리한 모델이 되었다. 이와 같은 후반전에서의 놀라운 역전승은 실패하고 낙심한 사람들을 향하여 아직 경기가 끝나지 않았다고 후반전이 남아 있다고 포기하지 말라고 메시지하고 있다.

이미 성공 했다고 자만하지 말고 지금 잘 나간다고 으스대지 말라고 마지막이 좋아야 한다고 승리는 최후의 5분간에 있다는 음성을 들려주고 있다. 누구든지 후반전이 빛나는 삶을 살아야 한다. 지금 성공했다 자만하는 사람들을 향하여 마지막 하나님이 평가 할 때까지 겸손히 최선을 다하라고 한다. 한국의 지성을 대표하는 이어령 교수, 어느 날 갑자기 울린 전화 벨소리는 영성으로 문을 열고 들어서게 하는 숙명의 벨소리였다. 가장 사랑하는 딸 민아가 실명의 단계라는 비보였다. 항상 안 좋은 소식은 아빠 엄마 걱정 하신다고 시간이 지난 후 이렇게 늦게 전해 졌었다.

부부가 화급히 날아간 하와이의 풍경은 눈부실 정도로 아름다웠다. 그는 공항을 내리면서 "오 하나님! 민아가 이 눈부신 세상을 그리고 내 얼굴, 제 엄마 얼굴을 볼 수 없다니 너무 하십니다. 당신을 그렇게 믿고 따르는 딸에게 왜 그렇게 시련을 주십니까. 아픈 아들 때문에 눈물이 마르지 않았는데 무슨 눈물이 남아있기에 또 울리십니까" 원망이 섞인 절규로 부르짖고 있었다.

환한 웃음으로 부모를 맞은 딸은 "걱정 마세요 늘 밤이라 생각하면 되지요 어느 목사님은 어려서 실명하셨지만 더 많은 것을 볼 수 있다고 하셨어요. 엄마 아빠 목소리 듣고 이렇게 냄새를 느끼고 있어요. 난 아무렇지도 않아요" 하는 말은 그의 가슴에 슬픔으로 파고든다. 열린 문틈으로 찬송을 부르며 성경을 펴놓은 모습을 보며 "이 바보야 노래가 나오냐, 책이 읽혀지냐!" 고함을 치고 싶었다 한다.

주일에 교회를 같이 가자고 하여 무엇이든지 해주고 싶었기에 처음 따라 나선 초라한 원주민 교회, 거기서 찬양하는 가난한 원주민들을 보면서 "하나님 민아를 위하여, 그리고 저들을 위하여 당신은 꼭 계셔야만 합니다. 이 찬란한 빛과 아름다운 풍경 생명 넘치는 세상, 당신이 만드시지 않았습니까. 그런데 왜 그 빛을 당신의 딸 민아에게서 거두려 하십니까. 만일 민아가 볼 수 있게만 하신다면 오늘 본 내 얼굴을 내일 다시 볼 수만 있게 하신다면 저의 남은 생을 주님께 바치겠습니다." 그의 절규는 서원 기도였고 그의 눈은 젖어 있었고 무릎은 땅에 닿아 있었다.
그렇게 그의 찬란한 후반전은 시작되었고 2007. 7. 24일 세례를 받고 74세에 비로소 영성의 문지방에 올라선 그리스도인이 되었다. 그리고 불과 40일 후 딸 민아가 그렇게 신유(병 고침)를 위하여 눈물로 기도했던 외손자 유진이가 25세 생을 마쳤을 때 혹시 손자를 잃고 아버지 믿음이 흔들리지 않을까 기도하는 딸에게 이런 시가 배달된다.

사랑하는 훈우(薰雨)에게
얼마나 큰 슬픔이었기에
너 지금 저 많은 빗방울 되어
저리도 구슬피 내리는가.

한강으로 흐를 만큼
황하를 채울 만큼
그리도 못 참을 슬픔이더냐.
창문을 닫아도
다시 걸어도
방안에 넘쳐나는 차가운 빗발
뭔가 말하고 싶어
덧문을 두드리는 둔한 목소리….

그는 오히려 딸을 위로하는 시를 보냈다. 그는 오병이어를 읽고 그리스도에게 모여든 수많은 군중들이 썩지 않고 영원히 목마르거나 주리지 않는 생수와 양식이 곁에 있어도 알지 못하고 썩을 양식을 얻으려 모여든다고 진단한다.

그리고 그리스도교 원리는 버리는 것이라고 가족을 버리고 고향을 버리고 친척과 형제와 이웃을 버리고 재물과 자기 생명까지 버리지 않으면 그리스도의 제자가 아니라고, 내려놓지 않으면 맛을 잃은 소금과 같아서 사람에게 밟히게 된다고, 그리스도께서는 하늘의 영광은 버리고 자기 생명까지도 버리고 십자가에서 만신창이가 되도록 갈기갈기 찢어지면서 자신을 버리셨다고 초심을 잃은 한국교회를 향하여, 지도자들을 향하여 메시지 한다.

낮아지지 않으면 높아질 수 없고 버리지 않으면 얻을 수 없다는 이 역설(paradox)의 진리를 놓쳐버린 한국교회를 향하여 너무 많이 소유하고 있는 교회를 향하여 썩을 것을 버리라고 내려놓으라고 심령이 가난한자가 되어야 한다고 경고한다.

그는 나중 된 자로 먼저가 되었고 연장 후반에 역전 골, 9회말 투 아웃에서 역전 홈런을 치는 빛나는 삶이 되어가고 있다.

2010. 7. 19

39. 십자가를 거부하는 한국교회

312년 콘스탄틴은 서 로마의 황제 막센티우스(Maxentius)의 강력한 군대와 로마 테베레강 밀비안 다리 전투(the Battle of Milvian Bridge)에 직면하게 된다. 그는 바벨론시대부터 전해오던 전쟁에 갈림길에서 화살들을 흔들어 우상에게 묻기도 하고 제물로 죽인 짐승의 간의 색갈을 살피는 점(占)에서 이번 전투에서 패배한다는 점괘(占卦)를 얻는다.

불안해하던 그가 그날 밤 꿈에 하늘에 닿는 빛나는 십자가와 함께 전쟁에서 승리할 것이라는 문자를 보았다. 이에 콘스탄틴은 312년 10월 28일 병사들은 깃발과 방패에 십자가를 그려 넣고 진군하여 전투에서 승리했으며 마침내 313년 통일 로마제국의 황제로 등극하게 된다. 여러 가지 불리한 전세에도 불구하고 승리한 그는 하나님의 도우심이라고 믿었고 313년에 기독교를 공인하는 밀라노 칙령을 내렸다는 기록이 있다. 십자가, 십자가가 그에게 승리를 준 것이다.

기독교의 십자가처럼 이슬람에서는 초승달이 그들의 상징이 된 이유는 무하마드가 사우디아라비아 메카의 히라동굴에서 알라의 첫 계시를 받은 밤하늘에 초승달이 떠 있었다고 한다. 이 때문에 대부분 이슬람 사원의 첨탑에는 초승달이 걸려있다.

불교의 표상은 만(卍)자가 표시되어 있는데 이것은 예로부터 석가모니불상이나 보살상의 가슴에 부처님의 마음을 찍는 불교 도상에 유래된 불심인(佛心印)에서 비롯되었으며 이는 '부처님의 마음이 이 한 곳에 있다' 는 믿음을 갖고 있던 불자들의 신앙의 표상이다. 기독교는 십자가가 그 상징이다. 교회당 종탑마다 카토릭 성당 지붕 꼭대기에도 영락없이 십자가가 있다. 심지어 적십자기에도 적색 십자가가 있다. 그러면 기독교의 상징인 십자가는 무슨 의미가 있을까. 그 중요한 두 가지 의미를 살펴보겠다.

십자가는 원래 로마시대 이전부터 반역 죄인이나 흉악범들을 죽일 때 사용하는 사형도구였다. 죄인을 십자가 나무 형틀에 못 밖아 산채로 매달려 죽게 하는 것이다. 하늘과 땅 사이 공중에 매달아 처형하는 끔찍한 사형 집행도구가 왜 지금은 평화와 사랑, 교회와 적십자의 상징이 되었을까가 궁금하다.

"그런즉 누구든지 그리스도 안에 있으면 새로운 피조물이라 이전 것은 지나갔으니 보라 새것이 되었도다"(고후 5장 17절) 누구든지 무엇이든지 그리스도의 복음을 통과하고 십자가로 걸러지고 나면 좋은 것으로 변화되는 요술방망이 같은 것이 십자가이다. 십자가를 통과하면 죄인이 변하여 의인이 되고 십자가로 걸러지고 나면 지옥 백성이 변하여 천국백성이 되고 죄의 종이 의의 종으로, 마귀의 자식이 하나님의 자녀가 된다. 가난이 부요로, 슬픔이 기쁨으로, 미움이 사랑으로, 질병이 건강으로 사망이 생명으로, 구약이 신약으로, 문명화와 인권과 여성인권의 존중으로 변화된다. 사형집행 도구였던 십자가가 예수께서 매달려 생명을 내어주고 피 흘려 죽으심으로 예수께서 통과하고 난 후 예수로 걸러지고 난 후 십자가는 평화와 화해와 용서와 사랑의 상징으로 변화되었다.

예수께서 십자가에서 하나님과 죄인 사이에 속죄제물(贖罪祭物)로 처형 당하셔서 인간의 모든 죄와 저주를 도말하는 제물이 되셨다. 피 흘려 생명을 내어 주고 죽으심으로 모든 인류의 죄와 저주를 짊어지고 다 쓸어안고 단번에 처리하셨다. 한 손에 하나님의 손을, 한 손에는 인류의 손을 잡고 연결고리가 되셔서 하나님과의 화해를 성취하셨다. 인류의 모든 죄의 짐을 다 벗겨 놓으셨다. 죄의 사슬을 끊고 의의 신분을 획득하게 하셨다. 마지막 "다 이루었다!" 하실 때 하나님과 인간 사이의 완전한 회복을 성취하셨다. "그의 십자가의 피로 화평을 이루사 만물 곧 땅에 있는 것들이나 하늘에 있는 것들이 그로 말미암아 자기와 화목하게 하셨고." (골로새서 1:20) "우리를 그 앞에 거룩하고 흠 없고 책망할 것이 없는 자로 세우고자 하셨으니" (22절) 이것이 십자가의 첫 번째 역할이고 의미이다.

이제 언급하는 두 번째 의미가 중요하다. 한국교회는 아래 두 번째 십자가를 놓쳐버렸다. 아니 거부하고 있다.

"너희가 나를 따라오려거든 자기를 부인하고 자기 십자가를 지고 따르라 제 목숨을 구원코자하면 잃을 것이요 나를 위하여 제 목숨을 잃으면 찾으리라"(마16: 24) "부모나 처자나 형제나 자매를 자기 목숨까지 미워하지 아니하면 능히 나의 제자가 되지 못하고 자기 십자가를 지고 나를 따르지 않는 자도 능히 나의 제자가 되지 못하리라"(눅14:26-27)

예수께서는 근본 하나님의 본체시나 하나님과 동등 됨을 여기지 않으시고 자기를 비어 종의 형체를 가져 사람이 되셨고 죽기까지 복종하심은 자신의 뜻을 버리고 하나님의 뜻을 성취하려 하심이었다. 그 흉악한 사형 집행 도구인 십자가에 스스로 올라가 매달려 부끄러움과 수치와 고통과 피 흘리심과 생명까지 포기하심이 없었다면 구속의 사역, 인류구원과 속죄의 사역은 없었을 것이다.

그러므로 누구든지 예수를 따르는 예수의 제자라면, 성공과 풍요의 단물만 추구는 사기꾼 같은 행위를 벗어버려야 한다. 그리스도처럼 하나님의 목적을 성취하기 위하여 자기를 부인하고 자기를 희생해야 한다. 수치와 고통을 통과하고 피 흘리고 목숨을 내어 주는 십자가를 자기 삶에 적용하지 않는다면, 이것을 거부하고 회피한다면 그는 예수를 따르는 자가 아니고 예수를 이용하여 자기 목적을 달성하려는 사기꾼(삯꾼)에 지나지 않는다. 예수의 사역자, 예수를 따르는 자라면 예수께서 가신 길을 따라가는 작은 예수가 되어야 한다.

예수께서는 하나님의 뜻을 성취하기 위하여 그 사랑을 실천하기 위하여 자기 의지를 내려놓고 자신을 낮추고 고난과 수치와 아픔과 피 흘림과 죽음에 십자가를 거부하지 않았다. 스스로 그것을 선택 하셨다. 그래야 하늘에서 나라가 이루어진 것 같이 땅에서도 이루어지기 때문이다. 바울은 "내가 예수 죽인 것(십자가)을 내 몸에 짊어짐은 예수의 생명이 이 죽을 육체에 나타나게 하려 함이라"(고후 4: 10)고 고백했다. 이것이 주의 뜻을 이루기 위하여 자신의 욕망이나 의지를 포기하는 것이다. 이것이 첫 번째 십자가 공로로 죄 사함 받고 구원받은 성숙한 그리스도인에게 부탁하신 명령이며 뿐만 아니라 그 다음에는 그리스도께서 부활하신 것 같이 승리의 영광이 따라오기 때문이다. 이것을 거절하는 자는 제자가 아니고 하나님의 목적과는 관계가 없는 악한 자이다.

본래 사람의 의지와 욕망과 사상은 하나님과 대치하고 대립한다. 바울은 "나의 행하는 것을 내가 알지 못하노니 원하는 이것을 하지 않고 원치 않는 그것을 함이라 내 속사람으로는 하나님의 법을 즐거워하되 내 지체 속에서 또 다른 법이 나를 죄의 법 아래로 이끌어 가는 것을 보는 도다 슬프다 나는 곤고한 사람이로다 누가 나를 이 사망의 몸에서 건져내랴"(로마서 7:15-) 고 탄식하고 비명을 질러댔다. 그리고 "내가 내 몸을 쳐 복종케 함은 내가 남에게 전파한 후에 내 자신이 도리어 버림을 당할까 두려워함이라"(고전 9: 27) "나는 날마다 죽노라"(고전 15: 31) 고 고백했다.

이와 같이 자기를 부인하고 자기 십자가를 지는 자기극복이 복음의 핵심이요 성숙한 그리스도인이 되고 성화된 제자가 되는 핵심적인 요소인데 풍요와 성공이라는 맘몬의 우상을 숭배하고 십자가를 부인하고 경홀히 여긴다면 이는 예수님의 죽으심을 욕보이는 패륜이며 심각한 배임행위이다.

오늘 한국교회는 이 십자가를 거부하고 있다. 아니 주목하고 싶지 않은 것이다. 왜냐하면 이는 아프고 고통스럽고 육신적으로 손해 보는 일이기 때문이다. 어찌 이런 일이 있을 수 있는가. 필자는 두 가지를 제안한다.

첫째, 육신이라는 노예를 잘 훈련하고 종노릇하게 하자. 그리하면 주인도 복을 받고 종도 역시 복을 받는다. 둘째, 살인자가 되자. 자기와의 싸움에서 자기를 죽이는 살인자가 될 때 비로소 예수의 생명이 흘러나오고 하나님이 원하는 일이 성취된다.

오늘날 한국교회는 성령 충만, 아홉 가지 은사, 기도응답, 형통과 성공, 사회적 지위와 명예, 다 중요하지만 십자가의 법칙을 날마다 자기 신앙에 적용하지 않으면 근본 복음의 핵심에서 벗어나는 것이다. 성숙한 그리스도인이라면 주어진 모든 것들을 다 내려놓고 날마다 자기를 부인하고 그리스도를 닮은 그리스도처럼 삶을 사는 제자가 되어야 한다. 십자가는 자기를 포기하는 장소이다. 부모처자, 형제자매, 자기 목숨까지 포기해야 하는 곳이다.

성령의 감동하심에 순종하기 위하여, 하나님의 기쁨을 위하여, 화해와 용서와 사랑의 실천을 위하여, 하나님 나라의 성취를 위하여, 공동체를 위하여 육신의 생각을 버리고 영의 목적을 달성키 위하여, 예수 죽인 십자가를 자기에게 적용하여 그리스도가 인류 구원을 달성한 것 같이 자신을 통하여 자신에게 주어진 시대와 이웃의 화해와 하나님 나라를 위하여 십자가를 져야 한다.

오늘날 한국교회의 수많은 분쟁과 분열과 소송들은 모두 이 십자가를 자기 삶 속에 도입하지 않고 거부하고 오로지 영광과 풍요의 열매만 따 먹으려는 고약한 욕심 때문이다. 분쟁, 소송, 다툼, 분열, 등 악취 풍기는 교회에 이 두 번째 십자가를 통과하여 걸러지고 나면 악취는 향기로, 미움은 용서로, 분쟁은 화해로, 그리고 부활의 영광으로 승화 될 것이다.

우리 모두 십자가에서 피 흘리시고 생명을 포기하신 예수님처럼 자기 십자가를 지고 자기 목적이 아닌 하나님의 나라를 이 땅에 실현하자. 바울의 고백처럼 "날마다 예수 죽인 것을 몸에 짊어지는" 진정한 그리스도인이 되자. 그리하여 그리스도의 생명이 우리 죽을 육체에서 향기롭게 흘러나오게 하자. 이것이 주께서 우리에게 주시는 경고이다.

2010. 8. 29

40. 카다피의 죽음과 웰 다잉(well-dying)

"초상집에 가는 것이 잔치 집에 가는 것보다 나으니 모든 사람의 결국이 이와 같이 됨이라 산 자는 이것을 마음에 둘 지로다" (잠언 7장 2절).

42년간 리비아를 통치하며 아프리카의 왕중 왕이라고 자처하던 카다피의 참흑한 최후의 사진과 영상들을 보면서 과연 인간의 죽음은 어떠해야 하는지를 생각하게 된다.

대부분 독재자들이나 폭군들의 죽음은 그가 살아 있을 때의 부귀영화만큼 보기 좋은 모습이 아니었다. 히틀러는 베를린의 지하 벙커에서 스스로 권총 자살했고 스탈린은 공포에 질려 허공을 향해 헛소리를 지르다 죽었고, 박정희 전 대통령은 핵심 부하의 총에 죽었고, 김일성의 경우 김정일의 실정을 질책하며 남북정상회담을 앞두고 권력주도권 갈등으로 묘향산 별장에서 충격을 받고 심장발작(심근경색)을 일으켜 사망했다.

보도에 따르면 카다피는 도망치다가 고속도로 하수구에 몸을 숨기고 있다가 끌려나오며 "쏘지 마! 쏘지 마!"하며 살려달라고 생명을 구걸하다가 머리와 가슴에 총을 맞고 즉사했다. 카다피의 죽음이 처참했던 것은 성난 병사들에게 짐승처럼 구타당하고 끌려가며 피투성이로 죽은 그 모습이 휴대전화 카메라에 고스란히 잡혀 온 세계에 방송되었기 때문이다. 상의가 벗겨지고 혈흔이 낭자한 시신이 그대로 사진 속에 담겨 있을 뿐만 아니라 그의 시신을 정육점 냉동고에 보관하고 그것을 구경하려는 리비아 국민들이 줄을 서 있는 모습은 이처럼 처참한 최후도 있구나 하는 생각이 들게 한다.

지금부터 불과 9개월 전 2011년 1월 반 정부시위가 시작되기 전 이렇게 비참한 꼴이 되리라고 누가 상상이나 했겠는가. 내일 일은 아무도 모른다. 하늘을 향하여 그리고 이웃과 인류를 향하여 인간의 도리를 다하는 가치 있는 삶을 살아야 할 것이며, 지나친 욕심이나 헛된 것에 집착하지 말아야 한다는 교훈을 인류에게 주고 있다.
카다피의 69년 인생과 42년의 그 부귀영화와 권력이 당시에는 대단했겠지만 지나고 보면 꿈꾸는 것 같았을 것이란 생각이 든다. 죽을 때까지 소지하고 있던 황금권총이나 세계 곳곳에 숨겨둔 2,000억 달러(한화 230조)의 돈이 무슨 소용이 있는가.

이번 카다피의 말로를 보면서 우리 시대를 살다 가신 장기려 박사나 이태석 신부를 대비해 본다. 가난한 자 병든 자 세상에서 아무도 관심을 가지지 않는 낮고 천한 자들에게 자신을 희생하고 그리스도의 사랑을 실천한 보석 같은 삶을 생각해 본다.

살아있는 동안 건강하게 잘 사는 것도 소중하지만 세상을 떠날 때 죽음을 아름답고 고귀하게 맞이하기 위하여 어떻게 살아야 할 가를 심사숙고해야 할 것이다. 살아있는 동안 가장 먼저 준비해야 할 일이 남은 연한(수명)을 계수하고(시편 39장) 세상 떠날 날을 준비해야 한다.

죽음은 준비된 사람에게는 거룩하고 신성한 것이다. 유한한 곳에서 영원한 곳으로 올라가는 것이며 약하고 불완전한 것을 벗고 거룩하고 영광스럽게 변화하는 것이다.

매미유충이 껍질을 탈피하여 매미로 변화하여 하늘로 날아 올라가는 것 처럼 죽음을 고귀하고 복되게 맞이해야 한다. 잠시 꿈꾸는 것과 같았던 이 세상을 떠나 영원한 영광의 세계로 가는 가장 고귀한 순간이 되어야겠다.

2011. 10. 24

41. 최근 잇따른 교계 내 교단의 소송을 보면서

감리교단의 감독회장 선거 분쟁이 1년이 넘도록 세상법정에서 소송을 하다가 최근 세상 판사들에 의하여 목사가 아닌 변호사가 감리교단 감독회장 직무대행으로 선임케 되는 이런 망신스러운 일을 목격하고 있다. 또한 한기총 대표회장 선출 자격을 놓고 벌어지는 소송도 그렇지만, 공금횡령 배임죄로 형을 확정 받은 현행범이 기하성 교단의 교단장을 하는 참람한 일들이 지금 한국 개신교단 내에서 일어나고 있다. 용서와 사랑, 화해와 양보, 그리고 섬김과 낮아짐의 기독교 기본 정신은 간데없고 세상 정치인들보다도 못하고 초등학교 반장선거만도 못한 그런 행태를 보여준다는 비난과 조롱에 얼굴을 들 수 없게 되었다.

1. 목사들의 소송을 판결하는 판검사들의 입장

우리시대의 의사, 판검사, 목사, 세 직무의 의미와 가치를 비교하여 보면 첫째 의사들에게는 좌우명으로 여기는 히포크라테스의 선서 내용이 있다, 『이제 의업에 종사할 허락을 받음에 나의 생애를 인류봉사에 바칠 것을 엄격히 선언하노라. 위 아홉 가지 서약은 자유의사로서 나의 명예를 걸고 서약을 하노라.』 라고 되어 있다. 질병으로 고통당하는 인류를 치료하여 건강을 주는 의사들의 직업은 고귀하고 거룩한 가치가 있다. 그러나 그 분들은 일반인들이 경험하지 못하는 어려움과 스트레스를 겪고 있다고 고백한다. 사람의 몸을 수술하고 병든 부위를 칼로 절제하는 외과의사, 치통환자의 입 속을 들여다보고 하루 종일 치료해야 하는 치과의사, 그 밖에 정신과, 산부인과 등 나름대로 얼마나 어려움과 스트레스가 많을까 섬김과 봉사의 사명감이 아니라면 감당하기 어려운 일인 것이다. 또한 판사나 검사들도 사람의 죄를 추궁하고 들춰내어 판결하고 벌주는 일은 그리 기분 좋은 일은 아닐 것이다. 그에 비하면 목사들은 얼마나 신선하고 거룩한 직업인가. 낙심과 슬픔과 죄로 상처받은 인생들을 생명으로 인도하고 죄 사함의 복음을 가르치고 축복의 말씀을 선포하고 그리고 감사하여 드려지는 헌금(예물)으로 살아가는 것은 의사나 판검사들과도 그 차별성은 극명한 것이다. 복음의 핵심은 윤리와 도덕보다 높은 사랑과 용서, 화해와 양보, 섬김과 낮아짐, 자신을 부인하고 생명까지 내어주어야 하는 그리스도를 닮아가야 하는 거룩한 사명이다.

이와 같은 목사들이 먹잇감을 먼저 차지하려는 짐승처럼 수단 방법을 다 동원하여 다투다가 세상 법정에서 소송을 하고 있으니 이는 『소금이 그 맛을 잃으면 아무 쓸데없어 밖에 버리어 사람에게 밟히는』꼴이 되어 버린 것이다. 혹시 판검사들 가운데 이와 같은 목사들이 자신들의 판결에 그 운명이 좌우됨을 즐거워하는 경우는 없을까 하는 생각이 들기도 한다. 판사나 검사는 언젠가 옷을 벗으면 변호사를 해야 하는 『초록이 동색』인 상부상조해야 할 사이들이니 이와 같은 좋은 먹잇감을 쉽게 판결해 주기보다 오랫동안 재판이 지속해야 변호사들을 도와주는 것이라 생각하지 않는지도 모르겠다.

여기서 이와 같은 기독교 지도자들의 교권 감투싸움과 돈에 대한 탐욕과 성적인 문제들이 일어나고 있는 그 원인과 배경의 본질을 짚어보려고 한다.

2. 인류에게 주어진 혼과 영의 두 가지 선택

첫 사람 아담은 에덴동산의 『각종 나무 열매는 네가 임의로 먹되 선악을 알게 하는 나무 열매는 먹지 말라 네가 먹는 날에는 정녕 죽으리라』는 하나님의 경고와 『네가 선악과를 먹어도 정녕 죽지 않을 것이며 오히려 너희 눈이 밝아져서 하나님과 같이 되리라』는 상반된 사탄의 속삭임을 듣는다. 위 내용은 인류에게 주어진 생명과 사망의 가장 기초적인 두 종류의 삶의 선택이다.
발람선지자가 분명한 하나님의 음성을 들었음에도 눈앞의 부귀영화의 유혹에 판단력이 혼미해져 모압왕 발락을 따라가다가 당나귀를 통하여 책망을 듣는 이와 같은 어리석은 일들은 누구에게나 있을 수 있는 생명과 사망의 갈림길을 보여 주고 있다.
아브라함이 하나님의 음성을 듣고 고향을 떠나는 갓은 생명의 선택이었으나 사라의 몸종 하갈을 취하여 이스마엘을 낳음은 사람의 생각을 따라 행동한 혼(魂)적인 것이었으며 독자이삭을 번제로 드리는 결단은 영적 선택이었다.

사도바울은『육신을 좇는 자는 육신의 일을, 영을 좇는 자는 영의 일을 생각하나니, 육신의 생각은 사망이요, 영의 생각은 생명과 평안이며. 육신대로 살면 반드시 죽을 것이로되 영으로 몸의 행실을 죽이면 살 것』(롬 8장 5절 이하) 이라는 생명의 성령의 법을 강조하고 있음을 명심해야 한다.

지금 교단장 감투를 차지하려고 소송을 불사하는 분들은 과연 어떤 기도를 하고 하나님의 뜻이라 변명하고 합리화하고 있는지 궁금하다.

3. 人情을 극복하고 자기 십자가를 져야하는 제자의 길

『누구든지 나를 따라오려거든 자기를 부인하고 자기 십자가를 지고 좇을 것이며 제 목숨을 구원코자 하면 잃을 것이요 나를 위하여 잃으면 찾으리라』(마16장 24절)『누구든지 자기 부모와 처자와 형제와 자매와 및 자기 목숨까지 미워하지 아니하면 나의 제자가 되지 못하리라』(눅 14장 26절)는 그리스도의 말씀이 지금 한국교회 지도자들에게 주시는 엄숙한 경고의 말씀이다.

하나님의 나실인인 삼손은 블레셋의 미인 들릴라의 유혹을 단호하게 거절하지 못하고 영과 혼의 갈림 길에서 갈팡질팡 하다가 비참한 종말을 당하게 됨을 거울로 삼아야 한다.

다윗왕 역시 밧세바와 간음하고 그 남편 충신 우리아를 죽이

는 악행도 자신을 극복하지 못한 결과였다. 다윗왕은 이와 같은 과오를 경험했음에도 셋째 아들 압살롬에 대한 지나친 부성애를 극복하지 못했다. 압살롬이 친 누이동생 다말을 강간하고 학대하는 악행을 목격하고도 지나친 인정에 얽매여 단호하게 자신을 극복하지 못함으로 엄청난 재앙과 비극을 가져오게 된 것이다.

한국교회 지도자들은 이제 무엇이 하나님 뜻이고 무엇이 자기 생각인지, 영적인 것과 혼적인 것을 분별해야 한다. 욕심을 따라 스스로를 속이는 파렴치한 배임행위들을 회개해야 한다. 예수 죽인 것(십자가)를 날마다 짊어지고 생명의 성령의 법을 따라 자기를 극복함으로 새로워져야 한다. 그 선택의 결과에 따라 영과 혼, 생명과 사망, 천국과 지옥으로 구분될 것이다.

42. 재림을 도둑맞아 버린 한국교회

영원하신 초월자가 깔아놓은 멍석이 우주이고 지구는 연출 무대라 할 수 있다. 그 초월자가 시간과 공간의 세계 속으로 들어오셨다. 그 분이 이와 같이 3차원의 세계로 들어오신 목적은 자신과 동등한 수준의 대화와 교제를 나눌 수 있는 자신을 닮은 자녀들을 많이 두시기 위한 의도였다. 그러므로 인류는 이 초월자의 의도에 초점을 맞춰 준비하고 적응해 나가야 하며 만일 영원자의 이 의도를 알지 못하고 준비하지 못한 사람은 주인공이 아닌 영원한 엑스트라로 남게 될 것을 명심해야 한다.

그 분은 성서를 통하여 언젠가 무대를 철거하시고 멍석을 거두어 치우실 날이 되면 세상에 다시 와서 인류를 결산 하게 될 것이라고 거듭 약속 하셨다. 이 사실이 이 시대에 가장 주목하고 유념해야 할 미래관이며 종말과 재림의 그날을 준비해야 함이 가장 시급한 사역이다.

1. 영화 『2012』 『아바타』의 경고

92년 휴거 불발사건 이후 한국교회는 재림과 휴거의 소망을 도둑맞았다. 이와 같이 교회가 영성을 상실하고 비틀거리니 세속 영화제작자들을 통하여 『2012』 『아바타』 등 영화를 통하여 종말을 경고하고 있는 것이다. 가장 예리하게 경고하고 준비해야 할 교회는 세속에 도취하여 번영과 풍요와 성공이라는 맘몬의 술에 취하여 허우적거리고 있기 때문이다. 『내일 지구 종말이 와도 한그루의 사과나무를 심는다.』는 묵묵히 오늘의 할 일을 성실히 해야겠지만 때와 시기에 대한 분별력까지 잃어버렸다면 이보다 큰 낭패는 없다. 조난당한 사람은 자기의 위치를 정확히 알아야 구조가 가능하며 중병에 걸린 사람은 정확한 진단을 해야 치료가 가능한 것처럼 교회가 이 시기를 분별하고 어떤 준비를 해야 하는지 진단하지 못한다면 이는 본질을 망각한 배임행위이다. 도대체 오늘의 교회는 어찌 이와 같은 영성을 상실했는가.

2. 두 종류의 종말

사람은 누구든지 육신의 기한이 다하면 시간과 공간의 3차원의 세계를 떠나 본래의 곳으로 돌아가야 하는 종말이 있고, 두 번째 영원으로 회귀하는 우주의 종말, 곧 초월자가 도래하는 날이 있다. 지금 이 시대는 후자의 종말에 대하여 혼신을 다해 준비해야 하는 시기이며 누가 이 예언자적 사명을 감당해야 하는지 교회를 향하여 경고한다.

3. 이 시대의 징조

해산이 임박한 여인에게 주기적으로 진통이 오는 것처럼 지구는 지금 재난과 기근, 지진과 해일, 이상기온에 몸살을 앓고 있다. 미국 플로리다 남부지역은 수도가 동파되고 오랜지

밭과 양식장 열대어들이 동사하는 초유의 사건이 발생했고 아시아 유럽은 한파와 폭설피해기 극심하고 반면 호주와 아프리카에서는 이상고온 현상이 범상치가 않다. 아이티의 지진은 23만 명의 사망자를 확인한 대 재앙이었고 2010, 2, 27일 칠레 앞 바다에서의 8,8도 지진은 지구의 축이 흔들리는 아이티의 1,000배 규모라 하며 그 해일이 일본까지 밀려온다고 한다. 이와 같은 지진은 필리핀, 일본, 타이완에서 들려오고 인도네시아나 미국 북서부도 거대 지진이 임박했다는 소식은 지구가 종말이 임박하면서 몸부림 치고 있는 것이다. 두 번째 징조는 과학 문명이 신의 영역에 도전하는 일이다. DNA 속에 암호처럼 코딩돼 있는 인간 유전정보를 풀어내는 게놈지도 완성으로 무병장수의 시대가 열릴 것이라 하며 생명을 복제하여 자신과 똑 같은 사람을 복제 할 수 있다하니 초월자가 당황할 일이 아닌지 모르겠다.

4. 영혼의 때를 준비하라.

인류는 지금 이 땅에서 늙지 않고 병들지 않고 영생할 수 있는 이상향을 꿈꾸고 있는지 모르겠다. 과연 초월자의 그 많은 종말에 대한 약속은 폐기 되었을까? 아니다 인류를 향한 크신 긍휼과 자비로 잠시 참고 기다리시는 중이다.

그리고 해산날이 임박했다는 경고를 계속 보내고 계신 것이다. 지금 한국교회는 멍석을 걷어치우고 무대를 철거하실 날이 임박했다는 시대적 징조를 주목하고 영혼의 때를 준비해야 한다.

아직 기회가 남아있는 이 세상의 유한한 것들을 영원한 가치
로 바꾸어 놓는 지혜를 가져야 한다.
교회는 맘몬의 술에서 깨여나 임박한 종말과 오실 초월자를
맞을 준비를 해야 한다.

2010 3월 4일

43. 스티븐 호킹 박사가 간과한 영역

 영국의 세계적 천체물리학자 스티브 호킹 박사의 최근(2010.
9. 9일) 출간되는 자신의 책 '위대한 설계(Grand Design)'에
서 우주의 기원으로 여겨지는 대폭발인 '빅뱅'이 신적 존재의
개입이 아닌 중력의 법칙에 의해 불가피하게 발생했다고 가
디언 온라인 판이 9월 2일 보도했다.
이 견해는 호킹 박사가 과거 우주 창조에 신의 역할을 인정
하는 것처럼 보였던 것과는 대조적인 내용으로 그의 주장 중
에『신의 의도대로 우주가 창조됐다면 인간이 살기 적합한
환경을 조성한 태양계와 유사한 태양계가 수백 개나 우주에
존재할 이유가 없기 때문이다.』고 했다. 이에 성공회·가톨
릭·유대교 등 종교계 인사들뿐만 아니라 과학자들도 반론을
제기하며 그를 비판하고 있다.

1. 신의 존재를 인정하는 스티브 호킹 박사

그분이 이인슈타인 이후 가장 영향력 있는 물리학자이기 때
문에 그의 주장을 많은 사람들이 주목하고 이렇게 토론의 대
상이 되고 있는 것이다. 그는 이전부터 여러 차례 미래로의
시간여행이 가능하다는 발표를 한 적이 있었다. 광속보다 빠
른 속도로 우주공간을 질주 할 때 미래로의 시간여행이 가능
하다는 주장이었다. 필자는 이 이론에 다른 차원에서 동의한
다. 그 내용은 창조주이신 초월자께서는 시간과 공간, 무한한

우주를 창조하셨고 무한의 시간과 공간을 초월하는 영원자로서 이 모든 것을 지배하고 계시기 때문에 인간의 관점에서는 과거와 미래가, 이곳과 저곳이 차별이 있고 구분이 되지만 초월자는 전혀 구분이 필요 없고 동일한 관점에서 들어다 볼 수 있을 것이란 생각하기 때문이다. 초월자에게는 과거나 미래가 현재일 수 있고 시간과 공간 역시 동일한 영역이라 보기 때문이다. 그러므로 비록 유한한 인간이라도 광속을 초월하여 공간을 질주하는 등 초월자의 영역으로 이동하게 되면 초월자와 동등하게 과거나 미래를 초월한 여행을 할 수 있을 것이란 의견에 동의 할 수 있는 것이다.

여기서 최근 발표한 그의 학설과 주장에 대하여 필자의 의견을 피력하고자 한다.

스티브 호킹박사가 이 무한 광대한 우주가 신에 의하여 창조되었을 것이라 생각했었는데 이제 다시 생각해 보니 그렇지 않다는 주장이라는 것이다. 그의 이번 주장은 "신이 우주를 창조하지 않았다"는 것이지 "신은 존재하지 않는다"가 아니다. 여기서 그가 간접적으로라도 초월자(신)를 시인했다는 것이다. 긍정하고 있다는 점이 순리이며 다행이다.

2. 진화론자의 이론

초월자 창조주를 인정하지 않는 이론으로는 진화론자들이 있다. 우주의 생성과 생명의 출현이 우연의 결과이며 모든 생명체들은 고립되지 않고 낮은 단계에서 차차 진화의 과정을 지나면서 여러 가지 종으로 발전해 왔다는 주장이 진화론자들이다.

그 예로 시조새나 유인원 등 증거를 제시하여 여러 세기를 지나도록 설득력을 지녀왔다. 그러나 점차적으로 진화한다는 이론의 허점은 아직까지 중간 단계의 생명체가 존재하지 않는다는 것이며 돌연변이의 과정에서 이상한 기형으로 변형될 수는 있지만 다른 종으로의 변화는 있을 수 없다는 것이 증명되고 있다.

3. 진화론에 대한 반론 - 지적설계론(Intelligent design)

우주의 생성과 질서가 우연히 될 수 없다는 것과 모든 생명체들도 나름대로의 개성과 조밀한 설계로 이루어 졌음을 볼 때 분명히 어떤 지적 설계와 목적의식을 가지고 계획되었고 그 것이 실현된 것이란 논리이다. 이 논리는 우회적이 아닌 직접 설법으로 설명하면 그것을 곧 창조론이다. 절대자이신 신(神)이 만물 곧 우주와 천지를 창조하셨고 이와 같이 모든 만물을 창조하심은 자기 형상을 닮은 인간을 배려하여 인간을 위하여 모든 것을 지으셨다는 이론이다. 만일 인류가 신의 존재를 인정하면 모든 것이 질서가 잡히고 의미가 주어지게 된다. 그러나 만일 창조주의 존재를 부인하고 나면 모든 것이 영원한 미궁과 의문과 캄캄한 어둠뿐이란 것을 절감하게 될 것이다. 신의 존재를 확인하고 나면 만물의 존재 의미와 인류의 목적의식이 뚜렷해지고 성숙한 다음 단계로 올라갈 수 있게 된다는 것을 이해해야 한다.

4. 성숙한 다음 단계

여기서 호킹박사가 간과(看過)한 차원, 그가 아직 미치지 못한 영역에 대하여 나름대로 피력해 보겠다. 그 창조주 초월자는 영원이라는 시간과 200억 광년(현재 천체 물리학자들이 주장하는 우주 공간)이라는 공간을 손바닥 위에 놓으시고 들여다보시는 초월자이시며, 또한 조밀하고 섬세하기가 머리카락 한 올도 헤이시고, 캄캄한 골방에서 번쩍 스쳐 지나간 찰나의 생각도 놓치지 않고 모두 아시고, 바다 속 작은 물고기 하나하나에게도 낱낱이 개성을 부여하시는, 그리고 우주의 수많은 은하계와 별들을 질서 있게 지으셨고, 거기다가 사랑과 긍휼하심과 공의로움과 거룩하심을 겸비하신 인간의 필설로는 표현이 불가능한 위대하고 놀라운 인격을 지니셨다는 사실이다.

이와 같이 위대하고 놀라운 인격이신 초월자의 여러 가지 속성 중에 가장 우월한 사랑의 속성을 지니셨는데 사랑이란 상대적으로 주는 자와 받는 대상이 없으면 존재할 수 없는 것이다. 그러므로 초월자는 홀로가 아닌 삼위의 인격으로 영원 이전부터 아버지와 아들이 영존하셨고 로고스이신(아들) 초월자도 역시 창조 사역을 함께 하셨다.

그가 자기 형상을 닮게 지은 인간을 향한 목적을 가지시고 유한의 세상에 육신을 입고 인간의 몸으로 오신 분이 바로 예수란 것을 모든 인류가 알아야 할 필연의 진리이다.(요한복음 1장)

이상의 내용이 얼마나 놀라웁고 신비로운지를 모두가 공감해야 한다. 그 목적의식과 계획은 우주가 무한하고 시간이 영원한 것처럼 더 한층 위대하고 무한한 것이다.
그 초월자가 지기가 지은 땅에 인간의 몸을 입고 사람의 되어 오셨다는 이 신비를 모든 인류는 바로 아는 행운을 지녀야 한다. 영원자, 초월자가 사람이 되어 사람의 모습으로 오셨다는 사실, 이것은 우주의 무한 광대하고 영원한 공간의 천체보다 더 크고 영원한 신비이다.
그리고 그가 왜 십자가란 참혹한 형틀에서 죄인처럼 피를 다 쏟고 고통과 아픔을 견디며 죽어야 했는지 그 무한한 사랑과 희생을 인간은 알아야 한다. 그분이 그렇게 극단적인 방법으로 자기 형상을 닮은 인간을 향하여 자신의 사랑을 표현하신 것이다.

우주가 무한한 것처럼 그리고 시간이 영원한 것처럼 그 사랑은 영원하고 무한하다. 아니 그보다 훨씬 더 높은 것이다.

호킹 박사가 의문을 제기하는 태양계와 같은 행성이 수백 개 아니 수억 개가 있다는 것보다 초월자가 인간을 사랑하시고 배려하시는 그 의미가 훨씬 더 우월하다는 것을 알아야 한다. 초월자가 육신이 되고 짐승을 대신하여 피를 쏟고 죽으시고, 사망을 이기시고 부활하신 것, 그 사랑에 마음을 열고 영접하기만 하면 누구든지 값없이 자녀로 상속자를 삼는다는 은총, 이후 언젠가 정한 기한이 되면 물리적인 우주를 다 거두어 치우시고 거룩하고 영원한 새 하늘과 새 땅의 또 다른 우주를 열어 초월자와 영원하고 무한한 사랑의 교제와 영광을 함께 누리게 된다는 것, 태초부터 계시던 독생자이신 아들처럼 자녀의 신분으로 생명과 영광을 함께 누리게 된다는 이 복스러운 비밀을 알지 못한다면 호킹 박사와 같은 의문을 제기 할 수 있을 것이다.

"이 지식이 내게 너무 기이하니 높아서 내가 능히 미치지 못하며"(시 139장 6절).
"주의 행사가 어찌 그리 크시고 주의 생각은 심히 깊으시나이다"(시편 92장 5절).

2010. 9. 10

44. 큰 느티나무 같은 그리스도인이 그립다.

 대전 송촌동 계족산 입구에 570년 된 커다란 느티나무가 있
다. 이런 커다란 느티나무는 시골 동네마다 흔히 볼 수 있는
데 남한에만 천연기념물 느티나무가 17개나 된다고 한다.
느티나무는 우리나라 활엽수 중에 풍채로나 아름다움이나 오
래 살기로나 으뜸으로 꼽을 수 있는 나무다.
대부분의 활엽수들은 안쪽의 나뭇잎은 햇볕 부족으로 살아남
기 힘든데 느티나무는 그늘 속에 달려 있는 음엽(陰葉)역시
약한 햇볕만으로도 살아갈 수 있어 양엽과 음엽이 모여서 짙
은 그늘을 만들어 내는 것이다.
그 넓은 품과 짙은 그늘 아래는 시원한 바람이 있어 요즘같
이 폭염이 퍼 붇는 날에는 동네 노인이나 아이들 할 것 없이
편안한 휴식처가 되고 지나는 행인이나 후덥지근한 집안에서
살림을 하던 아낙들에게도 여름철 시원한 피서지로 이용되는
곳이 느티나무 그늘이다.

누군가 큰 영향력이 있는 인물을 큰 나무(느티나무) 같다고
한 것이 기억난다. 남아프리카 공화국의 넬슨 만델라 대통령
이 바로 그런 인물이라 할 것이다. 그분은 아프리카 대륙의
느티나무같이 넉넉한 그늘을 가진 남아공의 국부적 인물로
평가된다.
넬슨 만델라 전 대통령이 아프리카에서 큰 느티나무 같이 영
향력을 가진 국부적 존재로 인정받는 이유는 흑백 화해와 인

권의 상징과 같은 인물이기 때문이다. 그는 기독교적 화해와 용서를 실천한 21세기의 대표적 인물로 그리스도인이라면 누구나 본 받아야 할 인물이다.

아파르트헤이트(Apartheid) 철폐운동을 주도하다 44세에 종신형을 선고 받고 27년 동안 로벤 아일랜드 작은 감방에서 차별받는 흑인들의 자유와 민주주와 인권을 위한 멀고 먼 여정에서 결코 타협하거나 변질되지 않았다. 오히려 그의 미움과 증오는 화해와 용서의 성숙한 그리스도의 인격으로 승화되었다.

그가 세상을 두 번 놀라게 한 것은 27년의 긴 세월을 견뎌낸 것과 오랜 투옥에서 석방되면서 화해와 용서의 큰 지도자로 우뚝 선 것이다. 그는 작은 감방에서 성경과 기도로 그리스도의 성품을 닮은 인격으로 변화 된 것이다.

그는 1993년 12월 10일에 노벨평화상 수상이라는 영광을 안게 된다. 그러나 노벨상이 만델라에게 영광을 안겨준 것이 아니라 노벨평화상이 그에게 주어짐으로 노벨상의 가치가 한층 더 높아졌다는 점이다.

그것은 만델라의 경이로운 관용의 인격 앞에 바쳐진 인류의 최소한의 예의이며 경의와 존경의 표현이라 해야 할 것이다. 용서는 위대한 것이다. 진정한 용서는 진정한 신앙인이 아니면 할 수 없는 일이기 때문이다. 만델라가 백인들을 향하여 복수의 칼을 거두고 화해의 손을 내밀 수 있었던 것은 불의에 대한 비판을 훌쩍 뛰어넘어 오직 참회와 용서만이 참 평화와 공존의 길이요 또한 하나님의 공의와 사랑을 실현하는 유일한 방법임을 깊이 터득했기 때문일 것이다.

만델라의 성공의 비결은 그리스도를 닮은 화해를 실천했기 때문이며 성경을 기초한 묵상과 기도생활이 그를 아프리카를 품는 성숙한 신앙인격을 지닌 큰 나무가 되게 한 것이다.

인류 역사상 이와 같은 인물은 인도의 간디, 미국의 링컨 대통령 등을 꼽을 수 있다. 링컨은 자기를 원숭이, 고릴라 원조라고 비난하고 경멸했던 스탠톤 같은 인물도 용서하고 국무장관에 기용한다. 링컨의 저격사건 후 가장 많이 슬퍼하고 눈물 흘린 자가 그였다고 한다. 링컨 역시 흑인들에게 넓은 그늘을 제공한 큰 느티나무 같은 인물이라 할 것이다.

우리는 여기서 한국의 영적 지도자 조용기 목사를 도입해야 한다. 그는 50년이 지나도록 한결같은 열정의 사역을 지속하고 있으며 전 세계 지역마다 선교사들을 파송하고 지구를 116회 돌면서 지구촌 선교에 지대한 영향을 끼치고 있기 때문이다.

그리고 수많은 제자들이 그분의 넓은 그늘에서 성장하고 있기 때문이다. 대 도시 지역마다 그분의 제자들이 없는 곳이 없고 개척학교를 세워 300명이 넘는 사역자들을 훈련하여 전국 처처마다에 개척교회를 세웠고 한국 선교 100년 역사 상 가장 큰 영향력을 끼친 거대한 그늘을 지닌 느티나무가 됐다.

물론 예수님이 『수고하고 무거운 짐 진 자들아 다 내게로 오라 내가 너희를 쉬게 하리라』는 그리스도의 사랑은 어느 큰 나무가 여기 비교 할 수 있겠는가 마는 그리스도를 닮은 제자라면, 진정한 그리스도인이라면 용서와 화해 그리고 상대를 존중하고 양보하는 성품과 생활이 되어야 한다.

지금 한국교회는 그리스도인답지 못하고 교회답지 못한 사건들로 인하여 세속으로 부터 질시와 멸시의 대상으로 추락하여 가고 있지 않나 자성해 보아야 한다. 상처입고 위로받기 소원하는 그 누구라도 가까이 하고 싶어지는 편안한 대상, 용서와 화해를 이루는 그리스도의 참 제자가 그리워진다.

큰 느티나무 같이 넉넉하고 어머니 품 같은 인격으로 승화된 제자로 우리 모두 변화되었으면 좋겠다.

2010. 8. 9

45. 월드컵 열기, 큐빅 그리고 진품 다이아몬드

 지난 23일 새벽, 남아공 월드컵 16강전 한국과 나이지리아 경기에서 승리를 열망하는 우리나라 국민들의 간절한 마음이 온 밤을 하얗게 밝혔다. 국민들의 이러한 마음은 8강 진출을 다투는 오늘(26일)밤, 더하면 더했지 덜하지는 않을 것이다.

전국 50여만 명의 거리 응원단들이 한결같이 붉은색 티셔츠를 입고 태극기와 풍선막대 등 응원도구를 들고 얼굴에는 나름대로 개성 있는 페인팅을 하고 서울 부산 광주 등 전국 곳곳마다에서 이렇게 열광적으로 응원하는 모습은 세계적인 뉴스감이 되고 있다. 어쩌면 이렇게 한결같은 마음으로 온 국민들이 열광적으로 하나가 될 수 있을까. 만일 우리나라가 세대 간, 지역 간, 이념 간, 양극화를 극복하고 이와 같이 하나가 된다면 국가경쟁력은 아마 세계 최고가 될 것이다.

뿐만 아니라 그 에너지의 엄청난 파괴력으로 세계를 선도하는 선진국이 틀림없이 될 것이다. 어떻게 하면 이와 같은 양극화를 극복하여 하나가 될 수 있을까를 우리 모두 고민해야 할 것이다.

이번 월드컵 경기는 우리나라뿐만이 아니라 지구촌 전체가 열광하는 것 같다. 16강에 탈락한 프랑스는 분노한 국민들이 지도자와 선수들의 훈련거부 및 책임을 묻고 징계 할 것을 요구하기도 한다. 3전 전패의 북한 선수들은 귀국하면 수용소나 탄광으로 보내질지도 모르니 차라리 망명하라는 등 말들이 많다. 그도 그럴 것이 이례적으로 북한 전역에 TV 중계를 하고 김정일 위원장이 집적 작전을 지시 할 정도였다고 하니 그 실망이 얼마나 클 것인가.

이번 대회에는 1위부터 32위까지 각각 지급되는 상금 및 배당금 총액이 4,680억 원이나 된다고 한다. 예선탈락을 해도 9백만 달러(약 108억 원)가 주어지고 16강엔 진출했으나 8강행이 좌절되면 1백만 달러가 더 늘어나 1천만 달러(약 120억 원), 강에 오르면 1천8백만 달러(약 216억 원), 4강에 오르면 2천만 달러(약 240억 원), 준우승하면 2천4백만 달러(약 288억 원). 우승하면 3천만 달러(약 360억 원)가 주어진다.

우리나라 SBS방송국의 경우 독점계약으로 800억 원을 FIFA에 지불했다고 하니 리비아의 국가원수 카다피 같은 인물은 FIFA를 가리켜 "아프리카 가난한 나라 선수들을 데려다 돈잔치를 하는 마피아 집단 같다"고 맹비난을 하는 게 아닌가 싶다.

운동경기나 세상의 모든 승부는 상대적으로 반드시 패자가 있어야 승자가 있는 것이며 이긴 자는 진자의 아픔만큼 즐거워하고 영광스러워 하는 것이다. 이와 같은 스포츠 경기는 규칙에 의한 선의의 경쟁을 한다는 의미와 승부를 통하여 대리만족을 한다든지 각 나라간의 애국심을 고취하는 등 바람직한 지구촌 잔치임이 틀림없다.

그러나 과연 신의 형상을 닮은 지성과 인격을 지닌 인류가 이와 같이 열광하고 추구해야 할 주제와 가치가 스포츠 밖에 없는 것일까 심각하게 고민해 봐야 할 것이다. 역도선수가 상대보다 얼마나 더 무거운 바벨을 들 수 있느냐, 42.195㎞를 달리는 마라톤 선수가 경쟁자보다 얼마나 더 먼저 골인하느냐, 축구경기에서 누가 골을 넣고 이기느냐는 등의 의미와 가치를 위하여 그토록 열광하면서 경쟁해야 하는지, 과연 그것이 인류가 그토록 열망해야 하는 귀중한 것인지를 짚어 보아야 한다는 말이다.

월드컵 우승이 큐빅과 같은 모조품 영광에 지나지 않는다는 것을 깨달아야 하고 진품 다이아몬드 같은 찬란하고 거룩한 가치는 무엇일까를 찾아내야 한다. 그리고 그 주제를 향하여 인류 전체가 방향을 바꾸고 모두 함께 한 마음으로 나아가야 할 것이라 생각한다.

고통은 나눌수록 작아지고 기쁨은 나눌수록 증폭되는 것이다. 사랑과 섬김의 경기장에서는 패자란 존재하지 않는다. 패자의 아픔만큼 반비례하는 것이 아니라 너와 나 모두 더불어 영광의 트로피를 들어 올릴 수 있는 것이다. 과연 어떤 정신과 이념으로 무장할 때 이와 같은 이상향이 성취될 수 있을까.

2010. 6. 26

제 4 편

46. 사랑 · 행복 나눔은 허비가 아닌 거룩한 사역

불구자들을 평양에 살지 못하게 추방하는 정책, 산원(조산소)에서 장애인은 출생 즉시 죽인다는 유엔의 확신, 이러한 것들이 유엔에서의 북한 인권문제를 가결하게 된 큰 이유들 중에 하나였다.

어느 날 당비서가 "김○○동무, 동무네 집에 장애인 딸이 있지? 당에서 지시가 내려왔는데 그 애를 지방에 보내든가 아니면 동무 집이 지방에 나가 살아야 한다"고 했다. "아이를 일체 문전출입 시키지 않고 키우겠다."고 사정했지만, "혁명의 수도 평양에 장애인은 거주 할 수 없다는 것이 당 방침이라 어쩔 수 없다"는 말에 다른 도리가 없었다는 어느 탈북자의 증언이다.

북한에서는 소경이나 절름발이 뇌성마비 등 불구자는 평양시내에 거주 할 수 없도록 멀리 추방하는 이유는 비생산적이고 타인에게 불편을 주는 혐오스러운 쓰레기(저들의 관점)를 청소하므로 혁명을 완수하고 살기 좋은 세상을 만든다는 것이다. 과연 북한이 살기 좋은 낙원이 되었는가.

1. 성서에서의 장애인

날 때부터 소경된 자를 보고 "이 사람이 소경으로 난 것이

누구의 죄입니까. 자기니이까 부모니이까"물을 때, 예수께서
"이 사람이나 그 부모의 죄로 인한 것이 아니라 그에게서 하
나님이 하시는 일을 나타내고자 하심이라"하시고 "때가 아직
낮이매 나를 보내신 이의 일을 우리가 하여야 하리라 밤이
오리니 그 때는 아무도 일할 수 없느니라"고 하셨다.

이는 하나님이 하시고자 하는 일, 인류가 선을 행할 기회, 사
랑을 실천할 기회를 주신 것이라는 의미로 해석할 수 있다.
뇌성마비, 정신지체아, 등 불구자들을 돌보고 섬기기 위하여
시설을 만들고 많은 자금과 인력을 투자하는 것은 과연 어떤
의미가 있을까.

이와같은 불구자나 지체장애인들은 타인의 보살핌이 없으면
살아갈 수 없는 관심과 사랑의 대상으로 지음 받은 것이다.
인류는 부와 귀, 명예와 권력보다 사랑, 봉사, 희생, 용서, 등
이 더 보배롭고 숭고한 가치란 것을 이해하고 가슴으로 경험
해야 한다.

천만금을 주고도 결코 얻을 수 없는 보화가 이와 같은 가치
이다. 하나님께서 인류를 존재하게 하는 이유는 유형의 것을
심어 무형의 이 고귀한 보화를 생산하는 일이다. 이와 같은
가치를 생산하게 하기 위하여 유형의 모든 것을 허락하신 것
이라 생각한다. 희생과 봉사 사랑과 용서는 권력과 돈으로
바꿀 수 없는 숭고한 가치이며 이를 실현할 때 하나님의 나

라가 세상에서 실현되고 하늘을 열고 더 큰 복을 주시는 것
이다. 멸종위기의 동 식물과 자연을 보호하는 것도 이와 마
찬가지다.

2. 사랑과 희생은 허비가 아니다

값 비싼 향유 옥합을 깨트려 예수님의 머리에 붓는 마리아를
보고 "이 향유를 팔아 가난한자들에게 주었으면 좋았을 것을
귀한 것을 허비하였도다"라고 책망할 때, "가만두어라 저가
내 장사를 예비하였느니라. 이후 온 천하에 복음이 전파되는
곳에는 이 여자가 한 일을 말하며 기념하리라"고 하심은 향
유의 비싼 가격보다 그리스도를 향한 사랑과 헌신을 더 귀히
여기신 것이다.

사람이 동물을 사랑하고 좋아하는 이유가 동물을 위하여서가
아니라 그 대상을 사랑하는 인간의 마음이 풍성해지고 행복
해 지기 때문이다. 짐승의 냄새나는 똥오줌 치우느라 힘들고
예방 접종 등 돈이 많이 들고 시간적 물질적으로 큰 손실이
라 생각하고 동물을 귀찮아하고 홀로 지내는 것이 더 편하고
행복하다고 생각할지 모르겠으나 그러나 어떤 동물이든지 가
까이 두고 사랑하며 지내는 것이 훨씬 더 자신에게 유익이
되고 건강하게 되는 것이다.

이웃을 사랑하는 따듯한 심성, 사랑과 희생을 실천하는 마음

은 돈이나 권력으로 바꿀 수 없는 가치 있고 보배로운 것이다. 관심을 가지고 사랑하고 용서 할 때, 자기 자신이 행복해지고 풍성해 진다는 이 보화를 제대로 아는 사람이 많아지는 세상이 되어야 한다. 원수를 사랑하라는 것은 원수를 위한 것이 아니라 그 원수를 사랑하므로 자기 자신이 행복하고 건강해지고 미움보다 용서가 백배 천배 더 귀하다는 것을 느껴야 한다.

3. 사랑과 행복 나눔의 의미

우리나라의 고아들을 입양하여 사랑과 희생으로 좋은 인재로 길러내는 미국의 양부모들은 자기 친 부모를 찾는 일을 도와준다. "내가 너를 사랑으로 키워준 네 부모인데 왜 너를 버린 부모를 찾느냐 섭섭하다"고 하는 경우는 본 적이 없다. 낳아준 부모가 좋아서 가든지 어떤 선택을 해도 흔쾌히 보내준다.

양부모는 이미 불쌍한 고아를 데려다 사랑을 쏟아 아름답게 성장하는 것을 보는 그 동안의 사랑의 실천과 희생이 그의 소중한 보화로 이미 충분한 가치를 누렸고 행복을 소유한 것이다. 그 아이가 좋은 인재로 성장하여 사회와 인류에 이바지하는 인물이 되었다는 가치도 귀하겠지만 그동안 사랑하므로 누렸던 기쁨과 행복이 더 크고 소중한 것이다.

우리는 이렇게 사랑과 행복을 나누는 사역이 얼마나 고귀하고 거룩한 가치인지를 많은 사람들이 공감하고 동참하도록 전하고 가르치는 소통의 사역에 최선을 다해야 할 것이다.

하늘이 없다면 새는 날 수 없고 물이 없다면 물고기는 헤엄칠 수 없는 것이다. 도움이 필요한 자들이 있다는 것, 사랑과 선을 행할 수 있는 기회가 있다는 것은 소중한 것이다.
만일 그들을 사랑하고 베푸는 것을 회피한다면, 이 고귀한 섬김과 사랑을 실천할 기회를 놓쳐 버린다면 이는 참으로 어리석은 일이다. 사랑과 관심이 필요한 장애인이나 가난한 이들에게 사랑과 행복을 나누는 이 사역은 소중한 보화를 캐내는 거룩한 사역이다. 그러므로 '사랑과 행복 나눔'의 사역을 잘 감당할 때 더 놀라운 복을 주실 것이다

2010. 3. 20

47. 총과 펜, 교황은 몇 개의 사단을 갖고 있지?

　레닌의 2인자이며 공산주의 실제 이론가인 정적 트로츠키를 제거한 스탈린은 권력을 확고히 하기 위하여 1937년부터 대숙청을 단행한다. 이때 군의 5명의 원수 중에서 3명, 15명의 군사령관 중에서 13명, 85명의 군단장 중에서 57명, 195명의 사단장 중에서 110명, 406명의 여단장 중에서 220명 등 5,000명이 넘는 고급장교들을 가족 친척 측근 등 3족을 모두 함께 처형했다.

　그의 내무상이었던 에조프가 스탈린에게 바친 숙청자 명단은 책 383권으로 거기 기록된 4,500만 명을 거의 다 죽인 것으로 알려져 있다. 뿐만 아니다. 기독교 박해는 어떠했을까.

　기독교도를 학살할 때 시베리아로 끌어가고 겨울에는 얼어붙은 모스크바 강가에 구멍을 뚫고 벌거벗겨서 산채로 마구 밟아 집어넣어 죽였다고도 하며 개신교와 카토릭의 합 2,700만 명을 학살 했다는 기록이 있다. 이 모든 것이 스탈린 치하에서 일어난 일들로 2,700만명의 기독교인과 반동분자 4,500만 명을 합해 모두 7,000만 명이 학살됐다는 통계를 확인할 수 있었다.

　이때 28명의 천주교감독, 1,200명의 신부등 살아남은 자가 없었다.

그 스탈린이 얄타회담 당시 루즈벨트에게 "교황! 그런데 교황은 몇 개의 사단을 갖고 있지?"라고 한 말은 유명한 말이 되었다. 스탈린은 교황은 총과 군대가 없으므로 아무렇게나 다뤄도 별 볼일 없는 존재로 여겼을 것이다.

이와 같은 사고를 가진 자들이 오로지 총구의 힘, 물리적인 힘을 의지하고 있는 것처럼 이 시대 우리들 중에도 권력과 돈, 다수와 물량이라는 물리적인 힘으로 진실이나 정의를 지배하거나 압제 할 수 있을 것이란 착각을 가진 사람이 없기를 바란다.

거짓이 진실을 이길 수 없고 어둠이 빛을 굴복시킬 수 없다는 것은 당연한 상식이다.

그럼에도 이와같은 순리를 이렇게 언급하게 되는 것은 이 당연한 상식이 우리 그리스도인들 중에서도 무너지고 있는 사실들을 목격하게 되기 때문이다. 우리 중에 펜이 총보다 더 강하고 무서운 힘을 가졌다는 것을 모두가 공감하고 동의해 준다면 다행이다.

활은 시위를 힘껏 당긴 힘을 날카로운 화살촉에 모아 목표물에 전달될 때 살상을 입히게 되며. 총은 장약(裝藥)된 화약의 폭발력이 작은 총알에 전달되어 총구의 회전축을 따라 그 회전력과 폭발력만큼 파괴력을 가지고 큰 곰이나 사자 같은 용맹스러운 동물들을 죽일 수 있는 것이다. 이와같은 파괴력을 지닌 활이나 총보다 펜의 물리력은 비교가 안 된다.

그러나 중요한 것은 진실과 명분, 인격의 본질에 공감하고 감동하는 진리가 담긴 글은 그 영향력이 전달되는 뜻과 사상의 논리가 글을 읽는 사람들의 생각과 행동을 움직이게 되는 것이다.

글의 내용의 설득력과 감동에 따라 읽는 사람의 사고와 삶 전체를 좌우하게 된다는 것은 총과는 또 다른 차원의 더 강력한 영향력인 것이며 그 글 속에 뜨거운 영혼의 감동이 흠뻑 묻어 있다면 그 영향력은 극대화 되는 것이라 생각한다.

히틀러에게 본회퍼가 있었다면 스탈린에게는 솔제니친이 있었다. 그는 유물주의와 옛 소련 체제를 함께 비판하며 전통적인 애국주의로의 회귀를 촉구해 온 러시아를 대표하는 양심으로 평가된다. 그는 하버드 대학 연설 도중 "공산주의는 치료할 수 없는 미치광이 병(mad disease)" 이라는 비판하기도 했다.

그 막강한 스탈린의 소비에트 연방은 무너졌지만 솔제니친의 글과 그의 사상은 수많은 사람들의 사고와 가슴속에서 생생히 살아 움직이는 에너지가 되고 있는 것이다.

과거 일제 강점기 한일 합방으로 민족의 혼과 국가의 정체성이 말살되어가는 암울한 시대에도 육체와 정신을 핍박하는 압제에 대항하며 민족의 얼과 혼이 상실되지 않도록 흔들어 깨우고 희망의 불씨를 살려 준 것이 날카로운 펜이었으며, 군부 독재 시절에도 자신의 희생을 거부하지 않고 국민의 지성을 자유의 광장으로 이끌어 내어 민주화를 이루어내는 강력한 힘을 준 것도 역시 펜이었으며, 올바른 펜은 나약해지고 피폐해지는 인간의 마음과 감정에 진실의 에너지를 충전하고, 연약함 속에 강철보다 강함을, 고난과 역경에 부딪힐수록 그 진가를 더욱 발휘하며 사람들의 마음속 깊은 절망적인 상황에서 그 빛나는 예지의 입김으로 희망과 용기의 언덕으로 이끌어 내어 주는 힘의 원천이 한편의 글이며 펜의 역할이라 할 것이다.

상황에 굴복하는 군중과 함께 한숨을 쉬고 있을 것이 아니라 의식의 전환자로 군중의 혼탁해진 예지(銳智)의 유리창을 닦아내어 절망을 희망으로 변화 시킬 수 있는 펜이 있어야 한다.

한 편의 글이 사람의 사고와 인생을 바꾸고 사회의 흐름을 바꾸고 역사의 장을 바꾸게 된다면. 이는 스탈린의 무소불위의 권력보다 훨씬 더 강력한 권력이 곧 언론의 힘, 펜의 힘이라 할 것이다.

2010. 6. 3

48. 샛강이 마르면 큰 강도 마른다.

지금 농어촌 교회와 도시 개척교회들은 존립의 위기를 겪고 있으며 매년에 500개의 기존교회들이 문을 닫는다는 통계이다.(2007년 통계) 이는 물론 구조조정의 과정으로 볼 수도 있겠으나 전국적으로 신도의 숫자가 지속적으로 감소하고 있다는 점을 주목해야 한다.

뿐만 아니라 안티들의 기독교 폄하와 악성 비판에 대응할 방법이 없고 그들의 주장에 많은 사람들이 공감하고 있다는 것이 문제이다. 이와 같은 현상은 기독교의 심각한 위기이며 여기서 이 문제점들을 진단하고 극복하지 못한다면『샛강이 마르면 큰 강도 마른다.』는 말처럼 결국 대형교회들도 유럽 교회처럼 될 날이 오지 않을지 누가 장담할 수 있겠는가.

이와 같은 한국 기독교의 위기를 진단해 보고 그에 대한 대응책을 아래와 같이 제안한다.

첫째. 한국기독교의 위기

1. 기독교 교단 내의 교권에 대한 명예욕과 돈과 재물에 대한 탐심 등 분쟁들이 교회법을 떠나 세상법정으로 가는 사례가 비일비재하고 성직자인 목사나 장로들이 불신자 혹은 타종교인 판검사들에게 "기도도 해 보지 않았느냐" 또는 "서로 화해하라"는 등 질책과 망신을 당하기도 한다. 그럼에도 양

보나 화해가 없고 소송이 갈 데까지 가고 있다.

2. 또한 자신이 개척하여 성장시킨 교회의 성직자들 중에 정년이 되었음에도 담임목사 자리를 지나치게 집착하고 퇴직금으로 많은 돈을 요구하는 등 신도들이 보기에도 부끄러운 갈등을 일으키기도 한다. 도대체 천국 갈 때가 다 되었는데 왜 그렇게 집착하는 게 많은지 모르겠다. 그 기본 신앙이 의심스럽기도 하다.

3. 교단장 자리나 교회 담임목사 자리를 차지하려고 신도들과 용역원들을 동원하고 폭력이 난무하는 등 이런 추악한 모습들이 방송 인터넷 등 언론매체에 보도되면서 기독교의 위상이 땅에 떨어지고 있다.

4. 일부 교권자들은 교회나 재단의 빌딩과 부동산을 담보로 돈을 횡령 배임을 저지르고, 재단 가입교회 예배당들을 근저당하여 대출금 일부를 착복하기도 하는 등 해괴한 일들이 목격되고 있다.

5. 교단이 탄생하면서부터 53년 간 사용하던 교단 명칭을 몇 년 전 상표 등록을 하여 자기 소유라 주장하고 자신의 횡포에 동조하지 않는 동역자들에게 사용금지 소송을 하는 일들이 이 시대에 일어나고 있다.

6. 악질 교권자들이 자신들의 불법과 횡포에 동조하지 않는 동역자들에게 교회 재산을 교단총회에 명의 신탁한 등기권을 구실로 『제명 출교』와 『목사 직무정지 및 교회 출입 금지 가처분 소송』을 거침없이 저지르고 있다.

교회를 폄하하려는 안티들은 조그만 실수도 침소봉대하여 기독교를 음해하려고 혈안이 되어 있는데 이와 같은 비리들이 저들에게 얼마나 좋은 호재가 되겠는가.

최근 여론조사에서 교회를 우리사회에 존재해서는 안 되는 유해한 집단이라고 매도하는 일들이 이와 같은 사건으로 인하여 더욱 증폭되는 것이다. 최근 유럽 국가들의 기독교 인구는 감소하고 교회당 건물은 이교도에게 매각되는 등 몰락하고 있는 이와 같은 현상이 우리나라에도 오지 않는다고 누가 장담할 수 있겠는가. 한국교회의 50년 후 아니 20년 후 과연 어떤 결과가 도래할지 암담하다는 생각이 든다.

둘째. 한국교회의 놀라운 성장의 배경과 원인을 살펴보면,

1. 우리나라에 기독교가 들어온 시기가 일제의 압제를 당하는 시기로 기독교 선교로 인하여 민족의 자주권과 독립, 교육, 의료 등 큰 영향을 끼쳐 기독교가 급속히 성장하게 되는 긍정적 토양을 제공하였다.

2. 영화와 문화에 의한 영향: 벤허라는 영화(1959년 제작)는 남북전쟁의 영웅이며 터키 대사를 지낸 루 월레스(Lew Wallace)의 작품으로 제목이 "그리스도의 이야기(A tale of the Christ)"로 성경의 4가지 사랑을 깔고 있는 예수중심의 내용이다. 미국과 전 세계를 열광케 했던 그 내용들을 우리

국민들이 여러 차례 관람하면서 창조주 하나님과 역사의 주인이신 그리스도에 대한 이해가 온 국민들 이성과 감성의 문을 열게 했고 기독교에 대한 거부감이 없이 쉽게 복음을 수용하여 교회는 일취월장 성장하게 된 것이다.

그 밖에 십계, 왕중왕, 쿼바디스 등 하나님과 성경과 그리스도에 대한 영화들이 국민들의 마음을 열게 하는 영향을 주었다고 필자는 판단하고 있다. (최근에는 이런 영화에 대하여 알지도 못하는 어린세대들이 많다.)

3. 산업화 시대의 농어민의 도시교회 집중현상: 60년대 이후 산업화로 발전하면서 이농현상이 급속히 진행되어 농어촌 교회에서 못자리처럼 길러낸 성도들이 도시교회로 이동하면서 도시 목회자들은 힘들이지 않고 많은 성도들이 모여드는 대형교회로 성장하게 된 것이다.

4. 영적 지도자들의 영향: (1) 조용기 목사- 이 당시 박정희대통령의 "잘살아 보세!" 조국 근대화 운동이 조용기목사의 오중복음과 삼박자축복의 긍정적 신학과 공통점을 가져 초 교파적 수많은 목회자들이 영향을 받았고 그분의 수많은 제자들이 각 지방에 대형교회를 세워 기독교의 급성장을 이끌었다고 진단 할 수 있다.
(2) 김준곤 목사- 또한 김준곤 목사 중심의 70년대의 빌리그레함 전도집회, 엑스폴로74, 77년 민족복음화성회, C, C, C운

동 등 민족복음화 부흥운동의 열정이 당시 개신교 교회의 폭발적인 성장에 지대한 영향을 끼쳤다고 평가해야 할 것이다.

5. 성령님의 강력한 역사하심: 이 기간 동안 물 붓듯이 부어주시는 성령님의 은총이 있었다. 그 시기에는 도시마다 천막을 치고 십자가만 세워도 사람들이 교회로 몰려오는 놀라운 현상이 일어났었다. 그러나 2009년도 통계청에서 조사한 개신교 1,000만 신도에서 800만 아래로 점차 감소하고 반면 천주교는 700만으로 급속히 증가하고 있다. 과연 지금 우리나라는 왜 개신교 인구는 감소하는데 오히려 천주교와 불교는 급성장하고 있는가를 진단해 보아야 한다.

셋째. 한국교회 지도자들의 책임.

위와 같은 배경에 의하여 성장한 대형교회의 목회자들 중에 세상의 빛과 소금이 되지 못하고 돈과 지위와 명예에 심취하여 제왕과 같이 군림하면서 죽어서 천국 가는 것보다 이 세상이 너무 좋아 죽는 것이 아쉬운 지경이 되지 않았나. 진단해 보아야 한다. 저들이 교권을 위하여 선거비용에 수억 수십억을 사용하고 권력싸움, 공금횡령 소송 등 추악한 치부를 드러내어 세상으로부터 멸시와 비판의 대상이 된 것이다.

저들이 이와 같은 부와 권위를 누리게 된 것이 하나님의 은총이라 하겠지만 실상 위에서 언급한 것과 같이 1. 시대적 행운 2. 문화적 영향 3. 이농현상으로 인한 도시교회 집중현상 4, 지도자들의 부흥운동 5. 성령님의 역사하심 등 그 행운의 열매를 따 먹고 있는 것이라 보아야 할 것이다.

십자가는 수직적, 수평적 관계인데 수직적인 복을 받았으면 받은 복에 대한 수평적인 나눔과 감사가 있어야 할 것인데 빛과 소금의 역할과 청지기 신앙을 간데없고 욕심에 사로잡혀 추악한 모습이 되고 있는 것이다. [이것은 마치 오갈 데 없는 사생아를 주어다 사랑과 배려로 양자를 삼고 재산을 물려주었더니 그 은혜에 보답은 커녕 받은 유산은 모두 탕진하고 은혜를 베푼 양부모를 배반하는 패륜의 모습과 동일하다고 할 것이다.]

넷째. 이 절박한 위기를 극복하기 위하여 다음 다섯 가지 운동을 제안한다.

1. 초심으로 돌아가자! 는 운동: 다윗은 비록 통일왕국의 왕이 되었어도 "나는 본래 베들레헴 시골뜨기 양치기 목동이며 나의 나 된 것은 오로지 하나님 은혜"라고 고백함 같이 초심으로 돌아가는 회개운동을 전개해야 한다.

2. 미스바의 회개운동 (삼상7장 3-7절): 매년 날을 정하여(가능하면 정월 1일부터) 사흘이나 이레 동안 전국 모든 목회자들이 초교파적으로 금식하며 기도하는 회복운동을 제안 한다.

이 시대는 바벨론이 예루살렘 함락 직 후 "너는 밤낮으로 눈물을 강처럼 흘릴 지어다 스스로 쉬지 말고 네 눈동자로 쉬게 하지 말 지어다 밤 초경에 일어나 부르짖을 지어다 네 마음을 주의 얼굴 앞에 물 쏟듯 할 지어다 각 길머리에서 주려 혼미한 네 어린 자녀의 생명을 위하여 주를 향하여 손을 들지어다" (렘애가 2장 18-19)는 예레미아의 기도가 있어야 한다.

3. 청빈과 검소함을 발굴하여 칭찬하고 상 주는 운동 : 고 한경직 목사님이나 김수한 추기경같이 청빈과 검소함을 발굴하여 상 주는 운동을 전개해야 한다. 최근 천주교가 급속히 성장하는 원인이 김수한 추기경의 청빈과 검소함의 이미지 효과가 크게 작용한 것이다. 개신교단에서도 이와 같이 존경받는 지도자가 많이 나와야 할 것이다.

4. 선한 청지기 운동: 그리스도인은『머리 되고 꼬리 되지 않고 꾸어주고 꾸지 않고 위에 있고 아래 있지 않아야 한다.』『더 건강해야 하고, 더 부자 되야 하고, 모든 면에서 더 멋있어야 한다.』그러나 본래 청지기임을 잊지 말고 받은 은총과 복을 남김없이 이웃과 복음을 위하여 기부하고 나누는 운동을 전개해야 한다.

5. 영성을 회복하는 운동: 육신의 생각과 욕심을 포기하고 성령의 감동을 따라 자기를 부인하고 자기 십자가를 져야 한다.

그리스도 이후 가장 놀라운 복을 받은 한국교회는 여기서 성장을 중단하거나 몰락해서는 안 된다. 반드시 이 위기를 극복하고 재도약의 기회를 삼아야 한다.

『교회는 그의 몸이니 만물 안에서 만물은 충만케 하시는 이의 充滿이니라』(에베소서1장23절)

2010. 8. 21

49. 법정으로 간 한기총의 수치

 최근 한국 개신교단을 대변하는 한국기독교총연합회(이하 한기총이라 한다.) 대표회장 사태가 감리교단의 감독회장 감투싸움과 똑같은 현상이 되고 있다. 세상 법원 판결에 의하여 변호사가 감리교단 감독회장 직무대행이 되더니 이젠 한기총 대표회장도 변호사가 직무대행이 되지 않는다는 보장이 없다. 어쩌다가 한국교회가 이 지경이 되었는지 이런 망신이 어디 있는가. 참담함을 금할 수가 없다.

낮아짐과 섬김, 화해와 양보의 그리스도인의 모습은 찾아 볼 수가 없고 도대체 시정잡배나 세상 정치인들보다도 못한 그런 행태를 보여주고 있다.

평생 한번하기도 어려운 한기총 대표회장을 두 번이나 연임하신 분이 또 출마하겠다고 나설 때부터 심상치 않더니 결국 이 지경이 되고 말았다. 세상 구의원 선거에서 밥 한 끼만 사도 당선무효가 되는데 그동안 거액의 돈 봉투를 대의원들에게 돌렸다니 무슨 돈으로 그랬는지, 그래도 되는 건지 알 수가 없다. 겉으로는 그럴듯하게 말하지만 속을 들여다보면 썩은 시체냄새가 진동하는 회칠한 무덤과 다름이 없다.

지난 해 칼럼을 쓸 때 판검사, 목사, 의사, 세 부류의 직업의 의미와 가치를 언급한 적이 있었다. 의사들은 '이제 의업에 종사할 허락을 받음에 나의 생애를 인류봉사에 바칠 것을 엄격히 선언하노라'라는 히포크라테스의 선서 내용이 그 좌우명인 것처럼 인류를 질병의 고통에서 치료하는 의사들의 직업은 고귀한 가치가 있다.

그러나 사람의 몸을 칼로 절제하고 수술하는 외과의사, 입 속을 들여다보고 하루 종일 치료해야 하는 치과의사, 또는 산부인과 등 얼마나 어려움과 스트레스가 많을지를 생각하면 사명감이 아니라면 힘든 직업이 틀림없다.

판사나 검사들은 어떨까. 타인의 죄를 조사하고 추궁하여 재판하고 벌주는 일이 썩 기분 좋은 일은 아닐 것이다. 누군가 변호사를 일컬어 '법을 이용한 장사꾼'이라고 비판하는 것을 들은 적이 있는데 전혀 황당한 얘기는 아닌 듯하다. 변호사가 변호사를 돈으로 살 수 있다면 그런 말이 나올 수도 있을 것이다. 사건 수임료를 받으면서 재판에 승소하면 다시 승소비를 받는다는 이면계약이 있다면 그것도 그럴 것이다.

그에 비하면 목사들은 어떤가. 죄를 지은 사람을 용서와 사죄의 길로 인도하고, 낙심하고 슬퍼하는 상처 입은 사람을 위로하고 성경말씀을 가르치고 꿈과 희망과 축복의 말씀을 전하고 그리고 감사하여 드려지는 헌물로 살아가는 것은 의사나 판검사들과는 의미와 가치가 극명하게 차별이 있다.

이와 같은 차별성을 지닌 성직자들이 근본 사명을 팽개치고 물욕과 권세욕과 명예욕에 빠져서 허우적거리며 추악한 모습으로 다투다가 자정능력도 상실하고 세상 법정에서 소송을 하면서 '나는 옳고 상대는 그르다'하고 있으니 이런 망신이 어디 있는가.

혹시 판검사들 중에 이와 같은 목사들이 자신들의 재판에 그 명예와 운명이 좌우됨을 즐거워하는 경우는 없을까 하는 생각이 들기도 한다. (물론 그렇지는 않겠지만) 판사나 검사가 옷을 벗으면 언젠가 변호사를 해야 하는 '초록이 동색'이니 이와 같은 좋은 소송을 쉽게 종결하기보다 재판이 지속되도록 변호사들을 도와주지는 않는가하는 생각도 든다.

이번 가처분 판결문을 면밀히 검토해 보면 재판부가 내놓은 법리는 양편이 아전인수식으로 해석할 수도 있어 판결이 아니라 오히려 분쟁을 더욱 부추기는 듯 하게 보이기도 하여 잘못하면 휘둘릴 수도 있다는 우려가 현실화 되는 것 같다.

판사가 법에 따라 가부를 판결해 주면 될 일을 왜 중재안이라는 것을 내 놓는가. 누가 중재를 요구 했는가. 도대체 필자가 머리가 나빠서 그런지 모르지만 무슨 법을 이렇게 해석하는지 이해가 되지 않는다. 그럴 리야 없겠지만 만약 그렇다면 판사나 변호사들의 속셈이 그런 게 아닌가하는 생각이 든다는 것이다.

이 대목에서 브레이크 없이 마주 달리는 듯한 당사자들은 심각하게 고민해야 한다. 과연 어떻게 해야 성직자다운 가장 최선의 선택일까 금식기도라도 하면서 세미한 음성에 귀를 기울여야 한다. 그리고 발람선지자가 분명한 하나님의 음성을 들었음에도 눈앞의 욕심을 따라가다가 당나귀에게 책망을 듣고 결국 패가망신한 이와 같은 어리석은 일들을 기억해야 한다.

사사로운 자리에서 한 말까지 호시탐탐 엿듣고 확대 증폭하여 인터넷에서 벌떼같이 공격하는 안티들에게 망신당하지 않기를 바란다. 여기서 더 나아가면 안 된다. 목사이기 이전에 그리스도인의 본질을 회복하기 바란다. 세상 사람들에게 더 웃음거리가 되고 짓밟히는 일이 없어야 한다. 무슨 변명이나 미사여구로 하나님 이름을 망령되게 일컬으며 양심과 자신을 속이지 말기 바란다.

이미 세상의 빛과 소금이어야 할 성직자단체인 한기총의 명예와 운명이 법정의 세속 판사, 변호사들의 수중에 넘어가 버렸다. 양측 당사자들은 모든 것을 다 내려 놓아야 한다. 지난 2년간 한기총 대표회장을 지내고 이번 선거관리위원장이었고, 지금 전기총(전국기독교총연합회)을 만들어 초대 대표회장이 된 목사의 책임도 피할 수 없다. 이분도 역시 회개하는 마음으로 다 내려놓아야 한다.

이분들이 신앙의 본질을 외면하고 이대로 지속된다면 변호사가 감리교단 감독회장 직무대행이 된 것처럼 한기총 대표회장 직무대행도 변호사가 될 날이 오고 말 것이라 경고해 둔다.

당사자들의 영적인 결단과 용기에 따라 한국교회의 위상이 업그레이드 될 수도 있고 추악하게 될 수도 있다는 것을 명심하기 바란다.

『소금이 만일 그 맛을 잃으면 무엇으로 짜게 하리요 아무 쓸데 없어 다만 밖에 버려져 사람에게 밟힐 뿐이니라』(마태복음 5장 13절).

2011. 3. 17

50. 문정렬 목사님의 소천이 주는 교훈.

2010년 4월18일 오후 4시45분 본 교단 원로이며 증경총회장이신 문정렬 목사께서 하나님의 부르심을 받고 홀홀히 우리 곁을 떠났다. 이 소식을 듣는 순간 존경하는 원로를 잃은 슬픔을 추스르면서 이에 우리 자신들을 살펴보는 기회가 되었으면 하는 마음에서 필을 들었다. 고인은 살아계실 때에 항상 은혜로운 말씀을 주시더니 이젠 죽으시면 서도 살아있을 때보다 더 강력한 메시지를 주시고 있으시다.

히브리서 1장에 『하나님께서는 선지자들을 통하여 여러 부분과 여러 모양으로 말씀하시다가 마지막에는 아들을 통하여 우리에게 말씀하신다.』고 했는데 죽으시면서 교단을 향하여 동역자들을 향하여 말씀하시고 계시다.

진정한 그리스도인이라면 생활과 삶 자체가 교훈이 되어야 한다. 『이제 우리가 육체 가운데 사는 것은 나를 위하여 자신을 버리신 그리스도를 믿는 믿음으로 사는 것이며 부활하신 그리스도께서 그의 남은 사역을 내 안에 성취하시고』 계시기 때문이다. 이에 문 목사님께서 소천하시면서 아래와 같은 메시지를 주시고 있다.

첫째. 『너희들도 다 이렇게 죽는다. 정신 차려라.』 라고 말씀하신다. (1), 나는 건강하다고, 나는 아직 나이가 젊다고, 나는 아직 할 일이 많이 남았다고, 안심하고 장담하지 말라고 하신다. (2), 돈이 많다고, 높은 지위에 앉아 있다고, 좋은 집, 좋은 자동차 타고 다닌다고, 많은 사람이 부러워하고 타인에 영향력이 있다고 자랑하거나 으스대지 말라고, 너도 언젠가 이렇게 순식간에 허망하게 죽는 날이 있을 것이니 그러니 정신 차리라 고 말씀하신다. 과연 우리는 문 목사님의 소천을 목격하면서 어떤 생각을 하고 어떻게 살아가야 할지를 깊이 살펴보는 기회가 되어야 할 것이다.

둘째.『 교단의 소송과 분열, 비방과 갈등을 멈추라.』하신다.

(1), 너희들이 지금 하고 있는 소송과 분열 등 이 모든 것들을 죽음 앞에서, 지금 육신을 벗은 내 입장에서, 심판하실 하나님 앞에서 들여다보고 자성하라고 말씀하신다.
과연 반대편은 잘못되었고 자신의 입장이 옳고 가장 정당하다고 생각하는지, 그리고 용서와 화해의 여지는 없는지 한걸음 뒤로 물러나서 생각해 보라고 하신다.
우리 모두가 한번쯤 본 교단의 소송과 갈등을 큰 시야로 바라보고 생각할 수는 없는지 고민하고 기도해야 할 것이다.
우리가 아직 살아 있다는 것은 생명의 주인이신 하나님께서 기회를 남겨 두셨다는 것이니 그러므로 남아있는 기회에 어떤 목적을 향하여 어떤 자세로 사역을 감당해야 할 가를 깊이 생각해야 할 것이다.

셋째. 장례위원회와 장례식에 대한 아쉬움

 현재 교단분열의 형편이 어떠하든지 고인이 어느 편에 서 있었든지 그 분은 교단역사의 초창기부터 희로애락을 함께 해 오신 큰 어른이며 모든 동역자들이 사랑하고 존경하는 선배요 스승임에 틀림없다. 이와 같은 점을 주목한다면 피차 모든 것을 다 내려놓고 교단의 어른들이 다 모여서 함께 장례식만큼은 범 교단적으로 치렀어야 했다고 생각했다.

필자의 생각대로 입장을 표현하라면 장례위원회 자리를 마련하여 네편 내편 가리지 말고 함께 모여 기도하고 예배드리는 기회를 만들었으면 하는 아쉬운 생각이 자꾸 든다. 조용목 목사님이 입관예배를 드리고 발인예배는 조용기 목사님, 하관예배는 박광수 목사님이나 박정근 목사님 등 이렇게 했더라면 좋았을 것이란 아쉬운 생각이 자꾸 든다.

우리 모두 죽음 앞에서는 겸손해져야 한다고 생각한다면 장례식의 꼴이 좀 우스웠다는 아쉬운 생각이다. 조금 큰 눈으로 큰 시야로 고인과 교단의 입장을 생각하면서 이와 같이 했더라면 고인이 기뻐하셨을 것이고 하나님께서도 기뻐하셨을 것이라 생각한다. 물론 통합총회측의 입장도 있었겠지만 조금 깊이 생각했더라면 고인의 소천은 교단이 업그레이드되는 기회가 되지 않았을까 하는 생각이 든다.

넷째. 그분은 아주 수월하게 우리 곁을 떠나가셨다.

어떤 사람의 죽음이라도 지나고 나면 허망하지 않겠는가. 마는 몇 주 전 대전에서 지역목회자 세미나를 인도하시더니 이렇게 갑자기 가실 줄이야……. 진정 삶과 죽음은 한걸음 사이일 뿐이라는 것, 죽음이 멀리 있는 게 아니라 우리 곁에 아주 가까이에 우리를 지켜보고 있다는 것이다. 다윗이 " 삶과 죽음은 한 걸음 사이이니 이다." 한 말을 기억하게 된다.

숨을 멈추는 순간, 지갑에 남았던 돈도 쓸 수 없고 자동차도 탈수 없고, 입던 양복도 구두도 안경도 휴대폰도 이젠 자신이 사용할 수 없게 되었다는 사실, 좋은 음식도 먹을 수 없고 물도 마실 수 없고 전도도 설교도 할 수 없고 사랑하는 사모님을 사랑한다. 부를 수도 없고 선을 행하거나 주를 위해 뭔가 할 수 있는 모든 기회가 영원히 끝나버렸다는 사실, 숨이 멈추고 육신을 벗어나는 순간 과연 무엇이 가장 아쉽고 안타까우셨을까 살아있는 후배 동역 자들에게 무슨 말이 하시고 싶으실까 그것이 궁금하다.

다섯째. 본 받아야 할 모습

교단의 불법과 횡포를 자행하는 자의 회유와 협박을 거부하시고 옳고 정의로운 길에서 소천하시는 순간까지 부끄럽지 않으려고 최선을 다하시다 간 모습을 우리는 본 받아야 할 것이다. 그 분은 이젠 모든 기한이 끝났다. 부흥회도 할 수 없고 전도할 기회도 헌신할 기회도 이젠 주어지지 않는다. 살아계실 동안 최선을 다하여 감당하셨던 사역에 대한 평가와 상급만이 기다리고 있을 것이다.

하나님께서는 문 목사님을 대하실 때 무슨 말씀을 하실까 평생의 모든 사역과 흔적에 대한 어떤 평가를 받게 될까.

존경하는 문 목사님의 소천을 보면서 우리는 어떤 모습으로 주님 앞에 서게 될까를 깊이 생각하고 남은 시간을 교단의 하나 됨을 이루기 위하여 최선을 다해야 할 것이다.

2010, 4, 20일

51. 무릎 꿇은 대통령

영국의 황제 조지 2세(1727-1760)가 헨델의 메시아 2부 마지막 곡 '할렐루야!'의 장엄하고 영감이 가득한 코러스가 연주될 때 감격하여 자리에서 벌떡 일어서자 다른 관객들도 모두 자리에서 일어설 수밖에 없었다고 한다. 그 사건을 계기로 메시아의 할렐루야 부분을 연주할 때는 모두 일어서는 것이 관례처럼 되어 버렸다.

아무리 황제라 할지라도 우주만물을 다스리시고 인생의 생사화복을 주관하시는 전능하신 하나님의 임재를 느낄 때 두렵고 떨림을 경험하게 될 것이며 이때 기립하여 경의를 표하는 것은 아름다운 것이다.

1837년 6월 19일 야밤에 영국의 퀜테베리 대주교가 빅토리아가 잠들어 있는 침실 문을 두드렸다. 그녀가 왕위 계승자가 된 것과 대관식에 나아가야 한다고 전하러 온 것이다. 이때 19세의 소녀 빅토리아 여왕은 즉시 무릎을 꿇고 성경을 펼친 뒤『하나님! 제가 만일 영국 여왕이 된다면 이 성경 말씀대로 다스리게 하소서』라고 기도했다. 이때가 조선의 24대왕 헌종이 즉위한지 3년 되는 해였다.

빅토리아여왕은 왕위에 나아간 후 64년 동안 집무실 곁에 기도실에서 항상 무릎을 꿇고 기도했다. 어느 날 눈물 젖은 눈으로 기도실을 나오는 여왕을 보고 시종이 『폐하! 온 세계가 여왕폐하의 것인데 무슨 소원이 그렇게 많으셔서 눈물로 기도하십니까?』라고 묻자 『애야! 나는 내가 쓰고 있는 이 왕관을 그 분(예수그리스도)앞에 드리고 싶단다.』라고 했다고 한다.

그녀의 치세기간 영국은 잉글랜드 스코틀랜드 아일랜드 등 지역과 종족의 극심한 갈등과 이질감으로 분열하고 대립하던 시기였다. 그러나 그녀는 하나님께 기도하여 솔로몬 같은 지혜를 구하고 수많은 위기와 난제를 절묘한 방법으로 풀어나가며 국정을 장악하고 발전에 발전을 거듭하여 19세기 대영제국 해가지지 않는 나라 황금기를 열어간 것이다.

역사는 빅토리아 시대를 영국의 황금기라 평가하며 그 영광의 중심에 키 155센티의 혈우병 보유자였던 연약한 여인 빅토리아여왕이 있었다. 당시 영국의 식민지는 미국 캐나다 호주 인도 아르헨티나 등 해가지지 않는 번영의 나라가 그녀 치세기간이었다.

하나님 앞에 겸손하게 무릎 꿇고 기도하는 지도자가 있는 나라는 이와 같이 번영과 발전이 주어졌다는 것을 역사적으로 검색 할 수 있다. 이는 인간의 상식을 뛰어 넘는 하나님의 은총과 복주심이 있는 아름답고 위대한 것이다.

2차 대전 중 4선에 당선된 미국의 루즈벨트 대통령도 하나님 앞에 언제나 겸손하고 성실한 신앙인이었다.『전능하신 하나님께서 미국의 어린 병사들과 함께 하셔서 지켜주시고 승리케 하여 주시기를』항상 기도하는 지도자였다.

어떤 권력자, 제왕이라도 하나님 앞에 기도하는 것은 아름다운 것이다. 그분 앞에 낮아지고 겸손해 질수록 더 위대한 지도자가 될 수 있다고 보아야 한다.
신실한 신앙인이라면 무릎을 꿇고 기도하는 것은 아주 자연스럽고 신선한 것이라 다시 강조해 둔다. 이것을 문제 삼는 사람이 있다면 그 신앙의 깊이와 의미를 모르기 때문이라고 이해하고 싶다.

우리나라 국가조찬 기도회가 처음 시작 된 것은 1963년 김준곤 목사가 미국 조찬기도회에 참석한 후 우리나라에도 도입하는 것이 바람직하다고 여겨 1965년 3.1절을 앞두고 2. 27일 구 조선호텔에서 김종필 김영삼 정일권 총리 등 20여명이 참석하여 처음 시작됐다.
이듬해 1966년 박정희대통령이 기쁘게 참석하겠다고 하여 3월 8일 제 1회 국가조찬기도회가 시작되었고 박정희 대통령이 김준곤 목사의 대학생선교회를 적극 지원하여 현 C, C, C 본부 부지(구 러시아 공사관 자리)를 마련해 주었고 민족복음화운동의 후원자가 된 것이 국가 발전에 기본 원동력이 된 것이라고 생각한다. 또한 박대통령은 전국의 산속마다 신당, 굿당 등을 철거하고 무당들을 범죄적 차원에서 단속한 것은 성경역사상 산당과 우상의 제단을 훼파했던 이스라엘 왕들의 시대가 발전하고 복을 받았던 것과 같다고 볼 수 있다고 칼럼을 쓴 적이 있다.

국가조찬기도회는 이때부터 시작하여 전두환, 노태우, 그리고 김영삼, 김대중, 노무현대통령 등 오늘까지 지속적으로 치러진 국가발전에 기여한 중요한 행사로 여겨야 한다.

특히 이명박 대통령은 개신교단의 장로출신으로 역대 지도자들 중 가장 신실한 신앙인으로 인정받고 있다. 신앙인이 전능하신 하나님 앞에 기도할 때 낮아짐과 겸손의 표현으로 무릎을 꿇는 것은 이상하거나 문제될 것이 없는 신선하고 아름다운 일이다.

그런데 요즘처럼 그 문제를 두고 시시비비하고 폄하하는 것은 상식이하의 몰상식을 드러내는 것이다.

국민들은 이명박 대통령의 남은 2년의 임기동안 빅토리아 여왕이나 루즈벨트 대통령을 능가하는 좋은 정치를 하여 남북문제 등 어려운 난제들을 극복하고 국가 발전에 이바지하는 좋은 대통령이 되도록 이해하고 기도로 후원해야 할 것이다.

2011. 3. 9일

52. 큰 바위얼굴을 기대하며

성경인물 중 처음에는 크게 쓰임 받고 대단했지만 그 종말이 비극으로 마친 인물들이 있고 반면 마지막까지 꽃과 같이 아름답고 향기로운 삶을 사신 인물들이 있다. 이에 그 두 종류의 인물들을 통하여 오늘의 교훈을 삼고자 한다.

1. 두 종류의 인물들

1) 사울 왕과 솔로몬왕 같은 분들은 처음에는 하나님께 크게 쓰임을 받았으나 그 마지막에는 정로를 이탈하고 몰락하는 비극의 주인공이 되었다. 사울왕은 하나님의 주권보다 자기 왕권을 더 존중히 여긴 것이 원인이었고 솔로몬왕은 하나님께서 세 번 꿈에 경고하셨음에도 그 경고의 음성을 소홀히 여기더니 종말이 용두사미가 되어버렸다. 이와 같은 비극은 가문과 나라와 공동체가 함께 몰락했다는 것을 주목해야 한다. 우리시대에 이와 같은 비극을 목격하는 일이 없어야 한다.

2) 반면 다니엘과 요셉 같은 분들은 이방나라에 포로와 노예의 신분으로 끌려갔으나 하나님을 향한 신앙이 한결같이 변치 않았고 생의 종말에서는 그 영성이 더욱 풍성해지고 다니엘은 구약의 계시록이라 할 수 있는 다니엘서를 기록했다. 사도바울은 수많은 고난을 통과하면서 『나의 달려갈 길을 다 달리고 믿음을 지켰으니 이제 의의 면류관이 내게 예비되었

다』는 승전가를 부르며 순교의 생을 마쳤고 신약성서 14권을 남겼다. 이분들은 죽음이 가까울수록 영성은 깊어지고 마지막이 처음보다 더욱 아름다웠다.

2. 우리가 추구해야 할 사역

우리는 위 두 종류의 인물들을 기억하면서 처음과 마지막이 한결같고 오히려 마지막에 한층 더 거룩함에 이르는 복을 받아야 한다.

『생의 종말에 이르러서 삶을 잘못 살아왔다고 깨닫는 것은 비참한 것이다. 왜냐하면 우리가 살아야 할 인생은 오직 하나뿐이기 때문이다.』세상 떠난 후 더 아름다운 흔적을 남기고 기억하는 이마다 닮아지고 싶은 모델이 되는 삶이되어야 하겠다.

지금 한국 교회의 지도자들이 모두가 그랬으면 좋겠다. 처음과 나중이 한결같고 오히려 처음보다 지금, 그리고 지금보다 이후 세상 떠날 즈음에 그리스도의 성품과 하나님 형상을 닮은 거룩한 모습이 되었으면 좋겠다. 더 풍성한 영성, 청빈과 희생의 모습, 촛불이 자기 몸을 태워 불꽃으로 소멸됨같이 참 그리스도인은 하나님의 평가와 보상을 귀중히 여기고 돈과 권력, 세상의 거추장스러운 것들을 배설물 같이 여긴 바울과 같은 영성의 지도자가 되었으면 좋겠다.

3. 우리 시대의 큰 바위 얼굴

 하나님의 사역자들은 세상에서 아무리 영향력이 커도 예수님 덕분에 영광 받았던 당나귀에 지나지 않음을 날마다 확인해야 한다.

발람선지자나 사울 왕처럼 용두사미가 되지 말고 성령의 세미한 음성에 순종하는 타협하지 않는 결단력으로 처음과 나중이 변함이 없었으면 좋겠다.

어디 큰 바위 얼굴은 없을까 눈이 흐려지도록 사모하는 이 시대에 세상을 훈훈하게 하고 감동케 하는 예수 닮은 지도자가 기다려진다.

원수 되었던 것을 화목케 하시려고 그 부끄러운 십자가에 매달리셨던 그리스도. 화해와 용서를 위하여 피를 쏟고 희생하신 예수님처럼 살아야 비로소 제자가 아니겠는가. 우리는 지금 풍요와 성공이라는 세속 맘몬의 신앙에 함몰되어 있는 이 기본적인 복음의 본질을 회복해야 한다.

우리 모두 가슴을 찢으며 회개하고 화해하는 "내 탓이요" 하며 함께 부둥켜안고 우는 아름다운 모습이 그리워진다.

2011, 2월 22일

53. 진실, 오해, 거짓의 삼각관계

콩 심은데 콩 나고 팥 심은데 팥 난다. 진리와 진실을 따라 살아가면 아름답고 고귀한 삶이 될 것이지만 진실을 제대로 파악하지 못하고 거짓을 따라간다면 결국 불행의 열매를 거두게 될 것이다. 그러므로 진실과, 진실에 대한 오해, 그리고 거짓의 역학적 관계를 분석 파악하여 적용 할 때 성공적 삶이 될 것이다.

첫째, 진실(眞實)이란 거짓이 없고 참되고 올바른 것이며 오염되지 않은 순수함을 말한다.

둘째, 오해(誤解)란 사실을 다 알지 못하고 잘못된 편견과 지식에 의하여 왜곡되게 판단하고 인지(認知)하는 것이다. 진실에 대한 고의성은 없으나 진실과 차이가 나는 내용을 사실처럼 여기는 그 결과는 엄청난 비극을 초래 할 수 있다.

셋째, 거짓이란 진실이 아닌 것을 알면서도 자신의 이익을 위하여 사실인 것처럼 속이는 것이다. 거짓은 타인을 속이기 전에 스스로를 속이는 것이며 자신의 양심과 인격을 괴롭히고 파괴하는 어리석은 결과가 된다.

아담은 에덴동산에서 모든 열매를 먹을 수 있었다. 오로지 중앙에 있는 선악과는 먹지 말라는 원칙을 정하신 이유는 하나님과의 질서의 관계를 유지하며 하나님의 모든 것들을 누리게 하기 위함 이였다. 그 질서를 통하여 하나님의 생명과

자유와 행복을 누리도록 배려하고 준비하신 것이 에덴동산에
서의 진실인 것이다.

그러나 뱀은 아담에게 선악과를 먹고 규율을 파기하면 오히
려 눈이 더 밝아져 하나님처럼 지혜로워 질 것이라는 거짓말
을 했다. 아담은 이 거짓말에 속아 하나님의 진실보다 뱀의
주장이 더 옳다고 생각하여 하나님의 약속(진실)을 오해했다.
그 결과로 결국 에덴에서 쫓겨나고 불행과 저주가 시작 된
것이다.

바둑은 지혜와 묘수가 참으로 많은 지적 게임이다. 가로 세
로 19줄에 흑백으로 서로 한 점씩 번갈아 놓아 진을 치며 집
을 차지하고 싸워 승부를 가리게 된다.

경기 내내 한 번에 한 점씩만 놓는다. 초보자든 고수이든 그
한 점은 최선의 선택임이 틀림없다. 그러나 종국(終局)에서
보면 고수에게 모두 잡히거나 불계패를 당하게 된다. 우리의
인생도 언제나 한 수, 한 수, 최선의 선택으로 살아가겠지만
거짓에 의한 오해를 극복해야 하며 진실을 선택할 때 후회가
없는 고귀한 삶이 될 것이다.

독일 나치 시대의 신학자 본 히퍼는 독재자 히틀러가 민족주
의 정책으로 반인륜적 범죄를 저지를 때『미친 사람이 운전
하는 차에 희생되는 사람을 돌보는 것만이 나의 과제가 아니
다. 이 미친 사람의 운전을 중단시키는 것도 나의 과제이
다.』라며 단호하게 저항했다. 본 히퍼의 저항은 그 시대 사

람들의 입장에서 보면 무모하고 어리석은 짓이었다. 모든 사람들이 『왜 그러느냐고 좋은 게 좋은 게 아니냐고, 홀로 대세와 현실을 뒤집을 수 있겠느냐고, 어리석다고, 현명하지 못하다고,』 왕따 당했는지도 모른다. 그러나 그는 게쉬타포에 체포되어 마침내 처형되면서까지 중단하지 않았다. 그 시대 그의 저항은 무모한 것이 틀림없었다. 과연 그는 어리석은 사람, 실패자였을까.

여호사밧왕은 다윗왕 이후 그래도 믿음의 왕이라고 평가한다. 그러나 그는 아합왕과 멍에를 함께하고 교류하고 통상했다. 북 왕국 이스라엘은 본래 같은 민족, 같은 형제나라이었기에 그렇게 하는 것이 최선의 선택이라고 생각했을는지 모른다. 그는 아합왕의 딸 아달랴를 며느리로 맞아 혼인하기까지 했다. 그리고 아합왕과 군사 동맹을 맺어 전쟁에 참여하게 된다. 이 전쟁에서 만일 패전 할 것이라 예측했더라면 그렇게 하지 않았을 것이다.

여기서 여호사밧 왕에게 선견자 예후가 『왕이 악한 자를 돕고 여호와의 미워하는 자를 사랑하는 것이 옳으니이까. 그러므로 여호와의 진노가 임하리 이다.』 (역대상 19장 2절)는 책망을 들었을 때, 그리고 전쟁에 임박하여 선지자 미가야의 책망을 들었을 때 진실과 오해와 거짓을 구별하여 진실을 따랐더라면 그 후손의 비극은 없었을 것이다. 그러나 여호사밧은 선지자들을 통한 하나님의 경고를 간과하고 대세와 여론을 진실보다 더 크게 여겼고 현실을 극복하지 못했다. 마침내 참패하여 군사를 다 잃고 겨우 목숨을 유지하여 도망치는 참담한 결과가 되었다.

오해와 거짓을 분별하지 못한 결과는 여호사밧왕 사후에 더욱 극명하게 나타났다. 아합의 딸 아달랴의 영향을 받아 우상숭배의 나라가 되었고 또 여호람 사후(死後)에는 아달랴가 다윗의 혈족과 손자까지 모조리 찾아 죽이고 6년간 여왕 행세를 하며 다윗왕통 역사 중 가장 비극적인 시대가 되었다. 이런 참흑한 결과가 또 어디 있겠는가.

도박을 하는 사람은 자기는 돈을 잃거나 패가망신 할 것이라 생각하지 않는다. 자신의 선택이 진실이라 확신하고 판돈을 걸지만 그러나 그 결과는 후회해도 소용이 없다. 스스로를 속이는 것이다.

누군가『반보만 먼저 가라 그래야 바보가 되지 않는다.』한 말처럼 반보 앞의 일도 모르는데 다섯 보, 열 보 앞의 일을 말하면 이상한 사람 취급을 받게 될 것이 틀림없다. 지금 우리는 이 시대를 살면서 진실을 구별하는 영적 분별력과 혜안이 있어야 한다.

유비 현덕은 나라를 창업하기 위하여 제갈량을 찾아 삼고초려(三顧草廬)하기까지 지혜를 구했다. 오해와 거짓을 분별하고 옥석을 가릴 줄 아는 덕목이 필요했기 때문일 것이다. 이는 기업의 CEO, 특히 조직의 지도자에게 더욱 필요한 것이다. 공동체의 성공과 실패가 여기에 있다고 해도 지나친 말이 아니기 때문이다.

진실에 대한 오해, 그리고 거짓의 그 결과는 처음에는 잘 모른다. 그러나 때가 되면 피할 수 없는 재앙으로 나타 날 것이다.

『너희가 내 말에 거하고 참 내 제자가 되면 진리를 알지니 진리가 너희를 자유케 하리라.』

2011. 6월 11일

54. 그리스도의 마음을 품은 지도자

한때 야인시대라는 TV드라마를 재미있게 본적이 있었다. 극중에 김두한과 이정재의 한판 주먹 대결장면이 결국 무승부로 끝났다. 주인공 김두한은 주먹만 강할 뿐 아니라 동지들과의 의리와 신의를 지키는 부하들에게 존경을 받는 카리스마 있는 보스로 나온다.

그러나 이정재도 그런 면이 있긴 했으나 그는 자유당 정권의 정치 폭력 앞잡이로 막강한 영향력을 행사하다가 5.16 직후 사정의 본보기로 교수형 당하는 종말을 맞는다.

조폭들은 자기보다 더 강한 주먹 앞에 복종하고 '형님'으로 섬긴다. 강도가 총을 들고 은행에 침입해 "손들어! 꼼짝마!" 소리치면 모두 그 앞에 벌벌 떨고 복종한다. 강도의 인격에 대한 존경심으로가 아닌 죽일 수도 있다는 총의 위력 앞에서 압도돼 복종하는 것이다. 이와 같은 물리력에 의한 영향력은 돈의 위력에 있고 지위와 권력에 있는 것이다.

북한 김정일 정권은 주체사상으로 국민들을 세뇌해 오직 한 존재 김일성과 김정일에 대한 절대 복종을 강요하고 있다. 그 누구라도 이 권위, 이 명령에 거역하면 공개 총살, 정치범 수용소 등 잔혹하게 제재하고 죽여 버린다고 한다. 김정일의 통치는 공포와 숙청, 그리고 폭력에 의한 것이다. 이와 같은 방법은 잠시는 지위와 권력을 누릴 수 있겠으나 그 결과는 모든 공동체를 불행하게 하는 비극으로 끝난다.

폭력적인 방법을 통하여 공동체를 지배하는 것은 그 힘이 사라지면 더 이상 아무도 복종하거나 따르지 않는다. 과거 왕권 군주시대에는 이와 같은 방법으로 통치하고 군림할 수 있었을지 모르나 지금의 민주화 시대 정보화 시대에는 격에 맞지 않는 지배력인 것이다.

전문 외교 분야에서는 탁월한 외교력으로 한미동맹과 대북정책에 괄목할만한 업적을 인정받고도 딸의 특채 문제가 드러나므로 도덕성을 상실하고 장관직에서 불명예 퇴직한 유명환 장관의 경우가 그렇고, 또한 40대 총리 론으로 국민들의 주목을 받으며 임명되었던 김태호 전 경남지사가 낙마한 것도 정직하지 못하게 비춰진 그의 진실성 때문이었다.

퇴임 기자회견에서 "잘못된 거역 때문에……. 정말 잘못된 기억 때문에……."라고 했지만 아직 40대의 젊은 분이 몇 년 전의 일을 그렇게도 기억 못한다는 것이 쉽게 수긍이 가지 않으며 그 말도 역시 또 한 번 설득력이 없게 보인다.

지금의 시대는 지도자가 영향력을 가지려면 투명한 청렴성, 군림하는 자세가 아니라 섬김의 자세, 이기적이 아니라 이타적인 봉사정신, 정직성과 도덕성이 있어야 한다. 확고한 목표의식을 가지고 사명감으로 흔들리지 않는 초지일관의 신뢰성을 겸비해야 한다.

만일 위와 같은 자세가 아니라 지위와 권세로 억압하고 지배하려고 할 때는 독재자 폭군이 되는 것이다. 다시 말해서 이 시대의 지도자는 투명하게 모든 사람이 수긍할 수 있는 섬김의 자세가 있어야 존경받는 지지를 얻을 수 있는 것을 강조하고 싶다.

지난 9월 2일 소천하신 은보(恩步) 옥한흠 목사를 추억하며 그분은 스스로 "한 없이 흠이 많은 사람" 이라고 한 말은 "나는 죄인 괴수"라고 고백했던 바울 사도를 기억하게 한다. 오로지 제자로서 그리고 청지기로서의 본분과 초심을 잃지 않으려 자신을 다스리고 낮아짐의 모범을 보이려는 그 삶이 아름답고 후임자에게 교회를 흔쾌히 물려주고 세속 지위와 재물에 대하여 초연하려 한 그의 신앙은 한국교회의 모델로 삼고 싶다.

지난 15일 창립 11주년을 맞은 국제개발 NGO 굿 피플 창립 11주년 감사 예배를 드리면서 이사장 조용기 목사는 가난과 재난으로 고통 받는 이들을 불쌍히 여기는 마음으로 세상을 끌어안겠다는 포부를 밝혔다.

"제사장도, 레위인도 강도 만난 사람을 외면했지만 사마리아인은 그를 불쌍히 여겼다"며 "선한 사마리아인은 우리를 불쌍히 여기시는 하나님을 성품이라"이라고 "우리 모두 사마리아인처럼 선한 마음을 품고 네 이웃을 네 몸 같이 사랑하라는 주의 명령을 따라야 할 것"이라고 권면했다.

"너희 안에 이 마음을 품으라. 곧 그리스도 예수의 마음이니" 인류의 위대한 스승이요 가장 우수한 리더의 모델이 되시는 예수님의 가르침을 따르는 것이 가장 카리스마 있는 지도력을 가지게 되는 것이다. 지도자는 사사로운 사심이나 욕심을 내려 놔야 한다. 내면에서 속삭이는 헛된 욕심의 유혹을 물리쳐야 하며 자기 자신을 십자가에 못 박아야 한다.

자기의 마음을 다스리는 자는 성을 빼앗는 자보다 나은 것이다. 그리스도의 마음을 품고 섬기려는 자세를 가져야 참 영향력 있는 지도자가 될 수 있는 것이다.

옥한흠 목사와 같이 그리고 조용기 목사의 사랑과 행복 나눔 재단과 굿 피플과 같은 섬김과 봉사의 사역을 지속해 나간다면 닫힌 불신자들의 마음을 열고 다시 한 번 민족 복음화 재도약의 발판을 마련 할 수 있을 것이다.

2010. 9, 10

55. 우리가 닮아야 할 弘益 한국인 상

1. 가난한 자와 함께한 장기려 선생님

장기려 박사는 우리나라 외과 학회에서는 아주 뛰어난 업적을 남긴 외과 전문의였지만, 그의 인생은 너무나도 서민적이고 초라했다. 1995년 12월, 86세로 생을 마감할 때까지 부산 복음 병원 원장으로 40년, 복음 간호 대학 학장으로 20년을 근무했지만, 그에게는 서민 아파트 한 채, 죽은 후에 묻힐 공동묘지 10평조차 없었다.

장기려 박사는 언제나 매우 어려운 처지에서 사셨다. 물론, 병원 원장이나 대학 학장으로서의 수당은 있었겠지만, 그에게는 월급이나 수당보다는 가불이 많았다.

여기에서 그의 수수께끼가 시작된다. 장 박사에 대해 떠도는 미신에 가까운 풍문 때문에 전국의 가난한 수술 환자들과 다른 병원에서 치료가 불가능하다는 판정을 받은 말기 암 수술 환자들이 부산 복음 병원으로 몰려들었던 것이다.

겨우 입원을 하고 수술을 받아 병이 나으면 그 다음에는 또 다른 문제가 생겼다. 그들 대부분은 입원비와 약값이 없었다. 이 때 마지막으로 찾아가는 곳이 원장실이었다.

원래, 잇속이 밝지 않아 셈을 잘 할 줄 모르고, 바보 같을 정도로 마음이 착한 장 박사에게 "시골 우리 집은 논도 밭도 없고 소 한 마리도 없는 소작농이어서 입원비나 치료비를 부담할 능력이 없습니다."라고 환자들이 하소연하면, 장 박사는 그들의 딱한 사정을 생각하고는 눈물겨워하였다. 병원비 대신에 병원에서 잡일을 하는 것으로 대신할 수는 없겠느냐는 환자들의 제안에 장 박사는 환자의 치료비 전액을 자신의 월급으로 대신 처리하고는 하였다.

병원 행정을 이렇게 하다 보니 장 박사의 월급은 항상 적자였고, 이것이 누적되면서 병원 운영도 어려워지게 되었다. 결국, 병원 회의에서 결정이 내려졌다.

앞으로 무료 환자에 관한 모든 것은 원장님 마음대로 하지 못하고 부장 회의를 거쳐 결정한다는 것이었다. 그렇다고 가난한 환자들이 장 박사를 찾아오지 않는 것은 아니었다. 모든 결정권을 박탈당한 이후부터 장 박사는 어려운 환자들이 생기면 야밤에 탈출하라고 알려주고는 하였다. "내가 밤에 살그머니 나가서 병원 뒷문을 열어 놓을 테니 탈출하라."는 것이었다.

장 박사의 이러한 '바보 이야기'는 일일이 열거할 수 없을 정도로 많다. 북녘에 두고 온 아내와 가족에 대한 그리움을 가슴에 묻고 지낸 장기려 박사는 평생에 걸쳐 묵묵히 사랑을 실천한, 진실로 아름다운 예수의 사람이었다.

2. 이산의 아픔 삭이며 희생과 봉사의 삶 살다간 참 의사

무료병원 운영과 청십자의료보험조합을 통해 仁術을 펼친 명의 장기려, 그는 북녘에 두고 온 가족에 대한 그리움을 가슴에 묻고 지낸 민족분단의 희생자이기도 했다.

한국전쟁이 일어난 지 4개월만인 1950년 10월 19일 유엔군과 국군은 평양을 탈환했다 당시 김일성의과대학 외과 의사였던 장기려는 대학병원과 야전병원에서 부상병들을 치료하고 있었다. 그해 12월 중공군이 개입하면서 국군은 평양을 철수하게 되고 이 때 장기려를 남으로 데려가기 위해 그를 야전병원 환자수송용 버스에 태웠다.

그것이 가족과의 45년에 걸친 긴 이별의 시작이 될 줄 몰랐다. 그는 언젠가 가족들을 만날 거라는 희망 하나로 부산에서 피난살이를 시작했다.

그러나 곧 다시 가족을 만날 거라 했던 그의 바람은 길고 긴 분단의 세월 속에 묻혀버리고 말았다. 장기려의 인생은 헤어진 가족을 향한 그리움으로 바쳐진 사랑과 기도였다.

3. "의사를 한 번도 못 보고 죽어가는 가난한 사람들을 위해 평생을 바치겠다."

 장기려의 가족에 대한 사랑은 황무지나 다름없던 우리 의료계에'가난한 사람도 치료혜택을 받아야 한다.'는 박애정신의 꽃을 피워냈다. 그는 의사란 단순히 돈을 벌기 위한 직업의 차원을 넘어 하나님이 허락한 소명이라 생각했다.

그래서 처음 의사가 되기로 결심했을 때부터 의사 한번 못 보고 죽어가는 가난한 사람들을 위해 평생을 바치겠노라고 하나님 앞에 맹세했다.

장기려는 경정의전에 들어가면서 한 이 하나님 앞에 약속을 생이 다할 때 까지 지켜나갔다. 평생을 아프고 가난한 사람들을 위해 인술을 펼친 의학박사 장기려. 그는 춘원 이광수의 소설 『사랑』의 주인공 '안빈'의 실제 모델로 알려져 있는 인물로 '한국의 슈바이처', '살아있는 성자'로 불렸다.

작가 이광수는 장기려를 가리켜 '당신은 聖者아니면 바보요'라고 말했다. 장기려는 자신이 가난한 사람들을 도우면 북에 있는 가족도 누군가 도와줄 것이라고 믿음을 갖고 하루 200명이 넘는 환자를 돌보았다.

4. 청십자의료보험조합, 한국 최초의 의료보험조합 설립

병원 규모가 커지면서 무료진료가 불가능하게 되자 장기려박사는 1968년 '건강할 때 이웃 돕고, 병났을 때 도움 받자'라는 표어 아래, 북유럽의 의료보험제도를 본 딴 '청십자의료협동조합'을 탄생시켜 한국 의료보험제도의 모태가 되었다.

먹고 살기도 힘들었던 그때, 주변의 몰이해와 재정적 어려움에도 불구하고, '병의 고통으로 시달림을 받는 것으로도 슬픈데 가난한 사람에게 과중한 치료비를 부담시킬 수 없다'는 신념 하나로 장기려는 한국최초의 의료보험조합을 성공으로 이끌었다.

5. 당대 최고의 외과의사

장기려박사는 서울의대 전신인 경성의전을 수석 졸업하고 59년 국내 최초로 간대량(肝大量) 절제수술에 성공하는 등 학문적으로도 당대 최고의 외과의사 중 한 사람이었다. 장기려는 한국 간외과 학의 창시자로 평가된다.

6. '나는 가진 것이 너무 많다'

장기려는 수술비가 없는 환자를 위해서 자기 돈으로 수술을 해주었다. 자기 월급으로 감당할 수 없게 되자 환자를 야밤에 탈출시키기도 했다. 평양 시절 그의 부인은 장기려가 생활비를 가져다 주지 않아 의사 가운과 환자복 삯바느질로 생계를 꾸려갔다. 그는 평생 자기 집 한 칸 갖지 않고 병원 옥상의 24평 사택에서 살았다.

7. '다른 사람이 모두 만날 수 있을 때, 나도 가족을 만날 것이다'

평생 나누고 봉사하는 삶을 산 잠기려 박사. 그 자신은 분단 조국에 의한 피해자였다. 1.4후퇴 때 환자를 돌보는 와중에 부모와 부인 5남매를 평양에 남겨두고 둘째아들만 데리고 피난길에 올라 이산가족이 된 장박 사는 평생 재혼하지 않고 고향의 가족을 다시 만날 날만 기다리며 살았다.

그런 그가 85년 정부의 방북권유를 거절하였다. 혼자만 특혜를 누릴 수 없다는 이유였다. 장박 사는 끝내 그리운 가족과 상봉하지 못한 채 95년 성탄절 새벽에 생을 마감하였다.

그러나 그는 임종을 앞둔 1995년 10월 측근들에게 통일과 민족의 만남에 대해 " 이 땅에서 지금 만나봤자 무슨 의미가 있겠는가. 그렇게 짧게 만나느니 차라리 하늘나라에서 영원히 만나야지 " 라고 말하며 유명을 달리하였다.

그는 부산시민상, 막사이사이상, 국제적십자상, 국민훈장, 호암상 등을 수상했다. 특히 그는 지난 95년부터는 당뇨병과 중풍으로 거동이 불편했음에도 불구하고 매일 상오 청십자병원에서 영세민 10여 명씩 진료해 주다가 그해 성탄절 새벽 하나님의 부름을 받았고 경기도 마석 모란 공원묘지에 안장되었다.

장기려 박사의 비문에는 그분의 유언대로 "주님을 섬기다 간 사람"이라고 적혀 있다. 그는 '가난하고 소외받는 이웃들의 벗'임을 자처하며 기독교 신앙에 기초한 철저한 희생과 봉사의 삶을 살아 간, '이 땅의 작은 예수'로 칭송받은 분이다. 그에게 붙은 '한국의 슈바이처', '살아있는 푸른 십자가' 라는 찬사에 한 점도 부끄럼 없이 평생 이웃 사랑을 몸으로 실천한 사람이었다.

8. 예수처럼 살고 싶었던 사람

절대빈곤시절의'천막 무료진료'부터 미래를 내다본 의료복지 정책인 '청십자 의료조합'까지, 그것은 그의'사랑'이 이뤄낸 기적이었다.

그는 예수처럼 살고 싶어 했고, 그렇게 살았다.

분단의 아픔을 환자에 대한 사랑으로 승화한 의사 장기려의 삶은 우리 모두가 본받아야 할 진실한 그리스도인의 참 모습이다.

56. 한국교회의 참담한 현실, 중앙일보 사설을 읽고

"욕심이 잉태하여 죄를 낳고 죄가 장성하여 사망에 이르느니라"는 이 말씀은 이 세상 누구에게나 적용된다. 이 공식에서 피해 갈 사람은 하나도 없다.

오늘 아침(11일) 중앙일보 사설 <보수 기독교단 거듭나야 한다>는 제목의 부끄러운 기사를 접하고 이 글을 쓴다. 그 내용을 요약하면 다음과 같다.

『부목사가 목사를 폭행하고 신자들을 상대로 사기행각을 하는가 하면, 보수 교단을 대표하는 한국기독교총연합회(한기총) 회장에서 물러나는 전임목사가 9일 기자회견을 자청해 '돈 선거'를 폭로하는 양심선언까지 나왔다. 이런 고질병을 고치기 위해 곪은 상처를 터뜨렸다는 취지로 교회 개혁을 위한 노력을 이어가겠다는 그의 다짐에 박수를 보내고 싶다.

그러나 속사정을 들여다보면 교단 내 파벌 간의 알력이 깔려 있다. 보수 교단을 대표하는 거대 종파인 대한예수교장로회에 속하는 양대 파벌인 '합동' 측과 '통합' 측이 회장 자리를 놓고 싸워 왔으며 연초부터 회장으로 새로 뽑힌 길 자연 목사의 자격 시비가 이어져 왔다. 그 와중에 길 목사의 반대편에 속하는 이 목사가 사실상 '길 목사가 돈 선거를 했다'는 주장을 들고 나온 셈이다.

어느 쪽을 편들 수 없는 이전투구(泥田鬪狗)에 고개를 들기 민망하다. 오죽했으면 한 기독교 인터넷 언론이 '해적들의 싸움'이라고 비유했겠는가. 싸움의 바닥을 들여다보면 세속과 다름없는 물욕(物慾)과 명예욕(名譽慾)이 득실거린다. 물신(物神)숭배를 경계해 온 종교계에서 어찌 이런 노골적인 이율배반(二律背反)을 보일 수 있을까. '하나님과 돈을 함께 섬길 수는 없다'는 성경의 가르침은 어디로 갔는가. 세상을 정화(淨化)하지 못하는 종교는 본래의 존재가치를 상실한 것이나 마찬가지다.

물론 훌륭한 목회자도 많다. 하지만 한기총 회장은 보수 교단을 대표하는 가장 높은 자리로 이제 그 자리에까지 만연한 타락상이 곪을 만큼 곪아 스스로 세상에 치부를 드러냈다. 더 이상 감출 수도 없고, 감춰서도 안 된다. 목회자는 물론 모든 기독교도들이 '죽음의 벼랑 끝에 섰다'는 절박감에 떨치고 일어서야 한다.』

중앙일보가 어떤 신문인가. 불교 편향적이고 기독교에 비판적 시각을 지닌 신문이라 필자는 평가한다. 삼성가나 중앙일보에 대한 치부를 들춰내 대응할 가치도 없지만, 그런 저들에게 '종교의 본래 존재 가치를 상실했다'는 이런 변명의 여지가 없는 망신을 당하는 개신교의 처지가 가슴이 쓰리고 수치스럽기 짝이 없다.

우리는 여기서 한국선교 100년 만에 기독교 역사상 가장 놀라운 성장과 조국 발전에 기여한 복음의 기반이 흔들리고 있음을 자각해야 한다.

이제 자정 능력을 상실하는 게 아닌가 하는 생각이 든다. 그렇다면 그 다음은 하나님의 간섭이 올 것이다. 이스라엘 역사나 중세 기독교 역사에서 부패한 기독교는 몰락했던 것을 교훈 삼아야 한다. 큰 나무도 작은 벌레로 인해 필경 넘어지고 거대한 제방도 작은 쥐 굴 하나로 무너지기 십상이기 때문이다.

지금 교단과 교회 내의 분쟁들이 세상 법정에서 다뤄지고, 타종교인 혹은 불신자 판검사들 앞에서 그리스도의 제자라 지칭하는 분들이 체면도 명예도 팽개치고 망신을 당하면서 폄하의 대상으로 추락하고 있는 것이 현실이다.

감리교단의 4년 임기 감독회장 자리다툼은 벌써 2년을 넘겼으나 그 끝이 보이지 않는다. 이번 '한기총' 대표회장 문제도 다시 세상 법정으로 가고 있다. 저분들은 어떤 일이 있어도, 아니 다른 것은 몰라도 그 자리는 양보하고 싶지 않은 모양이다. 반드시 자기가 해야만 된다는 생각인 것 같다. 이와 같은 부끄러운 일들을 보면서 과연 한국 개신교의 미래가 어찌될지 참담함을 느끼게 된다. 이와 같은 수치스러운 사건의 배경은 마음속에 잉태된 욕심과 탐심을 극복하지 못하기 때문이다. 감리교단의 수장이나 개신교단의 대통령 같은 한기총 회장의 권위와 명예의 매력이 세상의 비판과 폄하의 대상이 되고 전도의 문이 닫히는 것보다 더 중요한가 보다.

양보, 희생, 낮아짐, 섬김, 배려, 관용, 오래 참음 등 영적 가치나 하나님의 위로와 보상보다 자신의 영달과 교단장 감투가 더 소중하고 욕심나는 게 아닌지, 아니 이 세상이 너무 좋아 잠시 후에 만나게 될 하나님의 심판이나 천국의 보상 따위는 안중에도 없는 게 아닌가 하는 생각이 든다.

기독교의 교본으로 목사로서 평생 배우고 가르쳐 오던 성서의 말씀 "너희가 육신대로 살면 반드시 죽을 것이로되 영으로 육신의 생각을 죽이면 살리니 무릇 하나님이 영으로 인도함을 받는 사람이 곧 하나님의 아들이라"는 말씀이나 "너희 안에 이 마음을 품으라 곧 그리스도 예수의 마음이니 그는 근본 하나님의 본체시나 자기를 하나님과 동등 됨을 취하지 않으시고 오히려 자기를 비어 종의 형체를 가지사 사람들과 같이 되었고 자기를 낮추시고 죽기까지 복종 하셨으니 곧 십자가에 죽으심이라" 또는 "성령을 좇아 행하라 그리하면 육체의 욕심을 이루지 아니하리라"는 말씀을 따라 그리스도를 본받는 삶을 살아야 할 것인데 저분들이 이 모든 말씀들을 오죽 잘 알겠는가마는 잉태된 욕심에 양심도 영성도 마비되었는지 감각을 못 느끼는 것 같다.

사람의 모든 행위는 자기 자신을 꽁꽁 묶는다. 한번 저지른 행위가 자신의 올무가 되어 스스로를 결박하게 된다는 것을 명심해야 한다. 오늘 잠깐의 선택이 자신을 포박하고 자신의 운명을 영원히 결정짓는다면 우리는 얼마나 자기 자신과의 싸움에서 처절해야 할지, 날마다 자기 십자가를 짊어지고 "나는 날마다 죽노라" "내가 내 몸을 쳐 복종케 함은 내가 남에게 복음을 전한 후에 나 자신이 버림을 받을까 두려워함이라"는 성경말씀을 끊임없이 적용해야 한다.

그날에 이르러 평생을 섬겨온 주님께서 "내가 너를 도무지 알지 못하니 불법을 행하는 자여 내게서 떠나가라" 하신다면, 만일 그렇다면 지금 세상에서 누리고 추구하는 이 모든 것들이 과연 무슨 소용이 있겠는가.
우리는 여기서 세미한 주의 음성에 귀를 기울여야 할 것이며, 지금은 그 계시를 따라 결단하는 용기가 필요한 시대인 것 같다.

2011. 2. 11

57. 냉혹한 주인과 살인자

1. 남가일몽

 중국의 당나라 광릉 땅에 협객 순우분이라는 사람이 집 마당 회나무 아래에서 술에 취하여 잠이 들었는데 잠시 후 관복을 입은 사신의 초대를 받아 화려한 도성 괴안국에 이르러 국왕의 환대를 받으며 부마의 자리에 오르고 다섯 아들과 두 딸을 두고 태수의 벼슬자리에서 선치(善治)로 20여 년간 태평성대를 누리며 백성의 칭송을 받다가 단라국과 전쟁에 참패하여 잠시 고향에 돌아오게 되었다. 깜짝 놀라 눈을 번쩍 뜨고 보니 아뿔사! 이 모든 게 회나무 아래 꿈이었다. 인생을 '일장춘몽' '봄날 아침 한바탕 꿈' 과 같다는 것이다.

조금 멀리 내다보고 조금 눈을 크게 뜨고 보면 인생 80이 한 바탕 꿈과 같은 것이 아닌가. 청춘도 좋은 시절도 일식간에 다 지나가고 어느새 황혼에 이르러 죽음이 문밖에 서 있다 생각지 않는가. 창조자의 영원에 비하면 밤의 한 경점 같은 인생사에 취하여 땅 사고 빌딩 짓고 돈 쌓아놓고 히히덕거리는 어리석은 군상들은 날마다 정신을 번쩍 번쩍 차리고 마음의 눈에 너울을 걷어내고 영원을 향한 준비를 날마다 새롭게 해야 하지 않겠는가.

2. 아쉬운 인생

인류 역사상 가장 넓은 땅을 정복하고 대 몽골제국을 창업한 징기스칸은 65세에 죽으면서 이모든 것을 놓고 가는 것이 얼마나 아쉽고 분했을까. 만리장성을 쌓은 진나라 시황제는 죽고 싶지 않아 승로반에 이슬을 받아 마시고 천하에 불로초를 구하려 특단의 대책을 세우고 막대한 예산을 쏟아 부었으나, 그러나 그도 50세의 나이에 요절하였으니 그도 얼마나 안타깝고 분했을까 생각해 본다. 혹시 우리 중 하나님께서 주신 복에 겨워서 이런 착각을 하는 사람은 없을까 궁금하다.

3. 영원을 사모하는 마음

인생은 누구나 아쉽고 안타까운 것이다. 창조주께서 그렇게 하신 것이다. 영원을 사모하는 마음을 주시려고...
우리 주 예수께서는 너희는 마음에 근심하지 말라고 내가 영원한 처소를 마련하고 너희를 나와함께 영원히 살게 하실 것이라고 희망의 메시지를 주셨다. 우리에겐 이승엽선수의 홈런과 같은 감격과 희열이 날마다 증가하는 영원한 영광이 기다리고 있다는 사실에 흥분되고 가슴 두근거리지 않는가.
이 놀라운 희망이 이글거리지 않는다면 그는 그리스도인으로 자격상실자이며 그의 신앙은 얼마나 초라하고 불행한 것인가.
바울께서는"내가 육신에 머무는 것과 육체를 떠나 주와 함께 있을 두 사이에 끼었는데 몸을 떠나 주와 함께 있을 것이 더 큰 소망이지만 육신에 있을 동안 행하는 일들이 내일의 열매일진대 내가 무엇을 가릴는지 알지 못 하겠노라."고 하시지 않았는가. 이와같은 놀라운 영생이 지척에 기다리고 있는데 세속에 눈이 멀고 헛된 것에 취하여 거짓말로 이권에 연연하고 서로 미워하고 편 가르고 탐욕으로 벌벌거리고 있다면 그 얼마나 어리석고 가련한 모습인가.

이제 우리는 순간을 버리고 영원을 선택하자. 썩을 것을 썩지 않을 것으로 바꾸어 놓고, 두고 갈 것을 영원으로 가져가는 지혜를 가져야 한다. 우리는 악마 같은 욕심을 마음에서 털어내고 그리스도의 형상을 회복하자. 우리는 그분 앞에 꽃과 같이 아름답고 향기로운 그리스도인이 되어야 한다.

4. 냉혹한 주인과 살인자. 살벌한 사람이 되라.

첫째. 종놈을 잘 부려먹는 주인이 되라. 우리 모든 사람들은 충성스러운 종놈을 하나씩 거느리고 있다. 그런데 이놈을 제멋대로 내버려두면 스스로 주인행세를 하고 못된 일만 좋아하다가 결국 저도 망하고 주인까지 망쳐버리고 만다. 그러나 이놈을 잘 훈련하여 효과적으로 부려먹으면 주인도 복을 받고 종놈도 역시 복을 받게 된다.

이종이 바로 우리의 육신이라는 것을 알고 있는가. 이 육신이라는 하인을 잘 훈련하고 절대 복종케 하는 냉혹한 주인이 되자.

둘째. 살인자가 되어야 한다. 바울께서는 "내가 내 몸을 쳐 복종케 함은 내가 남에게 복음을 전하였으나 내가버림을 받지 않기 위함이라 " "나는 날마다 죽노라" 라고 자신과의 처절한 전쟁을 치루고 있음을 고백하셨다. 우리는 날마다 내 속에서 꿈틀대며 살아 일어나는 '또 다른 나' 라는 존재를 냉혹하게 죽이는 영적 전쟁의 승리자가 되어야 한다. 이때 비로소 거룩함으로 나아가는 시작이 되는 것이다.

"육신이라는 노예를 잘 부려야 하고, 자신을 날마다 죽이는 살인자가 되라!" 는 이 경고를 문설주에 붙이고 손목에 매며 미간에 붙여 두라. 예수 믿고 구원받기는 쉽지만 진정한 그리스도인이 되기는 결코 쉬운 일이 아니다.

이제 우리는 날마다 자기를 부인하고 자신과의 전쟁에서 승리하는 신앙이 되자. 그리하여 그리스도의 생명이 우리 죽을 육체에서 흘러나오게 하자.

오주여! 이 향기로운 생명이 우리 안에서 흘러나와 우리 교단과 세상에 가득하게 하소서.

2008. 12

58. 아픔이 주는 행복, 고통의 양극화

앗수르 시대부터 유래되어온 십자가형은 죄인을 가장 혹독하게 고통을 주어 죽이는 방법으로 죄인을 나무 형틀에 못 밖아 공중에 매달아 죽을 때까지 며칠 동안 곤고함과 목마름과 아픔으로 스스로 죽게 하는 것이다. 며칠이 지나면 실신한 시체를 내려 몽둥이로 뼈를 부러뜨려 확인 사살을 한다. 그 당시는 십자가가 잔혹하고 가장 끔찍한 상징으로 그 죽음을 목격한 사람은 기억날 때 마다 몸서리친다는 것이다. 육신을 가지고 있는 동안의 당하는 고통은 어떤 고통이든지 영원하지는 않는다. 고속도로 터널이 어두컴컴하고 기분 나쁘지만 금방 지나가는 것처럼 육체를 통한 고통은 잠시 후 지나가는 것이다. 아무리 고통스러워도 오래가지 않는다. 또한 부귀영화도 절대 권력도 『인생은 풀과 같고 그 영광은 풀에 꽃과 같으니 풀은 마르고 꽃은 떨어지는』 것처럼 영원에 비교하면 순간과 찰라적인 기쁨과 행복인 것이다.

아픔과, 고통도 잠간임을 명심해야 하며, 절대 권력도 부귀영화도 수천억의 돈을 소유했어도 잠시 뿐인 것을 확인하고 다시 확인하는 지혜를 가져야 한다.

1. 악행으로 인한 고통

러시아와 소수민족국가들을 정복하여 세운 소비에트 연방공화국의 권력자 스탈린의 절대 권력은 상상을 초월하는 공포

그 자체 였다. 집권초기 혁명에 방해가 되는 숙청 대상 명단 책 383권의 4,500만 명을 일시에 숙청하는 살인 광란극을 저지른 그의 삶은 얼마나 추악하였는지... 스탈린의 둘째부인 니제즈다(당시 30세)의 권총자살의 원인은 부부싸움 끝에 『네가 내 딸이란 것을 알기나 하는 거야!』라는 충격적인 말을 듣고 나서였다.

23세 때 집시출신 유부녀 올가와의 사이에서 낳은 자기 친딸을 12년간 데리고 산 것이 였다. 심판 날 추악함과 부끄러움으로 받는 고통은 회복 할 수 없는 참혹한 비극이며 영원한 고통의 연속이다. 악인의 행복은 언제나 그 뒷맛이 쓰고 고통스러운 것이며. 그러나 의인은 죽음에 이르는 고통을 당해도 당당하고 그 고통에 비례할 만큼 가치가 있는 것이다.

2. 회복할 수 없는 영원한 하나님의 심판

육신을 가진 세상에서는 고통도, 기쁨도 유한하지만 그러나 육체를 떠난 후에는 영원히 지속되는 것이다. 『김집사가 죽어 천국에 올라가 말로 다할 수 없는 행복을 누리는데. 먼저 천국에 온 박집사가 " 김집사, 반가워! 나도 처음엔 좋았는데 오래 지내다 보니 지금은 그냥 그래 "한다. 어느날 김일성이 죽어 지옥에 떨어져 뜨거운 유황불에서 불로 소금 치듯 처절한 고통을 당하는데 먼저 온 스탈린을 만났다. "여보게 나도 처음엔 그랬는데 지나다보니 지금은 그냥 견딜만하네!』라고 한다면 그것은 천국도 지옥도 아니다. 천국은 영광이 점점

확장되고 증가하는 것이며 지옥의 고통도 소멸되지 않고 영
속하는 것이다.

3. 아픔이 주는 행복

진정한 사랑은 아픔과 기쁨이 교차한다. 무관심한 대상에는
아픔도 기쁨도 없는 것이다. 하나님은 우리를 사랑하시기에
아파하시는 것이며, 사랑의 대상이기에 기뻐하시는 것이다.
사랑함으로 아파하는 것은 기쁨이며 행복이다.

2007, 5월 30일 슬기 아빠 이종철 성도가 지병으로 죽었다. 20일
후에는 치매로 고생하던 송석임 집사가 아들의 죽음도 모른 채 뒤
따라 소천 하셨다. 유치원 때부터 "우리 슬기는 목사님께 맡긴다."
는 할머니의 말씀대로 그해 가을부터 미운오리새끼 막내 딸 지금
중학교 3학년 슬기를 얻었다.

슬기는 아픔과 기쁨이 교차하는 행복을 내게 가르쳐 준다.
작년 2월 너무도 갖고 싶어하던 휴대폰을 사주니 팔랑팔랑
뛰며 좋아하더니 어느 날 골질을 하며 집어 던져버린다. 수
리비가 12만원이란다. 지난 토요일(4월 4일)에는 새 휴대폰을
잃어버렸다고 한다. "너는 박슬기인가, 이슬기인가 "라고 물
으면 언제나 이슬기라고 끝까지 우긴다. 나의 백조, 슬기 딸
래미는 아픔이 교차하는 나의 기쁨이다. 내게 이런 보배를
주신 그분을 찬양한다.

나의 아이들 때문에 통장을 다 털어야 하는 때도 있지만 그
러나 내가 주는 사랑보다 저들에게서 받은 행복은 비고 할

수 없이 고귀하고 큼을 경험하고 있다. 그 사랑의 아픔은 기쁨으로 승화하여 천국까지 이어지는 나의 면류관, 나의 행복이 될 것이다. 누구나 사랑의 아픔은 기쁨과 행복을 증폭 시킨다.

돈과 권력, 스포츠 금메달 우승으로 누리는 행복보다 보석 같은 행복은 사랑과 관심으로 상처 입는 아픔과 고통이다. 우리는 사랑하므로 고통 받아야 하며 사랑하므로 아파해야 한다.
이렇게 아파하는 행복을 주신 그분을 찬양하면서…….

2009년 4월 7일

59. 행복의 양극화

1. 스포츠의 승패

 일본하고 하는 무슨 경기이든 꼭 이겨야 한다는 오기와 같은 것이 우리에게는 있는 것 같다. 축구경기나 김연아 선수의 경기에서도 그랬지만 이번 2009 WBC야구에서는 우리 팀의 승부욕은 남달랐던 것 같다. 일본이라는 나라의 오만함뿐만 아니라 역사적으로 침탈을 당했던 상처에 대한 복수심 같은 것이 깔려 있는 것 같다.

이제까지 여러 경기에서도 그랬지만 특히 이번 야구 경기에서 우리 팀의 승리는 4,800만 국민들만 아니라 해외 동포들까지 그 정신적 심리적으로 주어지는 이 감격과 카타르시즘은 돈으로 환산한다면 천문학적인 가치일 것이다. 그러나 이 감격과 쾌감은 패자의 아픔과 상처에 반비례하는 것이라 생각한다. 격투기에서 승자의 영광은 KO패로 피를 흘리며 실신한 상대를 밟고 누리는 승리감이 아니겠는가. 전쟁에서 승전국이나, 선거에서 당선자는 패전국과 낙선자의 아픔만큼 기쁘고 영광스러운 것이다. 인간사 대부분이 이와 같은 상대적 고통과 희생을 반비례하여 얻는 것이라 할 수 있다.

2. 악행으로 인한 성공.

공정한 룰이 있는 경쟁은 그래도 괜찮은 편이다. 중국인들에 의한 보이스피싱 사기로 피해를 보는 분들이 많은데 이 따위 방법으로 돈을 챙겨 성공했다고 좋아 죽겠다고 낄낄거리는 악당들은 사기당한 분들의 허탈감과 자괴감을 통하여 빼앗아 간 쾌감인 것이다.

최근 언론에 『장자연 리스트』의 친필 메모가운데 "악마들과 함께 한 시간이 미칠 것만 같다, 부모님이 안 계셔서 더 비참하게 이용당하는 것 같다." 는 글을 남겼는데. 그녀를 죽인 가해자들은 돈과 권력을 지닌 자들 이였다. 구타와 욕설 등으로 술시중과 수청을 강요당하였다 하니. "대부분의 연예계 스타들이 이와 같은 과정을 통과 하였을 것이며 돈과 권력 있는 자들이 단물을 다 빨아먹고 난 껍데기를 대중들은 좋아 열광 한다 그들이 서민을 얼마나 우습게 알겠느냐." 는 댓글이 폭주하는 것을 보았다.

타락한 인간들은 돈과 권력을 얻게 되면 대체적으로 동물적인 성욕을 추구한다. 절대 군주와 제왕들이 수천의 처첩과 후궁을 두고 있었음이 이를 증명한다.

모든 생명에게 주어진 이 성적본능은 신께서 종족을 보존케 하기 위하여 주신 선물인 것이며. 특히 인간에게는 스스로의 의지력에 의하여 정상적 성생활을 축복으로 주신 것이라 생각한다. 그러나 이와 같은 성적 쾌락이 인간을 진정으로 행복하게 하는 게 아니다. 폭죽처럼 찰나적 쾌감일 뿐이며 영속되는 것이 결코 아니다. 폭죽같이 하얀 재만 남는다는 것을 빨리 알아차리는 게 좋을 것이다. 모든 범죄는 반드시 그에 대한 보응

이 있음을 명심해야 한다.

3. 함께하는 성공과 행복 『너희가 게 맛을 알아?』

WBC 우승의 감격과 같은 엔도르핀이 펑펑 나오는 행복이 연속된다면 얼마나 좋겠는가. 그러나 아무리 좋은 것도 중복되면 시들해 지는 것이니 『처음처럼』 날마다 연속된 행복, 그와 같은 행복은 어디 있을까.
『100미터 달리기 장애인 올림픽에서 출발 총소리에 9명의 선수들이 힘차게 달리는데. 한 소년은 비틀거리다 트랙에 넘어져 울기 시작했다. 앞서 달리던 여덟 선수들이 그 소년의 울음소리를 듣고 하나, 둘, 불편한 뜀박질을 멈추고 몸을 돌려 그 소년에게 다가갔다. 다운증후군이 있는 한 소녀가 몸을 굽혀 소년에게 키스를 하며 "우리가 함께 달릴 수 있어! 자 일어나 힘을 내!" 아홉 명의 선수 모두가 서로서로 부축하여 결승선까지 함께 골인 했고. 경기장에 모든 관중들은 감격의 환호로 기립 박수를 보내 주었고 그들은 많은 관중들의 박수와 환호에 묻힌 채 그렇게 모두들 우승자가 되었다. 』

치인표씨 부부가 컴패션 홍보대사로 30명의 자녀를 입양하고.『우리가 우리의 아이들에게 주는 사랑보다 아이들에게서 받는 사랑이 훨씬 더 크다.』고 신애라 씨는 말한다.
필자도 수년전부터 입양한 30명의 아이들에 금년 2월부터 새로 10명의 아들들의(이번에는 남자아이들만) 추가 입양수속을 마치고 결연 통보를 받을 때 가슴에 밀려오는 감격과 감동이 얼마나 큰지 그때 그 행복함을 상실하지 않으려 최선을 다하고 있다.

하나님을 감동케 할 수 있다면, 그리고 이웃과 형제들을 행복하게 할 수 있다면, 이것이 함께 누리는 성공이며 행복인 것이다. 선을 행함으로 누리는 행복이 진정한 가치이며 참 행복임을 경험한 자만 알 수 있는 보화인 것이다.

4. 우리시대의 큰 스승, 장기려 박사

그분은 소천하실 때까지 땅 한 평, 집 한 채가 없으셨다. 병원옥상의 20평 가건물에서 사셨고 통장에 남은 700만원은 가사를 돌보던 아줌마에게 주라 유언하셨다. 청십자병원(현 고신대학교복음병원)설립자며 원장으로 간호전문대학학장으로 월급과 수당이 있었지만 영세민 행려병자들의 진료비를 대납하시다 항상 마이너스 통장이였다.

장박사님은 북한에 두고 온 부인에 대한 사랑의 약속을 지키려 50년을 독신으로 수절을 하신 모습은 생전에도 보는 이들의 마음을 숙연케 하시더니 천국가신 후 그분을 기억하는 모든 이들의 가슴에 뜨거운 감동과 가르침을 주고 있다.

장기려박사는 복음서 말씀을 실천하신 정상적인 그리스도인이시다. 그런데 그분이 돋보이는 이유는 우리가 그렇게 살지 못하고 있기 때문이다. 우리 성직자들 일부라도 성경대로 산다면 이 세상은 얼마나 밝고 아름다운 세상이 될 것인가.

5. 유산을 하나님께 남기는 운동.

최근 박정희대통령이 남긴 육영재단을 둘러싼 세 자녀들의 소송은 혈육이기를 포기한 재산 싸움으로 비화되고 있다.
한화그룹, 한진그룹, 두산그룹 등 대부분의 재벌회사들이 유산을 둘러싼 심각한 재산 싸움과 소송으로 형제이기를 포기하는 사례를 목격하고 있지만. 그분들이야 하나님의 청지기란 신앙이 없기에 그렇겠지만 우리 신앙인들 중에 육체를 벗은 후에 쓰레기 같이 쓸모없게 될 재산 때문에 자식과 자기 자신을 망치는 일은 없어야 할 것이다.

그리스도인들이여! 정신을 번쩍 차리자.

기회 지나가기 전에 하나님 영광을 위하여, 복음과 사람을 사귀는 일에 허비하라. 땅에 두고 가지 말고 자식 망치지 말고 천국까지 가져가는 지혜를 얻으라.
우리 동역자들이 세상을 향하여 선을 행하므로 더불어 함께 얻는 행복운동을 전개하는 교단이 되기를 소망한다.

2009년 3월 23일

60. 건강한 교회 만들기, 당회와 담임목사

1987년 대전시 소재 모 교회에서 19년간 사역하며 2,000여 평의 대지와 2,300여 평의 예배당을 건축하고 교회 부흥을 주도한 L위임 목사를 교회에서 내어쫓으려는 분쟁이 있었다. 이 과정에서 강단위에서 예배를 집례 하던 담임목사를 끌어 내리고 폭력과 몸싸움과 모욕을 준 사건이 있었다. 그 사건으로 그 목사님은 시름시름 앓다가 그 해에 소천하고 말았다. 물론 폭력과 분쟁의 당사자인 장로님들과 함께하던 성도님들도 정당하다고 주장하는 타당성이 있는 이유가 충분히 있었을 것이다. 그 목사님의 비판받을 만한 부정이나 불법적인 나름의 내용이 없다면 그렇게 행동하지 않았을 것이다.

그러나 그 다음의 결과는 너무도 참혹한 비극이 빗어지기 시작했다. 주동하던 장로님은 수개월 만에 사망했고 아들은 정신이상으로 폐인이 되었고 사업은 부도가 나고 가정은 풍지박산이 되고 말았다. 그밖에 그 사건에 함께 했던 다른 분들도 나중에 살펴보니 성한 가정이 없었고 모두 무서운 재앙을 당했다. 그 당시 부목사로 계셨던 분의 증언이 과연 하나님은 사랑과 은총의 하나님이시기도 하지만 진노하시고 심판하시는 하나님이라는 것을 알게 되었다고 했다.

같은 도시 S지역에서 최모 목사란 분이 단독주택을 매입하여 교회 간판을 달고 교회를 개척했을 때였다. 그 목사가 구입한 집의 땅으로 동네사람들이 왕래하는 길이 있었는데 교회 소유이기 때문에 무슨 이유에서인지 그 길을 막고 통행이 불가능하게 되었다. 이에 동네 주민들이 원성이 일어나며 주동자가 주민들과 함께 교회 예배시간에 데모를 했다. 플라스틱통 바께스 양은그릇 등을 두드리며 큰 소리를 내며 예배를 방해하고 목사를 욕하고 분쟁과 싸움이 계속되었다. 그러던 중 주동자가 갑자기 죽고 말았다. 이를 목격한 주민들이 하나 둘 겁을 먹고 중단했고 결국 C목사는 그 가옥을 팔고 떠나 버렸고 그 후 그 집은 김치공장으로 사용되고 있다.

필자의 지난 일을 공개하겠다. 1967년 군 입대하기 전 고향에서 부모님 농사들 도와드릴 때 6월 초 모심는 날을 잡았을 때의 일이였다. 모내기를 하려면 논 고르기를 할 소가 있어야 했고 서 모 씨의 소를 하루 빌리기로 사전에 이미 약속을 받고 모심는 날을 잡아놓은 상태였다.
모내기 며칠 전 저녁에 기도하려 올라가는 필자에게(그 분의 집이 교회 가는 길 옆에 있었다.) 모내기 날 소를 다른 사람에게 빌려주므로 약속을 지킬 수 없다는 것이다. 난감한 필자는 그런 법이 어디 있느냐고 그러면 우리 모내기를 어떻게 하느냐고 약속을 지킬 것을 요구했고 그분은 안 된다고 막말과 욕설을 하고 모욕했다. 나중에 알고 보니 다른 사람이 소 품삯을 세배나 많이 준다하여 일방적으로 약속을 파기한 것이었다.

그때 모욕과 욕설에 매우 상심하여 성전에서 오래 동안 울면서 기도한 적이 있었다. 그런데 그 다음날 놀라운 일이 일어났다. 낙뢰가 오로지 그 집 외양간에만 떨어져 그 집 소만 죽어버렸고 수의사가 와서 조사를 하고 고기를 동네사람들이 나눠먹고 소가죽은 수의사가 가져간 적이 있었다.

어떻게 그 집 외양간에만 장마철도 아닌 6월에 왜 낙뢰가 내리고 왜 그 집 소만 죽었는지 동네 사람들은 아무도 알 리가 없다. 그것이 하나님이 하신 일이라고 단정할 아무런 증거도 없고 우연의 일치라고 우길 수도 있다.

그러나 필자는 그때 하나님이 필자를 사랑하고 있다는 것과 사랑의 하나님이신 반면 진노의 하나님도 되신다는 것을 깊이 알게 된 적이 있었다. 이것은 필자의 경험이며 개인적 소견이므로 이 글을 읽는 분들 스스로 판단하시기 바란다.

부모와 스승, 노인들에 대한 패륜행위는 축복이 차단되고 하나님의 징계와 저주를 초래한다. 더욱 하나님이 사랑하시고 함께하는 사람을 대적하고 괴롭히면 그것은 곧 하나님과 싸우는 것과 같이 여기신다고 필자는 믿는다. 성경에서도 이와 같은 기이한 일들이 여러 곳 기록되어 있다.

최근 Y교회의 C 목사님 가족들과 장로연합회 분들과의 분쟁과 갈등이 언론에 기사화되면서 얼굴을 들 수 없을 정도로 망신스러운 지경이 되고 있다. 오늘의 교회를 이룩한 설립자이며 영적 아버지이신 목사님과 그분과 평생을 함께해 온 사모님이 사용하고 있는 사무실을 일방적으로 폐쇄한다고도 하고 심지어는 몇몇 분들이 사모에게 당회의 결의를 이행하라고 하고 기도원에서『강단에서 설교할 자격이 있는가, 교회를 사유화하지 말라, C목사 기념관 건립비로 지원된 돈을 속히 반납하라.』등의 피켓과 현수막을 들고 시위를 했다고 한다. 언론에 보도된 내용 가운데에는 C 목사님의 주일 예배 설교를 못하도록 끌어내려야 한다고까지 했다는 말과 C 목사와 가족들에게 어떤 방식으로 대응할지 논의하고 있다는 등의 보도가 어디까지 사실인지 도대체 알 수가 없다.

이와 같은 분들은 교회를 위하고 자신들의 행동이 옳은 것이라 생각하는 그럴만한 충분한 이유가 있겠지만 그러나 이는 자식이 부모에게, 또는 제자가 스승에게, 젊은이가 노인에게 막말을 하고 패륜을 행하는 것과 별로 다르게 보이지 않는다고 생각된다. 이는 세상 불신자들도 아닌 더욱 교회의 장로님들로서는 있을 수 없는 일이 아닌가 생각된다.

비록 C목사님이나 사모가 불법을 지지르고 비리와 비행이 있다하더라도 그래서는 안 된다고 생각된다. 이는 부모가 범죄를 저지르고 잘못했다고 자식이 패륜을 저지르는 행위와 다르지 않게 보이기 때문이다.

이때 오히려 교회의 머리되시고 다스리시는 하나님께 맡기고 기도해야 한다. 하나님께서 간섭하시고 섭리하셔서 아름답게 결과를 마무리 해 주실 것을 믿음으로 간절히 기도하는 것이 자신을 위하여나 목사님과 그 가족을 위하여나 가장 좋은 대안이라고 생각한다.

옳고 그른 것을 판단하시는 분은 오로지 하나님이시다. 하나님이 살아있고 공의를 행하시는 분이라는 것을 믿는다면 피로 값 주고 산 공동체를 하나님이 섭리하시고 치리하시도록 해야지 사람이 앞장서서 해결하려는 것은 하나님을 만홀히 여기는 참람한 행동이라 비난 받을 수 있다. 인간이 판단하기에는 옳아보여도 그것이 정답이 아닐 수 있다는 것을 기억해야 한다. 만일 지금 하는 판단과 행위가 나중에 하나님의 진노를 가져 온다면 그와 같은 어리석은 결과가 어디 있겠는가.

그리스도의 몸인 교회공동체의 하나님이 세우신 하나님의 종의 가정문제는 두렵고 떨림의 신앙자세를 가져야 한다. 심사숙고(深思熟考)하고 다시 기도해 보고 또 기도하고 어떻게 해야 하나님께서 기뻐하실 가를 신중히 생각하고 행동해야 한다.

『교회는 그(그리스도)의 몸이니 만물 안에서 만물을 충만케 하시는 이의 충만 이니라.』(에베소서 1장 23절)

2011년 7월 26일

박승학 칼럼집 제1권

···

영(靈)과 혼(魂)의 갈림길

1판 1쇄 인쇄일 · 2011년 10월

- 지 은 이 : 박 승 학
- 발 행 인 : 박 승 학
- 펴 낸 곳 : 세화출판사
- 주　　　소 : 대전광역시 동구 계족로 328-18
- 책 주문전화 : 010-5209-0331. 042-320-1191

값 10,000 원

황장엽 전 노동당 비서의 하관식을 다녀와서 중에서

수양이 그들의 젊음과 학문이 아까워 "한번 만이라도 아니라고 해라 그러면 살려주마." 라고 완곡히 부탁하였으나 끝끝내 소신을 굽히지 않고 능지처참 형을 당하여 사지가 다 찢겨져 죽는다(필자가 성삼문의 시신 한쪽 다리가 묻혀있는 논산 양촌의 무덤을 찾아본 적이 있다). 그들의 처자는 노비와 기생으로 팔려가고 멸문지화를 당하였으니 누가 그 시대에 그들 편에 섰겠는가. 그들과 생사를 함께 하기로 약속했던 '김질'이란 위인은 한 번의 변절로 부귀영화가 주어지기에, 의리와 신의도 팽개치고 비굴한 밀고자의 길을 선택한 것이다. 모든 사람들이 알고, 수양대군도 알고, 자기 자신도 아는 이 배반자라는 멍에는 죽는 날까지 그를 고통스럽게 하는 죽음보다 더한 가혹한 형벌인 것이다.

체력관리, 그 거룩한 사역 중에서

우리는 육체라는 도구를 가장 효과적으로 사용해야 한다. 만일 속사람이 육신을 종노릇하게 못하면 육체가 주인행세를 하며 속사람을 괴롭힐 것이다.

재림을 도둑맞아 버린 한국교회 중에서

조난당한 사람은 자기의 위치를 정확히 알아야 구조가 가능하며 중병에 걸린 사람은 정확한 진단을 해야 치료가 가능한 것처럼 교회가 이 시기를 분별하고 어떤 준비를 해야 하는지 진단하지 못한다면 이는 본질을 망각한 배임행위이다. 도대체 오늘의 교회는 어찌 이와 같은 영성을 상실했는가.

이 시대의 영웅 한주호 준위 중에서

뇌물로 얼룩진 정치인들, 밥그릇 챙기기에 혈안이 되어 집단
이기주의 양극화의 국론 분열에 앞장서며 민주주의와 인권을
지껄이며 권력과 부를 추구하는 이시대의 소인배들을 향해
조국과 나라를 위해 어떻게 살아야 하고 어떻게 죽어야 하는
지를 똑똑히 가르쳐 주고 있다.

한국교회의 참담한 현실 중에서

지금 교단과 교회 내의 분쟁들이 세상 법정에서 다뤄지고,
타종교인 혹은 불신자 판검사들 앞에서 그리스도의 제자라
지칭하는 분들이 체면도 명예도 팽개치고 망신을 당하면서
폄하의 대상으로 추락하고 있는 것이 현실이다.

사랑·행복 나눔은 허비가 아닌 거룩한 사역 중에서

하늘이 없다면 새는 날 수 없고 물이 없다면 물고기는 헤엄
칠 수 없는 것이다. 도움이 필요한 자들이 있다는 것, 사랑과
선을 행할 수 있는 기회가 있다는 것은 소중한 것이다.

행복한 세상을 만드는 원리 중에서

행복한 세상을 만드는 원리는 알고 보면 너무 간단합니다.
자신에게 관대함 같이 이웃에게 관대해야 하고, 자기를 소중
히 여김 같이 이웃을 소중히 여기는 것이며, 자기 자신을 사
랑함 같이 이웃을 사랑하는 것입니다.